U1008882

文典古籍丛书

绿滋馆稿 考信编 征信编 点校

[明] 吴士奇◇著
吴有祥 吴军航◇点校

安徽师范大学出版社
ANHUI NORMAL UNIVERSITY PRESS
·芜湖·

图书在版编目（CIP）数据

《绿滋馆稿》《考信编征信编》点校 /（明）吴士奇著；吴有祥，吴军航点校 .—芜湖：安徽师范大学出版社，2021.12

ISBN 978-7-5676-5431-0

I. ①绿… II. ①吴… ②吴… ③吴… III. ①史学—研究—中国—明代 IV. ①K092.48

中国版本图书馆 CIP 数据核字（2021）第 262641 号

LÜZIGUAN GAO KAOXINBIAN ZHENGXINBIAN DIANJIAO

《绿滋馆稿》《考信编征信编》点校

（明）吴士奇◇著

吴有祥 吴军航◇点校

责任编辑：胡志恒　　责任校对：王　贤

装帧设计：丁奕奕　　责任印制：桑国磊

出版发行：安徽师范大学出版社

芜湖市北京东路1号安徽师范大学赭山校区

网　　址：http://www.ahnupress.com

发 行 部：0553-3883578　5910327　5910310（传真）

印　　刷：苏州市古得堡数码印刷有限公司

版　　次：2021年12月第1版

印　　次：2021年12月第1次印刷

规　　格：700 mm × 1000 mm　1/16

印　　张：16.5　　插页：4

字　　数：245千字

书　　号：ISBN 978-7-5676-5431-0

定　　价：68.00元

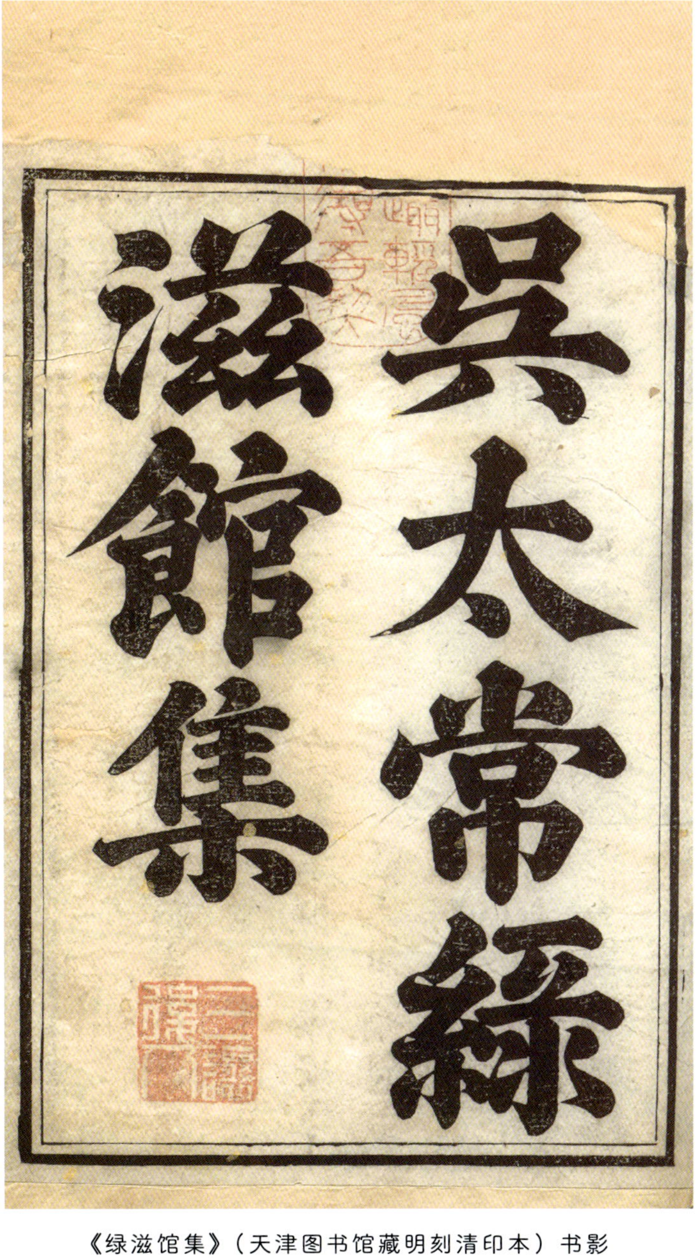

《绿滋馆集》（天津图书馆藏明刻清印本）书影

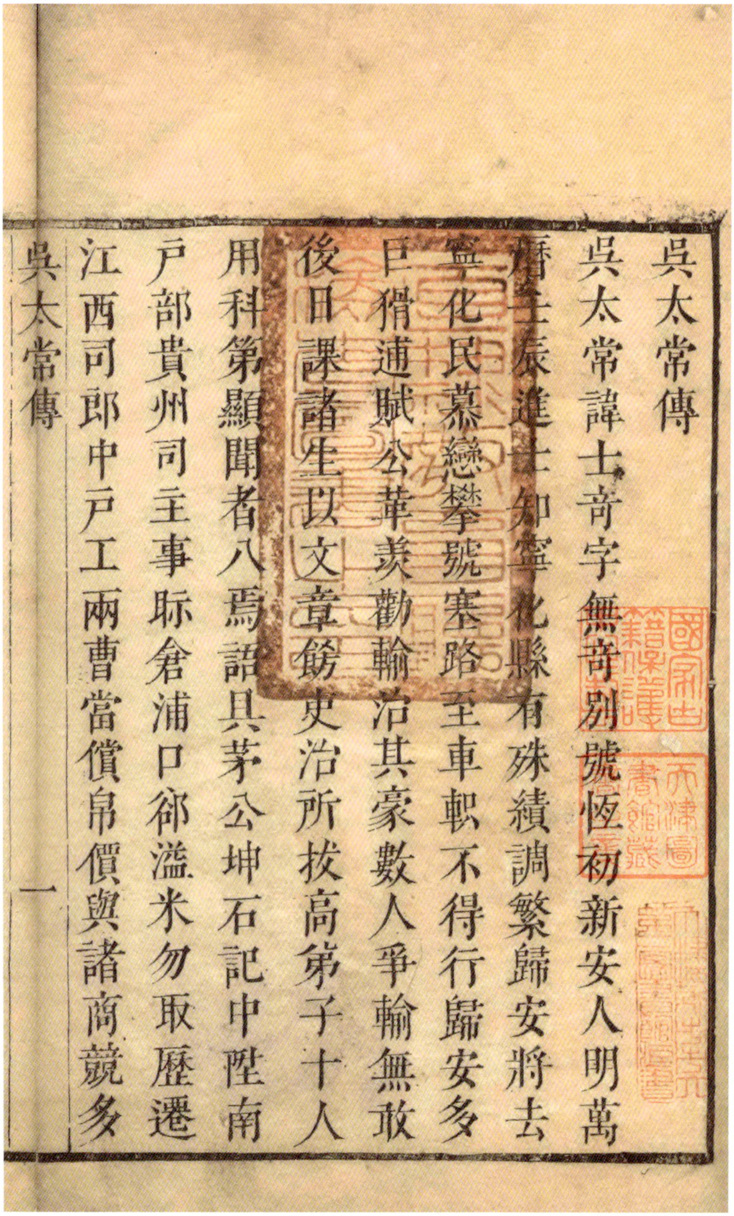
吳太常傳

吳太常諱士奇字無奇別號恆初新安人明萬
曆壬辰進士知寧化縣有殊績調繁歸安將去
寧化民慕戀攀號塞路至車軏不得行歸安多
巨猾逋賦公華羡勸輸洎其豪數人爭輸無敢
後日課諸生以文章餝吏治所拔高第子十人
用科第顯聞者八焉語具茅公坤石記中陞南
戶部貴州司主事賑倉浦口郤濫米勿取歷遷
江西司郎中戶工兩曹當償帛價與諸商競多

吳太常傳　一

《吴太常传》（天津图书馆藏明刻清印本《绿滋馆集》卷首）

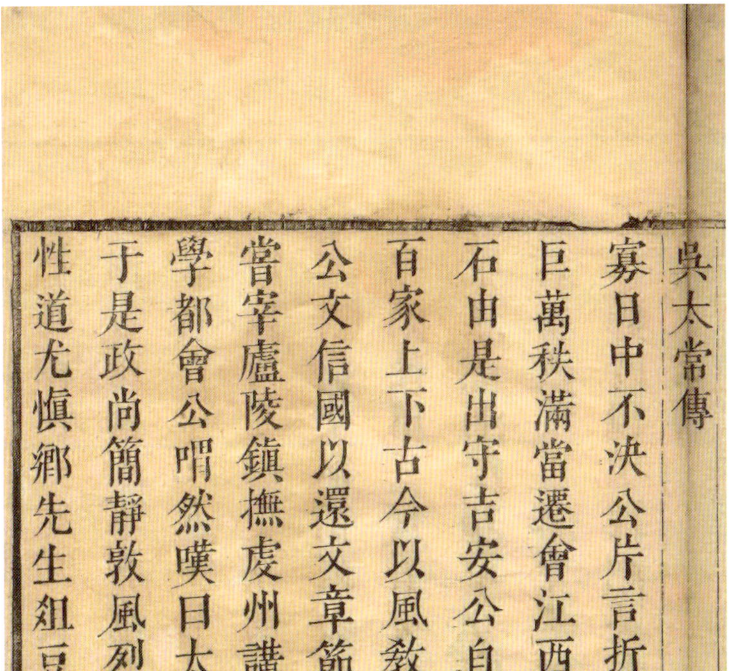

吳太常傳　一

寡日中不決公片言折衷佑直得平省度支錢巨萬秩滿當遷會江西當路者願借爲良二千石由是出守吉安公自少發憤力學沉酣經史百家上下古今以風教爲已任而吉安自歐陽公文信國以還文章節義炳蔚相望王文成又嘗宰廬陵鎮撫虔州講德授徒于其間鬱爲理學都會公喟然嘆曰太守雖後起其敢不自力于是政尚簡靜敦風烈借鄒忠介公元標推明性道尤慎鄉先生俎豆創三祀于白鷺書院謂

《吴太常传》（天津图书馆藏明刻清印本《绿滋馆集》卷首）

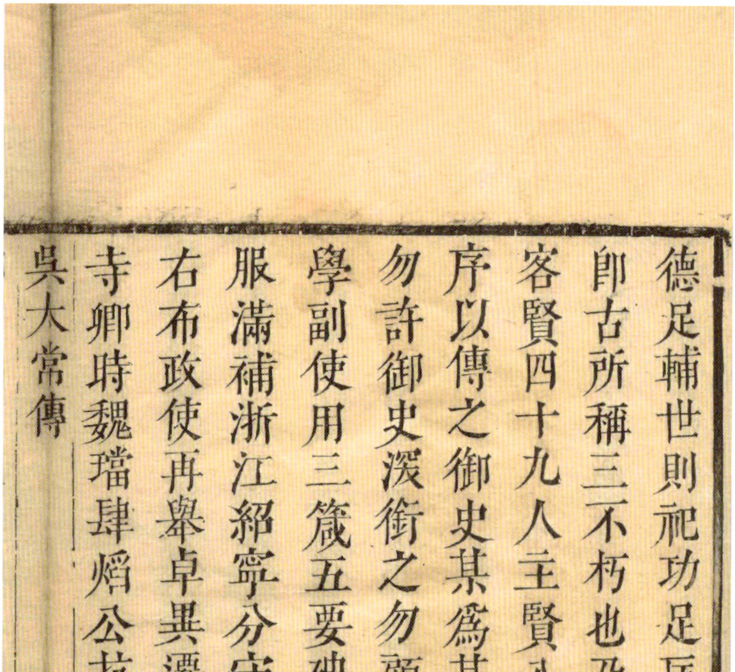
德足輔世則祀功足匡時則祀言足明道則祀
即古所稱三不朽也乃按郡志僉謀置木主得
客賢四十九人主賢八十二人編次其行事而
序以傳之御史某爲其父丏厠名以有遺議靳
勿許御史溪銜之勿顧也歷四川山西兩省提
學副使用三箴五要廸多士士習丕變以憂歸
服滿補浙江紹寧分守副使累官按察湖廣轉
右布政使再舉卓異遷陝西左布政使晉太常
寺卿時魏璫肆熖公抗疏指斥璫怒矯旨令公

吳太常傳　二

《吴太常传》（天津图书馆藏明刻清印本《绿滋馆集》卷首）

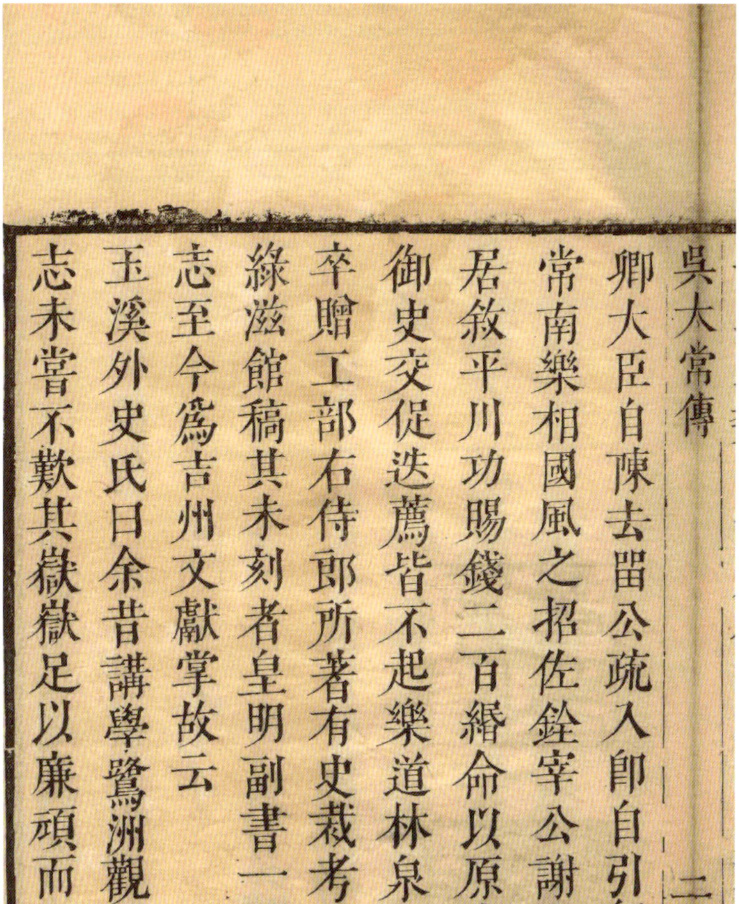

吳太常傳　二

卿大臣自陳去留公疏入即自引歸公初在太常南樂相國風之招佐銓宰公謝不往既歸家居敘平川功賜錢二百緡命以原官起用巡按御史交促迭薦皆不起樂道林泉者十有四年卒贈工部右侍郎所著有史裁考信徵信等編綠滋館稿其未刻者皇明副書一百卷而三祀志至今爲吉州文獻掌故云

玉溪外史氏曰余昔講學鷺洲觀公所爲三祀志未嘗不歎其嶽嶽足以廉頑而立懦也彼御

《吴太常传》（天津图书馆藏明刻清印本《绿滋馆集》卷首）

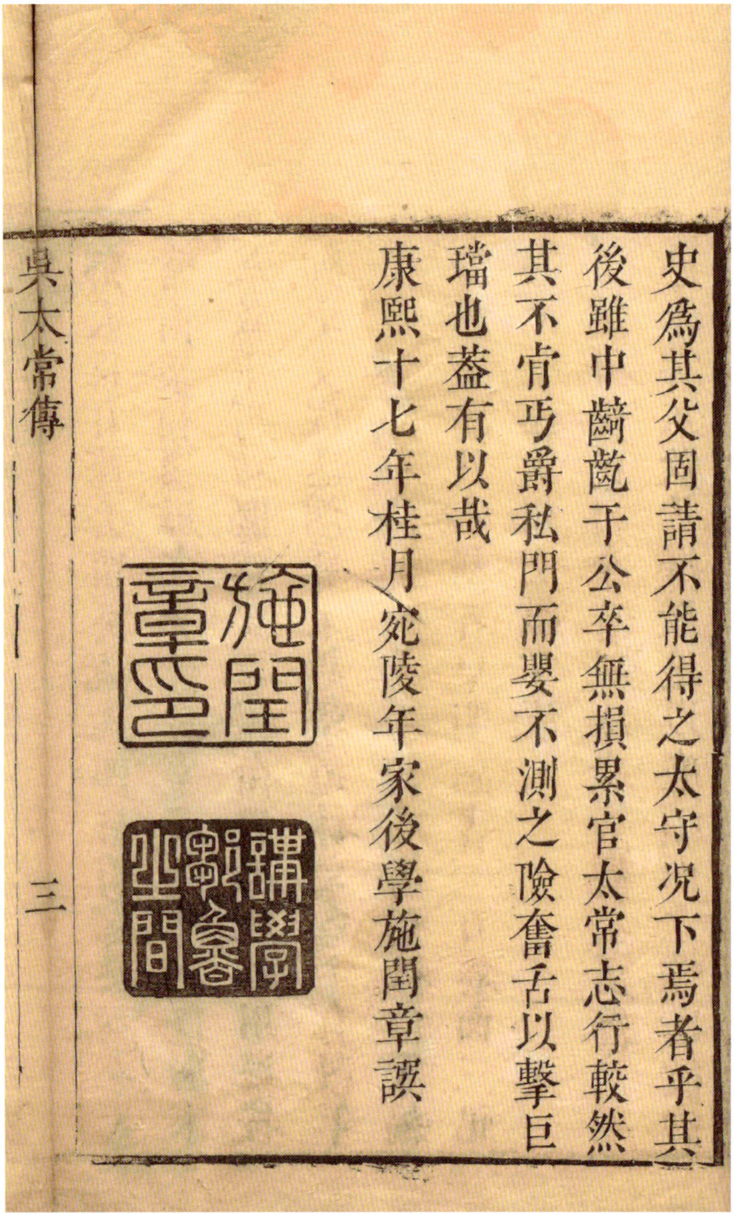

史爲其父固請不能得之太守況下焉者乎其
後雖中齮齕于公卒無損累官太常志行較然
其不肯丐爵私門而嬰不測之險奮舌以擊巨
璫也葢有以哉
康熙十七年桂月宛陵年家後學施閏章譔

吳太常傳　三

《吴太常传》（天津图书馆藏明刻清印本《绿滋馆集》卷首）

序

吴有祥是徽州人，身上带有徽州人勤勉朴实的性格气质。古代的徽州曾是科第兴盛文化昌明之地，“十室之村，不废诵读”，被誉为东南邹鲁、文献之海。清代乾、嘉年间，徽州涌现出江永、戴震、金榜、程晋芳、程瑶田、江有诰、胡培翚、俞正燮等一批朴学家，形成了皖派考据学；乾隆中叶朝廷开四库全书馆，号召天下藏书家向朝廷献书，当时献书最多的江浙几大藏书家如浙江乌镇的鲍廷博、两淮马裕、山阳吴玉墀、杭州汪启淑、编修程晋芳等，都是因经商或仕宦而侨寓外地的徽州籍人士，由此可见徽州民间藏书风尚之浓、文献旧家之多。吴有祥的家乡在今黄山市徽州区的西溪南村（古称丰溪或丰南），这里距鲍廷博的祖籍地歙西长塘村仅五华里之遥。明代丰南村还出现过吴勉学（师古斋）、吴琯（西爽堂）、吴养春（泊如斋）这些著名的刻书家，刊刻了一大批珍贵的善本古籍，至今为收藏家所宝爱。该村在明末还出现过一位大收藏家吴廷（字用卿，号江村），与董其昌、陈继儒等名士交往密切，董其昌在书画题跋中多称其为“新安吴太学”，因吴廷为南京国子监监生。乾隆三希堂的三件稀世法书珍迹，其中有两件——王羲之《快雪时晴帖》和王珣《伯远帖》，在明末的天启、崇祯年间，曾一度是吴廷余清斋的镇斋之宝，入清后辗转流入皇宫。他还将收藏的历代法书墨迹请董其昌鉴定题跋，摹勒上石，刻为《余清斋法帖》，为明人刻帖的珍品——这里概述徽州一地大的历史文化背景。

2000年9月，吴有祥考入山东大学文史哲研究院，师从徐传武先生攻读古典文献专业博士研究生，我也是他的指导老师之一。当时他的博士论文选题是《魏晋南北朝形神关系论》，侧重于古代文论方面，研究方法重理论思辨而短于文献考证，偏向于“宋学”的治学路数。我曾多次指出他在传统文献学功力上的不足，他也虚心接受我的意见，表示今后一定补足在目录版本、训诂考据方面的短板。博士毕业后他回到母校安徽师大工作了几年，治学兴趣逐渐转向徽州的历史文化研究，尤其对徽州的乡邦文献如程敏政、汪道昆等乡贤的著作下过一番研读功夫，写过若干文史考证方面的文章，如《新安文献志编刻始末考略》《新安程氏本将门》《对己未科场案的再认识》《抗清义士江天一事略》《乾隆帝“宽大”处理的一起文字狱》等，显示了一定的治学功力。在古籍整理方面，他独立整理校注了明代徽州人方于鲁万历美荫堂刻本《方氏墨谱》（山东画报出版社2018年4月版），前年又在安徽师大出版社出版了《明清西溪南诗词选注》一书（与吴军航合作），积累了一定的古籍整理经验。这是他最近十几年来在治学方法上的发展变化。

最近两年来，他一直着力于整理明代乡贤吴士奇的文集《绿滋馆稿》，不仅是因地域文化的亲缘关系，更因吴士奇是明末在史学及文学上确有建树而又不大为人所知的学者。二十世纪九十年代我受季羡林先生委托，编纂《四库存目丛书》，当时选用了国家图书馆所藏的明刻清印的《绿滋馆稿》为底本影印，现在看来康熙重印本确实存在一些问题，最主要的就是它剜铲去万历版的若干“触忌”文字，在原版留下若干空阙处，给读者阅读造成很多不便。所以吴有祥与吴军航两人这次合作点校整理此书，选用万历原刻本为底本，参校以几种明刻清印本，还参考了吴士奇的其他著作如《史裁》等，补齐了清印本的残阙文字，并对原版的错、讹、衍、阙、倒之处认真做了校勘，纠正了原版的一些明显错误；另从现存的方志、文集、杂著中搜辑得吴士奇的佚文佚诗若干首，作为“补遗”附于书后，他们的这些工作无论是对吴士奇本人史学思想的研究，还是对于明末社会的研究，都是有益的。徽学是当今国内学术界的热门学科，涌现了一大批的学者和研究成果。与任何学科一样，古籍文献的整理是徽学研究的基础和前提，其重要性是不言而喻的。有祥在整理过程中曾多次电话商议其中的细节，我也请在北大读书的张鸿鸣同学帮助查阅并下载国家图书馆藏的万历原刻本，对有祥与吴军航两人所做的认真细致的学术工作有所了解，因缀数言，聊以为序。

2021年3月6日，滕人杜泽逊于山东大学校经处

点校前言

吴士奇（1566—1639），字无奇，号恒初，斋名绿滋馆，徽州府歙县西乡丰南村（今黄山市徽州区西溪南村）人。嘉靖四十五年（1566）六月二十三日出生于一个亦儒亦贾的徽商家庭，其父吴一莲，字伯清，号南岗，早年弃儒经商，贾淮海间。祖父吴良铎、曾祖吴自宽均以贾起家。吴士奇中万历十九年（1591）举人，次年成进士。初仕福建汀州府宁化知县，有殊绩；万历二十三年（1595）调浙江归安（今湖州）知县；后升南京户部主事，管浦口仓出纳，榷水西门。再迁户部江西司郎中，“岁省度支十余万缗”。万历三十三年（1605），出守江西吉安府知府，“甚久，有异政，留心节义”，“与邹忠介元标推明性道，创三祀于白鹭书院，作《三祀志》”。后仕四川按察司提学副使，“作《三箴五要训》，卒俨正其教”。万历四十年（1612）春，改山西按察司提学副使，其年十二月，其父病殁，遂解职归里丁父忧。服满，补浙江按察司绍宁分守副使，累官湖广右布政使，举卓异；升陕西左布政使，未赴任。约在天启初年（1621），晋太常寺卿，故人称“吴太常”。时魏忠贤阉党秉政，朝政日非，吴士奇“以疏斥魏珰，遂致仕归”。时约在天启五年（1625）。崇祯帝即位，“以叙平川功，赐钱二百缗，命以原官起用”，地方巡按也连向朝廷十余荐，但他绝意仕进，坚卧不起，里居十四年，以著述终老故里，约卒于崇祯十二年（1639），卒赠工部右侍郎。[①]

纵观吴士奇一生，入仕之后绝大部分时间任职地方官，先后仕宦于福建、浙江、江西、四川、山西、湖广以及南京、北京等地，足迹几半天下，有着丰富的人生阅历和从政经验，且政绩卓异，造福一方，正如康熙年间其族裔吴之騄在《绿滋馆考信征信编后序》中所言："太常生平宦迹，莅郡县，佐度支，视学政，守藩辖，以清慎称职，乐育人材著声。"属于封建时代勤俭廉能的"循吏"。不仅如此，他在政事之暇，还勤于读书著述，是一位学识渊博著述丰硕的学者、史学家。他一生留下的著作有：《三祀志》一卷，《史裁》二十六卷，《考信编》二卷，《征信编》五卷，《绿滋馆稿》九卷，《皇明副书》一百卷，《楞严同》十卷，《西青集》二十卷，《禠缦岩》（一名《不多集》）二十二卷，共一百九十五卷。吴士奇留心国史，存世的著作尤以史学所占比重最大，《考信编》杂论春秋至宋代史事，与《史裁》的体例相同，属于传统目录学的"史钞史评类"；《征信编》专记有明一代史事，可能是从《皇明副书》中删选若干明人传记而成，有较高的史料价值，可补《明史》及方志记载的不足。《皇明副书》是吴士奇私撰的一部纪传体明史著作，以其备正史裁择，故名《副书》。朱彝尊评此书："较诸野史颇纯正，第稍略耳。"（《静志居诗话》卷十六）因此书卷帙较大，他写成后无力刊刻，唯有稿本藏于家。崇祯初年，《副书》已有抄本流传于世，今上海图书馆藏有清抄本。康熙年间，朝廷开《明史》馆，诏求天下遗书，其孙吴若翊曾将祖父的部分著作重新刷印呈送史馆，其中就包括《史裁》《考信编》《征信编》等。乾隆中叶朝廷开四库全书馆，上述诸书均被列入"史部存目"。

在明代徽州籍学者中，若论著述之富，则推成、弘年间的程敏

---

① 因《明史》无传，有关吴士奇的生平事迹，本文综合参考了《绿滋馆稿》《康熙徽州府志》《康熙歙县志》《民国歙县志》以及许承尧《歙事闲谭》、吴吉祜辑《丰南志》的相关记载，同时也参考了施闰章《吴太常传》（天津图书馆藏清印本卷首附）、钱茂伟《晚明史家吴士奇史学述略》一文（《安徽史学》1993年第4期）。

政；但若论史学成就之高，则非吴士奇莫属。丰南吴氏是徽州的甲族硕宗，文风昌盛，科第蝉联；同时这里又秉承“以末致富，以本守业”的徽州民俗，外出经商的风气很浓，涌现了一批弃儒就贾、贾而好儒的富商巨贾，如明末大富商吴养春、吴天行等人。此外，该村在明末还出现了一批出版商人，如吴勉学（师古斋）、吴琯、吴中珩（西爽堂）、吴养春（泊如斋）等，他们刊刻的《二十子》《伤寒六书》《山海经》《古今逸史》《唐乐府》《泊如斋重修宣和博古图》等，均以校勘精审、刊印装帧精美著称，而这些人均与吴士奇同族，其《史裁》二十六卷就是吴勉学替他刊刻。两人还合作编刻过不少书籍，如《唐乐府》等。吴士奇晚年致仕里居，与徽州当地文士汪廷讷、谢陛、潘之恒、毕懋康、程嘉燧、李流芳等人均有交往，其文集《绿滋馆稿》中保留了这方面的若干资料。吴士奇久任地方官，留心当时的国计民生，对盐政、漕运、钱法、边备、教育等问题都有所建言，只是因他官微言轻，没有引起执政者的重视，其观点对于今天的史学研究无疑具有重要的史料价值。此外。他所作的若干明代士人及徽商人物传记，可与正史互参，也保留了不少珍贵的徽商资料，对当今的徽学研究不无裨益，这也是我们整理点校该书的主要原因。

《绿滋馆稿》原刻于万历末年，今国内多家图书馆有藏。《考信编》二卷与《征信编》五卷合刻于万历年间，但卷前书名分别写作《绿滋馆考信编》《绿滋馆征信编》。《绿滋馆稿》与《考信征信编》原来别本单行，属于两部书；今国家图书馆所藏的《绿滋馆稿》与《考信征信编》则合为一函，原因可能是两书的书名均含有“绿滋馆”三字，且两书卷帙均不大，遂将两书合为一书。《四库存目丛书·集部》173册即据明刻清印本将两书影印（齐鲁书社1997年版），且将《考信征信编》置前，《绿滋馆稿》置后。前书可见其“史才”之精，后书可见其“文笔”之美、人品之醇，所以我们也将两书一并点校整理。康熙二十八年（1689），吴士奇族裔吴之騄将存世的原书书版修补重印，呈送《明史》馆，是为康熙重印本

（以下简称清重印本）。万历本与清重印本内容基本相同，但两者也有区别。最大的差别是清重印本剜铲去原版的一些触讳文字如胡、虏、夷、狄、奴、酋等，版中留下了一些阙字空白之处。在文网密布的康熙朝，这些文字极易招致文字狱，所以许多明刻清印本书籍通常都采取这种做法。其次，清重印本在篇目上也作了些许增删，如《征信编》卷一删去《边防》《女真》两篇，《绿滋馆稿》卷八删去《山西乙卯武录策》一文，但增加了《继杨左都合纠魏忠贤疏》。此疏作于天启初年吴士奇官太常寺卿之时，为其劾纠魏珰的奏疏，显示了其忠直不阿的刚烈性格，为万历刻本所无，这次整理时一并收入。清重印本有吴之騄的《考信编征信编后序》，我们也将其附于李叔元原序之后。后序作于康熙二十八年（1689），称："今上御极十有九年，修《明史》，捐忌讳，求遗书。部檄行新安，取太常所著书。而遗稿散轶，仅有绿滋馆所梓《考信编》二卷、《征信编》五卷、文稿八卷、诗一卷，先大父尔承公读而好之，故其板独存。"

我们在整理过程中，也发现了一点小问题，即此书的刊刻时间问题。当代不少目录书，如王重民先生的《中国善本书提要》（上海古籍出版社 1983 年版），著录：《绿滋馆稿九卷考信编二卷征信编五卷》（十册）。"此本为明万历间原刻，康熙间印刷以进呈于明史馆者，故卷内胡夷等字，以及涉及满清其他忌讳，皆铲去其文。"今《四库存目丛书》书前也注明底本为北京图书馆藏万历刻本。但据李叔元为《考信征信编》作序的时间，是万历四十八年庚申（1620）秋，亦即泰昌元年。这年七月初一万历帝驾崩，八月初一光宗朱常洛登基，九月明熹宗朱由校继位，一年之中曾历三帝、两个年号。后以此年的一至七月为万历四十八年，八月以后称泰昌元年，李叔元作序已是这年的秋天，很可能是泰昌或天启在位期间。按古人刻书，往往事先请人作序，作序之年通常要早于刻书之年，所以《考信征信编》的实际刊刻时间，很可能是在天启年间，即吴士奇辞官归里之后，所以称其为"万历刻本"是不准确的，严格说，《绿滋馆稿·考信编征信编》是天启刻本。

这次点校，我们选用国家图书馆所藏的万历原刻本为底本，参校了《史裁》（《四库存目丛书·史部》144册）的相关文字内容，并参校天津图书馆所藏的康熙重印本。天津图书馆重印本卷首附有康熙十七年（1678）年施闰章所撰的《吴太常传》，有助于了解吴士奇的生平事迹，我们整理时将此文收于“附录二”。除了版本对校之外，对于各版本均漫漶模糊的一些文字，则采用陈垣先生“校勘四法”中的本校、他校和理校法，参考正史、野史、方志、文集的相关记载，尽量做到匡讹补阙，还其旧观。正文用简体字横排，并加新式标点断句。对于原版的一些明显刊刻错误如人名、地名、年号、时间之误，则据上下文义径直改正，并在页下出校记予以说明。原书的一些异体字、别体字，如“踈、栞、咲、筭、剌、珎、姦、仚、恠、眎、葢、勑”等，则一律写作现今通行的规范字“疏、琴、笑、算、刺、珍、奸、仙、怪、视、盖、敕”等，不另出校。原版中颇多通假字，如“脱”作“税”，“悦”作“说”，“悬”作“县”，“嫡”作“適”，“早”作“蚤”，“鬻”作“粥”，等等，因古文中同音假借现象很普遍，我们点校时也一仍其旧，只在校记中予以说明。对于原版中一些缺文或漫漶模糊、上下文义不通之处，若无确凿的版本依据或文献佐证，则本着“疑以存疑”的态度，以□□代替。原书某些标题以及正文后面有少许附注文字，点校排版时改用楷体，字号缩小一号，以便醒目。另外，我们从存世的明清人文集及徽州地方文献中陆续发现吴士奇的佚诗佚文若干首，一并作为“补遗”附录于书后，并用小字注明佚文的文献出处。

由于我们才疏学浅，加之搜集的版本有限，点校时间仓促，书中错谬之处一定不少，敬请方家不吝赐教，批评指谬。感谢我的老师、山东大学文史哲研究院博士生导师杜泽逊先生为本书所作的序言，同时还要感谢北大博士张鸿鸣为查阅资料所提供的无私帮助，也感谢出版社编辑为本书出版所付出的辛勤工作。

目　录

绿滋馆稿

緑滋館藁卷之一

新都吳士奇無奇撰

季漢書敘

余好觀漢魏吳故事閒取少連新書與陳氏舊志總挈而互參之見其事同也而文稍異文同也而義大異文宜因則古有述而不作者矣義當斷則古有自負竊取者矣書季漢也善哉少連之言曰昭烈雖微其在周季可當魯之隱周之赧葢自昔國祚久長者無如周周而下得天

《绿滋馆稿》目录

五卷

从叔凤源公行状　先大夫请状　祭朱文公文

祭烈妇黄氏文　祭八世祖妣胡氏孺人文

祭诰赠恭人先妣黄氏文　祭宜生先生文　祭亡妾文

祭杨景渚文　祭先考封大夫文　祭殷铨部文

祭程野鹤先生文　祭诸劫文

六卷

天海建庵引　建水陆堂引　重修仁义寺引　冰说

观察马镜石先生像赞　从祖会堂先生像赞

午亭先生像赞　蒲隐居士像赞　吴母节妇方孺人赞

明成子赞　性满上人还峨山叙赞　祥叭领占上人赞

寿伯兄黟源七十《巨石乔松图》赞　祠钟铭

三箴（士箴　官箴　自箴）　哀辞　褫亭驿赋

七卷

江西司商度支考　钱法议　三宝各安其处

智者虑杂于利害

八卷

江西丙午拟武录策　山西乙卯武录策

继杨左都合纠魏忠贤疏

九卷

赋得霜叶红于二月花　蔡女还朝　明妃图

题蕉石图　彭蠡　除夕次芝山驿

秋日同何受所毛具茨游神冈山　述意

送张近阳左迁楚藩　夜过东林寺　别炉峰上人

赠别　客有白头娶妓者笑为妓咏　夷陵道雨

《绿滋馆稿》目录终

绿滋馆稿卷之一

季汉书叙

余好观汉魏吴故事，间取少连新书与陈氏旧志，总挈而互参之。见其事同也而文稍异，文同也而义大异。文宜因，则古有述而不作者矣；义当断，则古有自负窃取者矣。书奉汉也，善哉少连之言曰："昭烈虽微，其在周季，可当鲁之隐、周之赧。"盖自昔国祚久长者，无如周；周而下，得天下之正者，无如汉。狡狯机智，揣摩时变，以自立于不败之途者，无如曹瞒父子；百折不回，臣主呕心而仅复祖宗尺寸之土者，无如玄德、孔明。俛[1]仰千载，即庸夫皆能剖其曲直，而史氏之是非因焉。周东，而天下几无王，孔子乃因鲁史而系之王。夫至存王于国史，而圣人亦甚不得已矣。然不于挟王之桓文，而于式微之鲁隐，又圣人之独断矣。迄于赧而天下犹知有周，《春秋》以也。汉德不及周，而其名故足以震服天下。至于董卓播迁，四分瓦解，而英雄犹窃汉号，以冯[2]其威灵。以操之勇略足以称帝，而故托之桓文；以丕之世烈亦可自帝，而犹藉之禅让，畏义故也。则是正统者，二曹在而尚不居，居之而犹未敢自安者也。而寿反宴然与之，亦大悖矣。夫既帝魏而与之统，势必降蜀而名之寇，谓寿媚晋，非也。媚晋固当抑魏也。谓嗛诸葛之辱，亦非也。怨其臣而及其君，寿亦不为也。

---

① 俛，同"俯"。

② 冯，同"凭"。

少连又谓："于微言别例，自有不容泯者。"似也，而亦非寿初心也。孔子曰：名不正则言不顺。不顺而中还自疑，则两可而言益支，即寿亦不自觉其穷矣。吾故谓寿有史才无史识，而惜当执简时，未有如鲁连者谕之以大义也。诚得其人，则寿必按剑作色，尽乙其书，更仿鲁隐之旧史，以存王赧之虚号，其义正则其词自直，庶几乎《春秋》之遗，而少连亦可无今日之笔削矣。少连闻而与余交相愉快也，已而余又怆然曰："忧深哉，子之名书乎！敝冠而犹加之首也！尊之而且伤之，亦明知为季世，而第不忍下夷于曹氏乎？一字而感慨系焉。"而病少连者，又谓不自成一家言，乃名为书而实仍《志》乎？大匠之所运斤，即拙工之所血指者也。史重挈纲统，先正名。假令鲁史之旧文而在，而以质于孔氏之所修，其为寄衮斧于片言者，亦非必尽创也。儒者断其义，驰说者骋其辞，史迁之记，多采左、国、班掾之书，半仍史迁，亦各居要耳。然则废《志》可乎？曰：无《志》是无书也。《志》分为三，书函为一，参而伍之，吾于是而知汉季之衰，与所以欲绝而未绝也。如必伸汉而诎魏，遂将恶旧而喜新，无乃群狙之见乎？余雅欲破拘挛之议，以覈今古之变，而少连每与余合，故为序书，而并发其指。

桐梓县志叙

余观志载，而知昭代之文献独卓越千古也。当元之季，中国声名文物，半杂于腥膻，我明悉扫除而更新之。艺士奋起，各摅其睹闻，家有乘，郡有志，车书辑集，煌煌乎备一代之文章。桐梓本我内地，岂其独令缺遗，以为累世不侵不叛之臣，不忍殄灭其祀，姑顺夷俗而羁縻之；而逆酋不天，巢卵自覆，不有废也，其何以兴？天厌杨而夺之鉴，岂将开文明之域耶？爰建州邑，树以官司，王君用夏变夷，既驱椎发披毡，悉还冠带。不佞修文于远，所愿阻深闇昧，咸耀光明。乃进诸青衿而问之曰：惟尔地分井络，踞渝上流，含溪怀谷，岗峦纠纷。所谓以地图察其山川要塞，相去不过寸数；

而间独数百里，何以搤亢而拊其背乎？蚕丛氏邈矣，自秦置牂牁，尔已久通于中国，其间递兴递废，沿革不常；一彼一此，分领亦异。寥寥数千载，何以按籍如指诸掌乎？二江穿于李守，尔土辟自何年？今佩牛带犊，已归本业；邃谷箐林，咸列版图，履亩几何？户口几何？一岁出入几何？剖符而来者，皆天子新吏也。岂其胜之，而亦欲得如龚渤海者安之。文翁治蜀，为遣开敏之吏受业京师，以教导子弟。今桐之旁郡，蜀之邹鲁也。士不外索，已有余师，被雅化而称隽者几何？下及史胥，足当器使，方技足备采择者几何？自李供奉流夜郎，而迁客带霜寒之章，与湘水之怨并奏，至今青羌吹角，犹唱于喁；间有继者，亦复铮铮，其遗文杂志，一一可讨否？剖竹得王，化血为碧，尔俗诚怪诞不经，而记并存之。子不语怪，其姑传疑以广异闻否？

诸生各对如响：窃意此宿儒不辩，何以得此于桐庠？则令有《志》而诸生故习闻之也。《志》凡五卷，为目四十，秩然灿然，以新羯夷之俗，补文献之阙，壮四夷之观，三善备矣。顾王君之所以计万全者，虑尤远也。盖古之营邑立城者，相其阴阳之和，尝其水泉之味，审其土地之宜，而又为置巫医，修祭祀，连伍保，故能使民乐处，而有长居之心。反侧初安，利害旋踵，嫌创举而狃故常，此畏首畏尾之吏，仅塞罅漏而不恤异时之患者也。如《志》所载，核土宜，详人事，缕缕陈列，绸缪固于苞桑，边徼林丛之邑，恶能百年无事？而前事不忘，成书具在，后贤因时损益，设诚致行，使九重无西顾之忧，则王君不朽之图在矣！君初宰通江，明习蜀事，主爵异其才，使以涪州守摄邑篆，权无中挠，故万里报成，且布为式也。桐梓故驿名，今以名县，州县之隶府者六，而桐梓为最著，则邑以人重云。

贞苦录叙

刘母之为念初公继室也，裁十五岁，而公已中岁矣。五年而公殒，越三十八年而母始以节闻郡县，又五年而直指更以闻于朝。其年值子刘侯举进士，除郓城令，再调余歙，母贤而以子益彰也。一时学士大夫相与为诗歌，久之成帙，而侯自题曰《贞苦录》。余观侯之所以叙母事，未尝不三复流涕，伤母极艰云。则又思妇从夫，母从子，毛里相属，悲欢与共者也。方其夫以永绝，弱息在抱，老姑相依，亡者不可以复存，而存者怅乎莫知所终，低徊顾影，至于志穷而泣呼天，苦矣！幸孤之壮，强使读父书，而奇蹇，再困呻佔，家徒四壁，笔耕不能充糈养，母犹取给脱簪，而篝灯辟纑，苦矣！寡且不有秋，母子嗷嗷，率日一飦，而半杂糠秕和丸糊口，苦矣！乃今子拥朱轮，母被褕翟，千里迎养，誉命在庭，则生人之最愉快，而名《贞苦》者何？

夫约乐虽递迁，而甘苦非因境；俗情之所怨而觊，贞士之所齐而化者也。且母所谓苦，瘏痡而苦肌体耶？抑焦劳而苦心志耶？凡母所为者极难耳！匹妇小谅，计画无所复之，苟得速死为幸。姑嫠且老，藐诸实母是倚，讵以一死塞责乎？生而苦，何如死而快也？母岂不念之？死而无济于生者，何如生而有补于死者？母又衡诸虑矣。受其孤而使有所不可知，何以报地下？即孤长矣，而处不能禔躬，出不能庇民，犹为重遗之耳，此母所为茹蓼甘荼而裂肝腐心者也。申包胥哭于秦庭，七日夜不绝声，遂以存楚，季路所谓不苦不能行义者乎？母故出儒家，佩国士之义矣。夫贞之为言，正而常也，则自里巷之口以及绅士之揄扬，王章之奖誉，夫人而能知之，苦则危辞也；里巷之所不能窥，绅士之所不能揭，王章之所不能阐，是寡母之呕心，独喻而不可以对人。孝子之竭诚，揣摩而仅拟其万一者也。《易》称“苦节不可贞”，无亦以道穷难之。然有苦节，斯有安节，故《明夷》为艰贞，变《离》之《坤》为安。贞，母道也，臣道也，余观侯拊民疾苦，矻矻丙夜不休，若曰：吾将先忧后乐，以仿佛乎母之苦而甘节者，则孝为政矣。

城阳山志叙

余登天海，直跻丹台，访轩辕氏之遗弓，幻无所遇。取径西下，抵一深谷，名曰丞相原，相传为故相栖隐之处，亦不知相为何人。悠悠忽忽，徒寄思于烟霞石室之间，怅然归去。后谒许文穆于城阳山，山故许宣平之遗址，而裔文穆初罢相，更为辟地结茆者也。是日，文穆呼童采毛烹鲜，饮余亭上。余素不任酒，文穆亦不余强，而自引满独酌，陶然微醉，竟日不道当世之故，亦不及宣平遗事。余低徊久之，翩然有蝉蜕方外之想，私自诧曰："余向所寻仙踪，而杳无所者，斯其人欤？"因忆子房从赤松子游，藉四皓以定国本，而所名四皓者，而屡勤天子之物色，逃去不一顾，子房从何便得之仙？亦以类聚，四皓即赤松子之别名，而子房雅与俱游者欤？文穆抗疏定储，超然远引，其事大类子房。彼宣平者，既入陈守之梦而赐之金丹，岂其见文穆焦劳，矻矻忧国，而不为一启后人？阴诱其衷也。窃意商山之画，文穆必有神受之宣平者，而第不欲语怪以惑人耳。外传纪文穆仙逝之日，程生尝遇之九华巅，其与明奴家妪遇宣平于采樵之南山何异？夫使仙人仅修延年益算之术，以邃居岩谷，而漫无功德及人间，究亦龟鹿为伍，草木同腐，君子所不道。惟兹时现时藏，能蛰能霖，乃称真不死耳！吾郡山川峭绝，代多异人。轩辕帝而仙，文穆相而仙，宣平以草衣一笠，中处于黄唐昭代之间而仙，独怪探奇之士，远慕天海，近遗城阳，搜旷不可知之故相原，而略文穆所从列祖辟谷之丘壑，此信孺之《志》所繇作也。信孺为文穆嫡孙，尝得宣平遗像于燕市，及《月中闻笛》诸诗，其事益奇，详载《志》。

史裁叙

权不可以豫设，圣人所以重言权也，儒者泥其指而訾汉以下人皆不识权。夫权何可一日无也？经之须权也，蛇蚹而蜩翼；权之佐经也，宫商调而五味和也。经体而权用，经实而权虚。经如正兵，权如奇兵；奇正相生，如环无端。经权互用，乃无经权，道一而已矣。语经而权赅焉，惟权乃为能乎其经。然孔子又云："民可使由之，不可使知之。"可使由者，经也；不可使知者，权也。夫惟圣人操不可知之权，以愚可由之民，故能鼓之舞之而莫知端倪。周道东而伯，维王权翊经，则桓文狎主盟焉。孟氏明王道，而曰："仲尼之徒，无道桓文之事者。"至以《春秋》续王迹，而曰："其事则齐桓、晋文。"孔子不言军旅，而《春秋》所书，大都战伐事焉，如必概以王道绳之，则夫《春秋》者，有恶无善，有非无是，而圣人之作《春秋》，直以彰人过而为毁耳，其何以存直？《春秋》之不讳言桓文与战伐之[①]，不必尽非也，所谓因时者也。时者权也，故孔子为圣之时，而《春秋》为孔子之权书。不佞胶柱士也，何敢漫言《春秋》？尝采古今之权变，验诸成败，参其得失，观夫彼此异宜，攻守异势，樽俎与干戈殊途，治未乱与治既乱异轨，窃符何以存魏？完璧卒以摧秦。子房招四皓以翼太子，绛侯托左袒以安北军，孔明捐白帝之耻而收和吴之利，王谢斗五胡于中原而江左赖之偏安。逮夫片语回天，谈言微中，呼吸风云，斧断电决；销刚为柔，以俛为仰。欣慕其事，集为一书，欲以破拘挛之见，庶无悖于绳墨。谚曰：以书驭马者，不尽马之情；以古驭今者，不达事之变。存什一于千百，安取夫人与骨俱朽者，而抱空言为轮扁斫轮、庖丁游刃？上士自悟，是为达权，权岂迹耶？窃效一割之用，以备博古通今者取裁云尔。

三祀志叙

三祀者何？德足以辅世则祀之，功足以匡时则祀之，言足以辟邪卫道则祀之。夫德无显晦，而立功者跃也，立言者潜也，疑异旨

---

① "之"后面疑夺一"事"字。

焉。然以道德为功业，则非杂霸；以功业为文章，则非空言，又未始不一也。夫孔子不王而称素王，何也？此以知立言所归矣，然必历七十二君不遇，始退而与诸弟子讲道于洙泗之上，则立言非其初心也。窃尝谓世之敝有二：使武烈之臣逊于文墨，而操处士之议者反加诸名实之上，彼亦厌夫韎而鲜礼者，与饴宦而托有树者，遂矫焉而过，要非通论也。夫吉，今之邹鲁也，无论士生其间，咸列于不朽。而来兹土者，亦争自濯磨，何也？蓬处麻中，不得不挺于直也。故洲之为堂而讲也，以联生者也。后楹而祀，以表没者也。祀二程、王文成，客而贤者也；祀罗文毅、六公，主而贤者也。乃如颜鲁公、文信国而不得与俎豆之列何？居守窃惑焉。值王太常新没，郡邑敦请诸缙绅大会于江上。王太常者，吴侍御所延主盟者也。是日也，同方毕至，里老诸弟子员不戒而集。慨哲人之云亡，幸斯文之未坠，则以主盟更推刘仪部。不佞徐申前说，于是按郡志，询佥谋，得客四十九人，主八十二人。至位次未定，宾请先主，主让于宾。久之，僚倪公、刘公、郭公进曰："诸大夫以为是父母之邦，而不欲与为都者齿也，谦言之也。顾是举惟其贤也，贤则布衣丞簿亦可跻于公卿之列矣，请无问主宾。以时次，故为大，新为小。"众曰善。则以告藩钱公、臬黄公，两公曰："褒有德，奖有功，此先行于言也。聚于斯，祀于斯，此风存于亡也。"

岁在丙午，实明初置吉守之辰，逮今二百四十有一载。文德久洽，吉士倍兴。是月也，又会歌《鹿鸣》，乃以良日奉祀诸贤，而稍次其遗行为《传》。

蜀学政小叙

不佞误蒙上命，督学西蜀。学使职专修文，而西川所隶，则合十三郡六州人士以及诸夷部，若材官弟子靡不束发韬戈，受书于使者。不佞既扬国家文教之隆，而又惧驽下负担之难也。夫一质一文，终始之变也；损有余补不足，政之权宜也。蜀故文明之域，由汉以来，如日之升。迨于我明，睹中天矣，无乃蔚极而反漓其真乎？何以挽之？介边诸邑苦兵久矣，无乃士疲而不遑于俎豆乎？何以振之？所愿联我官师，协诸逢掖，宣之以卧碑，申之以敕谕，同心戮力，广励曲成，使两川民风共偕大道，韎韦诸武亦总能文。阻深闇昧咸耀末光，以永安宁而长庠序，斯亦樽俎之壮观，而窃有志未逮者也。乃缘故事，次为科条。以身为教，余甚惭于旷官；不言躬行，日有望于多士云尔。

晋学政小叙

不佞迂疏，无当时用。既从蜀致其事归，益不习为吏，而时从诸同好讲业南山。居三载，会晋学使缺，时届宾兴，主爵急请可使督学山西者，而以余当御。于是诏起蜀旧学臣士奇田间，严为期，使速之晋。简书朝拜，即日就道。回思故辙，怅若迷途，惟是朴忠一念，夙夜冰兢。幸叨诗书之国，益慕弦歌之化，乃为《三箴》《五要》，附于教条之末。联我官师，协诸逢掖，同心戮力，广励曲成，上以答朝廷再锡之纶，而无负西睠；下以抒西川未竟之志，而益励有终。愧身教之未能，愿以言而相喻。若夫养士之实，载在卧碑；同文之规，颁之宗伯。诸生信能力奉其旧，而徐图其新，即余言亦赘矣。

山西乡试齿录叙

山西为都城辅国，盖邹鲁伊洛之中、而唐虞夏商之旧也，寓内首称文明之域。万历壬子当秋试，礼官为请益于上，不得，于是榜以六十五人，故额也。诸士方咏《鹿鸣》之歌，旋修雁行之谊，而属叙于余。余闻之，朝廷尚贤，乡党尚齿，故缘三试之文以铨其高下，已开度德论官之始，崇一日之长，以次为后先，复推徐行后长之余。以贤制爵则士益劝，以齿教让则民不争，夫岂二道乎哉？直指苏公已言之首简，余复何加？而第申问诸生：所为千里比肩、济济交让者云，何以相好也？何取相好以相成也？让有文有实，好有公有私，君子不欲上人，而亦耻人后，何谓让之文？把臂论交，衔杯披愫，藉殷勤之欢，联世讲之谊是已。何谓让之实？推贤让能，和衷协恭，以期于一人让，下莫敢不让是已。夫登堂缔盟，曰：某也长，兄事之；某也少，弟畜之。欢乐相贺，患难相恤，此犹彼我之情也，私也。至夫勒功德，炳名实，品格判于霄渊，是非凛于斧钺，父不得而夺诸子，兄不得而夺诸弟，则天下之公义也。义生于情，而情不胜义；故有矜已陵侪者，有唯诺比周者，皆和同之未辩也。夫欲联异为同，须以同而异。子曰："君子无所争，必也射乎？"射者固欲居耦于胜，而亦耻已于负，惟正己而不怨胜己，此争也，而亦以成其让欤？顾今之次年者，犹乡国士也，献岁而举春官、友天下矣，交广则有功，情泛亦易暱。不曰"恭而有礼，四海皆兄弟"乎？则余所谓让之实也。嗟夫！皮之不存，毛将安附？自嚣竞成风，而让之文并亡矣！《同人》之后，受以《大有》，人心关于世运，《序卦》志之。上方寿考作人，还揖让之风，培敦大之化，多士适逢其会，则虞廷之师师狐、赵诸君子之相让者，固尔。所稔闻于乡者也，而名实公私之辩，则自今日始。盖士之貌为让而中实未能祛者，病有三：阅贤书之甲乙则挟贤，睹坐次之后先则挟长，他日得时先鸣，门高廉远则挟贵，而总起于一念之自私。私克而三挟冰释，斯之谓真儒。蜀士余旧侣也，幸以此告之，必有响应者矣。齿以明长，使两地各长其长；而士兴于让，则锡类之仁哉！

山斋清供小叙

客有遗余树数种者，趣童子植之庭前，而时灌溉焉。他木皆欣欣向荣，独海棠渐有槁色，余心怪之。及考种树之书，则此花法故宜瘠，而余误沃之也。因思天下之以不习而误者，岂独一木为然？医不方不可以除病，兵不律不可以决胜。夫能试有所长者，非苟焉已也。余家季子广微，筑馆溪上，莳名花其中，而徐以所试者为书授梓。夫广微翩翩年少，方以大人之事自命，岂其桑麻是问？沾沾于一草一木之微，无亦谓天地之大德曰生，吾姑于逍遥自适之中，默示裁成左右之道，是亦为政，安事远慕乎？故以生之者因之，则橐驼可补造化之巧；而以损之者益之，则灌溉祇蹈宋人之愚，有术无术之别也。

不佞潦倒半生，甘老丘园，如世不余鄙，而更寄一方之命，愿藉季书以行吾志，客仅以资清供浅之乎？窥仁术矣。客曰：如公言，广微尝具五舟以度涉者，无亦拓此意乎？余卒卒未对，广微辗然笑曰：客生机满腹，诚欲学吾术，吾有以告子矣。

绿滋馆稿卷之一终

绿滋馆稿卷之二

吴虎臣诗叙

虎臣雅善诗而负不羁，数以酒得过闾里。虎臣在而里之人无不窃言虎臣妄人者，更排摈之；虎臣殁而里之人无不慨慕虎臣贤豪者，更尸祝之。夫其尸祝虎臣者，即故所排摈者也。安所见而憎喜递异，要于虎臣无加损矣。余昔与俗浮沉，未得窥虎臣深，乃今诵其诗，想见其人，虎臣非直以诗酒雄也。盖雅志用世，既以矫世，卒之轻世肆志，而嚜嚜终焉。且自古俶傥好奇而托之酒人者，宁独一虎臣？郦生，故高阳酒徒也，被褐而揖汉祖于传舍，人皆谓生狂，生自谓非狂也。帝弗狂生，生业已吐其奇矣。盖宽饶之为汉司隶也，以平恩侯之贵倨，而宽饶东乡[①]特坐，自名酒狂，汉廷即不尽知次公贤，乃其志亦少伸矣。刘伶处晋之浊世，不欲以其身与腥膻者伍，而宁死杯酒间也。虎臣于数子何居焉？虎臣少习博士家言，试弗售，乃弃去，更事词赋，名籍籍倾公卿，尤喜谈当世利害事，尝以策干戚将军蓟门，语多效。第其计秘，世莫闻。戚将军欲以武冠冠虎臣，虎臣弗屑，而顾自称白衣山人，愿得比大将军揖客，久之谢归。诗益工，嗜酒益甚，醉辄掀其髯，炬其目，而以所弄如意提拟客曰："此故秦椎也，有弗当吾意者，吾得而甘心焉。"富人子尤多所狎侮，顾独严事武林守方公。不佞尝遇虎臣于逆旅，时武林死矣，虎臣语次及，泣数行下。已，慷慨为商声。虎臣狂而

① 乡，通"向"。

武林猖，何念之深也！两美其必有合矣。其后愈落魄，至橐中不能名一钱，然其任放自若，顾架上所陈书尚在，不趣为酒资也。或昌被[①]出走，歌且泣，其又甚至裸身投渊，以自附于沉湘而枕流者，而诗亦多楚声，惨凄不可读。无何，竟中酒卒，世遂谓虎臣以酒殉也。嗟夫！天下皆殉也，谁醉而谁醒夫？夫谓虎臣沉湎于酒耶？虎臣且笑世之餔糟啜醨者，而张目视之矣。夫知虎臣之志者，可与道虎臣之诗也已矣。

水田别署会草叙

经义难言哉！离而始觉其合也，合而愈觉其离也。如优孟抵掌而作叔敖于楚廷，王骇以为叔敖，左右尽以为叔敖。既退，而优孟独愧其非真也，是苦貌叔敖者而后心知非叔敖也。余少困于制义，后从校蜀，致其事归，既甘枥伏，遂可门罗。喜贫贱之寡交，敦诗书之宿好，强栽柳于侧径，学种瓜乎石田。小阁不能以丈，而时跳跃其中。邑居多面壁，而余阁可极目；邑居多远水，而余阁如浮槎。俗方狭小余居，余则寥廓方外。喜微疴，因无酒累；喜车敝，因无游倦。间有著述，喜无大人游以成名，则以藏余拙而不复疲思，然不胜其壮心之窃发，而技痒于经生之故业。水田别署者，余兄子越石馆也，去余舍仅百步，可不杖而至。又皆知交无苛礼，所谓惟本业素位中事，野人时过而快焉。而四方之声应者，江右则张鲁叟，西吴则赵无声，同郡则葛万说、吴延祖。余借半榻之好，各出其文相弹射。诸公方以经术为大业，余亦以敝帚当泌歌。吾从吾好，宁复避吾短乎？遂并以授梓。至夫有问答未成篇，则于书院中，日课而月亡矣。

① 昌被，同“猖披”，狂放不羁之态。

溪上近艺叙

忆余昔宰归安时，日进诸博士弟子，较艺于苕溪之上，而谬为之次，则故所推者皆先后脱颖。去而归邑，亦谓余知人。乃今苕水交情宛其如昨，而河山既邈，无能续旧游，且自度余力，亦安能如昔之强健乎？昔以钱谷刑名兼摄之，身犹得半，以其间雍容于诗书礼乐之府；今承乏学使，职颛敷文，而发覆辄惟恐卧，俛仰之间，益增感慨。方居苫次，用张挟敝裘自吴兴来谒余，相慰劳者久之。用张固逊技之未工也，余曰："技工矣。君亦知夫士与守官有异否耶？"语未竟，用张卒应曰："以吾师之誉，闻释褐二十余年而犹然臬副，则继祖之落落，无怪也。"余曰："君言似而实非也。柳下不以三黜贬道，吾守吾拙，宜也。经生家第期悦目，固当与时高下，岂规规若守官谓耶？君今游南雍，此文薮也。世方黜奇衺，还淳雅，第取君之中驷与彼角，足已制胜，此从时之义也。"用张曰："善。"时馆丰溪之上，溪山明媚，游者谓不减吴兴，只少木兰桡。主人乃为具楼舫五，用张时跳跃其中，而郡司马大夫又其知交也。用张自好，不肯造偃室，而大夫以谊故，数遣人存问焉。用张谓余曰："吾既喜得稽公，又临以父母。时度小桥，遍交溪南北士，此中何异苕上乎？"遂题其作曰《溪上近艺》，义取二水之间，现作丰溪游，翻成苕溪想。山川到处供文藻，无问他乡故国矣。

送尚宝卿蔡公致仕叙

上之二十八年，南京尚宝卿蔡肖谦公以致仕去。盖昔之宦成名遂，超然远引者，无如二疏。于时帐饮东都，宾朋载道，第谓二大夫能明止足之义。既归，日捐余金与故旧为乐，又谓大夫不献□自封，而为德于乡如此，然所以去，故难言矣！天胙明德，中外乂安，尚宝必非有托而去，而尚宝又家故贫，岂其能割橐中金要誉于乡党朋友者，则何以去焉？盖闻天之生材，往往留不尽之施，以需国家缓急之用，而士当出处进退之间，有若或推之，或挽之，莫之为而为者。昔在汉祖，晚而不胜其孽稚之爱，于时智如平、憨如陵、辩如叔孙陆生辈，竟未能得其坚决，而卒之招四皓安国本者，竟属弃人间世之子房。赵充国之降先零，龚遂之平渤海，时二子老矣，岂其壮心未已，日暮而犹急于见功若此哉？硕果不食，天盖老其材以有待焉。在《易》之《乾》，初称潜，二称见，而四之上下无常，称跃然，总而归之龙德。夫圣人不凝滞于物、而与世推移，凤凰翔于千仞之上，览德辉而下之。彼笑凤德之衰而必以隐为高，则亢矣。今国家急卿才、需老成人，尤甚于汉祖孝宣之世，天子一旦拊髀而思得如留侯赵将军龚渤海其人者，以当干城腹心之寄，而蒲轮迎公，公贾其余劲以入，而决策定国，出而抚绥疆场，裕如也。是能处朝廷而不难引去者，必非入山林而长往不返者也。观者相与高公之去，而吾侪且旦暮冀公之来，遂次为叙。

送大中丞魏公进兵部右侍郎叙

山西为畿右辅，魏公抚兹地者三载，以安攘绩最，擢右司马。前旌既发，绥而鑿者，辫而罽者，扶杖而襁负者，韎韦而跗注者，拥车不得进，公为立车劳语。窃惟国家设抚臣以填诸重地，有专备虏而不与内员者，有专阜民而不与边陲者，惟秦晋两中丞得兼总内外，并提夷夏，而晋尤肘腋寄焉，非具文武长材，孰能胜其任者？公噬仕解州，晋民之疾苦无不问；再著平播，兵家之曲折无不谙矣。始公来抚三关，酋妇羸且老，诸部各有贰心而未露也。备边非款则战，边臣谁不知之？顾使虏情实款即主款，何难？不则形见势斗，亦直撊然授兵乘障耳。惟夫倪欲背而貌为款，虏方尝我以二端，大臣身制阃外，机权相生，利害旋踵，计不万全。款则中猾□挟赏之计，战则启边庭戈鋋之衅。乃虏佯以款请，公亦姑以款应，而第增墙堡，阅军实，谨侦候斥，所欲至，豫为埋伏；所必入，严为待，春秋三耀武，而诸酋始震怖威灵。我得以金符之利，豢而制其命，故虽以素囊、五路之桀骜，竟帖然于酋妇失𪨶之日，而不敢南牧者，公之未雨绸缪也。疆场之邑，一彼一此，蒲河以西，秦辖也，回夷素出没焉。适有故将家驴穷无所归，相引东掠，公按剑起曰："蠢兹蠡贼，是悍如虏酋者，吾不难扼其亢，而于小丑何有哉？"立檄诸将吏，或挤之阻隘，或蹑其惰归。诸将吏受指格贼，先后皆成擒，西贼为之胆寒，而河内赖以安枕者，公之千里决胜也。

公是时岂惟加之以师旅，又因之以饥馑矣。岁比不登，民至粃糠不给，颠顿沟壑。而无赖暴子弟且带牛佩犊，恣睢扞禁。公叹曰："饥寒迫于肌肤，窭民岂其得已？"乃请发帑，不得；请蠲租，不得；则搜赎锾，贾粟它境，急檄各邑长以饘粥哺，而躬自为部署，即诸章逢亦有备饩救荒，竭无遗策。其终弗若者，公又以计微诸奸，立为收捕，犁其薮焉。民所以巢有完卵，而灾不为害者，公之曲为抚恤也。公雅重发言，言悉民瘼边事。六月防秋，日中步祷，察吏勤民，不殚余力。门无私谒，而诸通一艺，或精象纬或攻轩岐者，嘉为予奖，以故将吏闻风，益乐用命。公既擢司马，或言晋方息肩，是不可借寇，公再镇抚其地乎？夫《诗》咏干城腹心，《易》称多惧多誉，惟惧故誉，出则干城，入则腹心，此先忧后乐、居重御轻之旨也。昔杨襄毅亦以督臣入筦兵柄，有言："宣大重镇，非博不可者。"郑端简曰："博在宣大，则宣大安；在九边则九边安。"今岛夷惊波，川苗不逞，发纵指示，必需庙算。天下方倚公筹帷幄，壮兵威，公之乡有马端肃者，故晓畅边画者也，与襄毅并由司马进冢卿，先后称当世名臣。顾端肃所以处酋虏者，视公今日之御虏为何如？文武吉甫，万邦为宪，公盖与古比隆较烈矣。

送山西观察马公入觐叙

按职方，三晋之不可问者，无如大同、平阳；九边之不可问者，亦无如大同与辽阳。平阳何以不可问也？为其地介秦晋之间，而宗藩豪右交挠我三尺也。辽阳何以不可问也？为其地当山海之中，而板升毳幕，群睨我不虞也。大同何以亦不可问也？为其地亦藩亦虏亦豪，军民杂处，而骁悍素反覆也。而是三郡者，固皆马公盘根错节之试，而左投则左效，右投则右效者也。公既于平阳、辽、代乎何有？则亦于全晋诸边乎何有？辟之解牛，排其髋髀，经其肯綮，众理解直如齿腐耳！然则公之首臬而绩最，岂待臬始决哉？盖自守郡备兵而九边百城已在指顾中，目无全牛久矣。不佞侍公未及期，而论交不啻若十载。盖始而旅谒公，公庄而觉我之媮也，公讷而觉我之躁也，公恂恂而觉我之偶偶也。既而趋陪公，绝无厓岸，并忘尔我，是其为木鸡乎？久而益习公，则直之莫得其形，触之莫窥其际，是其为含光乎？且夫观察之职，以肃吏箴，以听成狱，以达隐慝。公于三事特其余绪，即中丞台御史台，且交倚重公，乃公不欲以此见长也，曰："使吾日旌此汰彼，数易置吏，庆让虽明，郡邑已有受其害者。又使摘伏发奸，拆见渊鱼，法令滋章，无乃益起嚣谇之习乎？何以使吏自竞劝？何以使民自不冤？何以视彼千里之内于此一堂之上，若毛里之相离，而后为能乎其官耳？"公之意，盖以平为宪，以祥为刑，法官而犹然父母之慈惠者也，且非独于此也。语曰："灌绛无文，何贾无武。"即自古豪士，欲兼之而未能。窃从退食之暇，领[①]公谭艺之余，则从横六籍，流览百家，自经生语以至于古文词若诗，壹禀于大雅，而尽洗挽世奢俚之习。齐鲁斌斌，信多杰士，如公文武具备者几人？余闻公与故萧司马为婚姻，而公夫人则邢子愿女弟，萧邢两公者，固当世所称文武才也。宓子虽贤，得鲁诸君子而益成，公固天授其夹辅，岂旦夕故哉？公今总晋，特见旧守之一斑[②]，若其文能经国，武堪定乱，制胜奠绥之略，少试于辽、代而未竟者，行且膺干城之寄。不佞其徼公之庇而得操觚执弭，与公相周旋，则知己之报而愿以异日者

① "领"，疑为"聆"之误。

② "斑"，原文讹作"班"，今据文义径改。

也。僚宋公闻而起曰："不佞东人，誉或以为阿，乃学使所赞扬公者，与齐鲁所诵法公者，何不约而契乎？"斯民也，三代之所以直道而行也。公今朝正，必有与余侪同好而首推毂公者，请书之，侍史为献岁券。

赠太医杨近泉叙

不佞自为儿时，已闻邑有杨公。公之先当涂人，徙居湖阴，至公再迁于歙。公于禁方无所不窥，于诸家无所不兼，乃独以小儿名邑，则秦越人之入咸阳。卜居岩镇，当歙之中，四方病儿，撵者掖者提携者襁负者匍匐者，呱呱而呻吟，日造庐请公，能使危者立起，而不可活者，亦徐以实告，相乐相泣，各呈其状。载歌载祝，声达于市，斯其为善医之门哉！病不能造者，争致安车，一夜十扣阍，至结辙阗户。公以次按行，东之西怨，南之北怨，跂而望，跣而趋，迎公入视病儿。儿家睥睨公有豫容，则喜色相告，欢呼满室，靡不踊跃而庆更生；稍嚬蹙，则相顾错愕，嘘唏服臆，至睑动舌挢而不能止。公望儿之貌，尽见儿之症结；病家睹公之面，已识公之意，不待汤液醴酒而死生决于指顾矣。公每出，病者累累随车，公下车劳问。斑白而望尘拜者曰："羸老故某子甲也，少微公，已先朝露，安得发种种而长为人？"而公不知为谁也。病儿母自幕中告者曰："妾故某之弱息也，少微公，且不成妇，今安得卵而覆之？"而公亦莫知谁氏也。游宦兹土而子病，病而赖公有瘳者，辄指而笑曰："此完山之鸟也。几从羸博之丘，幸公惠我，而抱哺返故邑也。"以此杨公名闻天下。辛亥春，邑病流疹，诸犬子皆藉力公，使我至今心悸。因思为国之法有似理身；守令之察民肥瘠，犹医者之问儿疾苦也。不佞三为其官，每愧子民，何哉？医与病人呼吸相通，守令与民毛里相属，使一有干誉之心则隔，隔则两不效。医以顺阴阳循其脉络，守令以清静听民自治，使一有喜事之心则扰，扰则两不效。医家虚实异剂[①]，方为政；守令刚柔异宜，俗为政，使一有沾沾自用之心，则彼此不相习，不相习则两不效。公无近名，无专利，无师心而胶固，三事善而收效众，岂若余之尝试侥倖人国者哉？公有令子，能世其业。父子作德，必昌而后；而公之孙有隽才，从诸逢掖受经。良医良相，世迭为之矣。公少从外父夏思泉受医，故世又称为夏公。

洪母七十寿叙

洪平叔晋光禄之二年，太宜人春秋七十。故事：朝官得假行役归省。于是平叔率诸兄弟及子若妇为太宜人寿。衿带在前，冠帔在后，少长肩摩，鞠朘俯伏，太宜人整褕翟，据上坐，以次举庭下之觞，肃肃雍雍，里闬共以为荣，而太宜人顾欿乐焉。夫太宜人五十而平叔成进士，六十而平叔为大夫，一再觞，俨无愉色，岂其齿益高而荣是艳乎？常人之爱子也以姑息，既贵而益煦煦矣。退食絮语，私相慰藉，莫非王事。儿独贤劳，以规为慈，什不得一焉。河清可待，日暮几何？亦欲及其身，子蚤有树，以不用为用，百不得一焉。目击子成名之难，得失交关，祝使长守，前见贤而后被黜，不以系怀，千不得一焉。三者皆人情，而妇人特甚。乃太宜人不牵于情，视伟丈夫尤过之。平叔初领军庾，太宜人命之曰："孺子亦习见而母之秉家乎？筦钥时操，圭撮必谨，积钜而钟釜犹是也。分给臧获，多寡惟均，积众而九军犹是也。"平叔再拜奉教，民誉欻起矣，寻改铨郎。平叔以友故，欲引去，而重违亲心。太宜人曰："若能如是，益搜岩穴之贤，揣摩当世之故，以需异时大用者也。"平叔既得请身退，而名益重焉。久之，太公不禄，平叔无故见放，太宜人叹曰："孺子之徙考功，未之官也，而又在衰绖之中，茕茕阖户，谴胡为乎来？命也，恶足深尤？"平叔故旷达，入母言，益无不豫，而荐绅愈贤之。服阕，补南水部，太宜人申命曰："夫二

① 剂，原作"齐"，据文义径改。

京，等京也，而根本较重。户、工并主钱谷者也，而工多漏卮。用人理财，同功也，而财于今日尤急。孺子业已习为吏，而母无以益子，视已成事，无倦可也。”平叔乃悉塞诸耗蠹，减水衡钱以钜万计。而是时余待罪留曹，亦私淑母训，窃附平叔同心之雅，一岁中所省十万金。夫代固有贤母，若其成夫子未竟之志，广孝子不匮之锡，南北帑交困，当事者日苦计画[①]，而以一寡母阴提挈其间，亦何奇也！平叔所以益有令名，太宜人所以富寿多男子矣。以是为祝，其庶几乎！是岁也，家大夫亦登七十，余何敢望平叔贤，顾一官万里，子舍凄凄，尝度九折坂思王尊、王阳车中语，自愧进不能以人事□□□君，退不能具七箸以娱亲，于子臣两负焉。如太宜人不鄙葭莩，顾问吴学使安在？平叔必前致辞：是若所不能得之父者，儿幸得之母矣。非常之福，尤有非常之遇。士趋舍有时，大都类此哉。

少鹤程公六十寿叙

天下之为人子者，莫不愿其亲之安且富，而长为吾亲。天下之为人父者，亦莫不愿其子之安且富，而长为吾子。晁错所谓“生人必至之情，而于同体尤倍为真切”者也。然有命焉，是恶可几而得哉！夫子非父不先，父非子不传，即父子重光于再世，而未必迭起于一时，则中处而乐亦不慆。间按载籍，如所称舞彩衣者，千古奇其事而艳为美谭，以为是不可几而得者，独幸得之也，而今于程氏再见焉。程氏者，余姻家也，号曰少鹤公，以光禄公为父，以太学公为子者也。是年秋七月，光禄寿八十，少公率其子若孙称觞于光禄之前，而光禄悦。逾月，少公六十，太学又率其子上告其祖，称觞于少公之前，而少公悦，光禄益悦。然问其庆成，则太学之祝其父，即父之祝其祖，前于后喁，若出一口。少公之自为寿，即父之所同为寿。父创子述，共结大年。盖光禄素豪举而倦于勤，雅欲高

① 画，原误作“昼”，据义改。

大其闬闳，而公为征异材，更爽垲，亦既美其轮奂矣。又夙有四方之志，而公为东游青齐，南极荆楚，穷四方之转毂，酌万货之重轻，而以淮海为陶，亦既致不赀[1]矣。又慷慨好施，振人之阨，而公为惇旧厚故，缮道梁津，友爱庶弟，施及疏属；抚二吴甥，受把臂于襁褓未翼之时，而慰九原于发种种之日，亦既声流淮海，以节侠重于卿士矣。凡此皆父志，亦世德也。子豫亲心，天申有德，奕叶承休而世受其报，夫岂偶然？是日也，趋歌《棠棣》，递献《南山》，丝竹满堂，欢声弥月，观者益倍于前，以为世不数得。而兄子君衡复语余："舅少为儒生，其孝谨虽出天性，亦多诗书之力，惜仅家施，未及于国。"夫安富且寿，人子之所欲备以奉亲，而圣王养老之首政也。假令公从诗书显，得叨厚禄以养其亲，而推恩于子弟，其安且富，未必有加于今日；而况白首膝下，父子祖孙交起称寿，此其天伦之愉快，宁以此而易彼乎？孟氏所谓"父母俱存，兄弟无故，其乐至于有天下而不与"者，程姻谓也，则是寿固非常之原，而未可与常人道也。

姊程母孺人六十寿叙

蚩蚩皞皞之世，不识不知，出作入息，其人多上寿而并忘年；季世多故而民劳，劳则惫，惫则折，于是民益贵齿，而年未及耆，皤然以寿称矣。谚谓"妪多寿"，以其寡劳役也。然"瘠土民劳"之训文，伯母盖以身先焉。而日昃不遑，其年至于百岁，岂其劳之，实以卫之。抑人情从苦得甘，从忧得乐，倍觉罔遂，酿为大年乎？《周礼》"老有加惠"，而未及于妇人，以女贞惟在窥观也。若其亢宗保世，即丈夫犹难之；登诸虞氏养老之堂，王大傅亦就拜谒矣！吾姊，程氏之寡也。其未字也，二亲最怜而爱之；而姊重厚寡言，父母每惜不为男，男固当胜厥弟。甫适于程，咸称新妇贤，乃未十载而舅姑殁，又未十载而姊夫殁，而是时甥修之始胜衣也。姊

① 赀，原误作"訾"，据义改。

独提遗孤，拮据家政。既长，使读父书，延师行修，伏腊燕飨，务从其腆；不给，脱簪珥佐焉。而所自奉，苟无匮而已。余早岁失恃，入官十载，始有子息。先大夫多家食，姊日遣问安，月躬定省，余得以远游而无内忧者，姊之力也。甥赖母教，进邑诸生，会今岁有得熊之庆，诸中外亲皆以为母德之报，属辞称寿。吁！姊历诸艰，生平劳且瘁矣，睹兹章逢舞象之交觞，而追念呕心裂肝之危厉，所以怆然而腹悲，抑辗然而色喜也。其节险，其行幽，其事奇，不愧虞潭之母矣！大椿历霜雪，经飘摇，然后本根固而枝叶益茂，所以大美荫也。姊不一劳，恶能遗程氏以安乎？《礼》有《升歌》，为之歌《关雎》，“窈窕淑女”始基之矣。为之歌《葛覃》，姊踧踖曰：“薄澣归宁，此儿女职也。”为之歌《柏舟》，姊拊心曰：“靡他靡慝，未亡人其庶乎？”为之歌《麟趾》，姊改容曰：“愿益振振而绳绳，老妇其含饴而弄孙。”客请歌《渭阳》“载祝眉寿”，修之避席曰：“孤不肖，不敢违慈母之拳拳，愿从诸外弟得附骥尾，异日随舅氏后，为母称百岁之觞。《诗》不云乎：岂伊异人，甥舅兄弟。”其递为寿，而众相酬也，请自母年六十始。

伯母朱孺人八十诗叙

余少与从兄左干同学，年相若，居相邻，余犹记为儿时，伯母之抚摩 示慈，姁姁然家人母子也，而独异我于群儿中。余久系一官，而左干蚤岁高隐，两人虽各异操，伯母又辄语人曰：“吾子与邻之子，真不愧夫伯仲者哉。”近余归自蜀，幸遂耦耕之愿，同有顾养之私，适伯母年八十，里俗之文极矣，寿亲者至，不难集四方水陆之珍以博亲之一色笑，而左干夙奉佛戒，衣惟大布，食则茹淡，即亲供养有加豆，岂能出里俗甘脆之上，而伯母倍喜，何也？母，贤母也，身隐矣，焉用文之？伯母之所为志，左干之所为养也。又众子皆俶傥多誉，而左干有子始胜冠，已能文词。农商各展其业，隐显共成其是，顾此融融，乐何可言？寿之日，贺客盈门，母徐问左干："儿所致辞，最当于我者为谁？"左干以数君子对，母心益喜。夫是数君子者，或绘以图，或扬以诗歌，其于左干同槃礴之好，为于喁之唱者也。伯母前既识余，今复识数君子，何异丈夫人伦之鉴？而左干雅能信友，因以获亲，其为寿，岂在跪前称觞之间乎？

绿滋馆稿卷之二终

绿滋馆稿卷之三

新建程朱阙里记

余过鲁，低回尼山故居，睹其堂庑森严，宛如裳衣具在。夫域中君师两大，玄圣普天同尊，而独崇阙里，盖仰止之地，辟则朝正之所也。故夫圣贤之生于斯，与游于斯者，未有不以地重而并主尸祝者也。余昔讲业吉州，吉故诗书礼乐之国，而渊源实自二程。始余为构祠以并祀诸君子，而各次其事为《三祀志》，盖取三不朽之义。既从蜀归，复与诸同志聚讲于里之崇文书院，如守吉州时，而祠则改事文公。所以祠程，吉，其过化也；所以祠朱，新都其产也。程同产而余未合祠，即邑故祠紫阳，未合以伊洛，俟考信也。休之三夫子祠，合矣而未揭；阙里坊直揭阙里矣，而犹疑信参焉，神乎！神乎！圣贤统系不终湮没，其合而离，离而复合也，此岂人力乎？盖邑方司徒公尝睹程伯子书于豫章唐氏，有“忠壮公裔”之章，而忠壮公者，歙人也。司徒为之悚然曰：“嘻！千载疑之，而一朝决之也。”则考程朱先世，皆家邑之篁墩，而按程叔子所为《伯氏状》，称其先自中山博野。欧文忠撰《文简神道碑》，本中山博野于忠壮。文简名琳，与珦兄弟则叔子，偶未书新安，而家系固甚辩。夫孟子出鲁公族而未自明，孔子生于周，而曰：“丘，殷人也。”要以圣贤追远之心，必不忘自始。于是绅士奋起，有阙里合祀之议；而县大夫刘公，豫章名儒也，亦雅闻程朱皆新都人，至则首访文献之故址，慨然以兴起为己任。邑故有不征之土，当歙之中，而以淫祠踞其上，公立毁之，而谓："去慝莫如反经。"乃因其地为三夫子祠，表曰"程朱阙里"。邑人喜相告曰："地灵如待，道脉当兴；天牖司徒，而惠我侯也。"则益以为神，属士奇纪其事。

窃惟唐虞三代之盛，提精一以兼君师；天下皆统一尊，而不敢饬虚词以乱政。即有横民，无横议。周衰，而巷议与国事始分为二；汉中叶，而二氏与吾儒遂峙为三。孔子隄其始溃，而孟轲氏承之；二程砥其末流，而朱晦翁申之，故并称阙里，从素王也。乃今追本始，合庙祀，则直本之三夫子未生以前，而非特如伊洛同堂矣。顾阙里胡以名？以为道宗而尊之，地主而亲之也。夫既宗而主之，尊而亲之，而乃角立门户，使操戈者吾党而且于其乡，可怪也！国家一道同风，绍明孔孟之统，而以程朱传注为功令，即有创为异者，孰征而孰信？而刘公之治歙也，明示之鹄，严为之防，邑人士披服其德政，而感发其清贞，其谁不望而归之，而曷敢有越志？公初宰郓，于曲阜、邹为密迩；征车由郓而歙，吾道亦自东而南，然则是举也，以紫阳而溯源伊洛，以伊洛而本支邹鲁，使两地诵法无穷，而不愧其乡之先正也，则圣贤发祥之自，又得我侯之过化而益彰矣。

重建云台观记（代乔中丞笔）

我国家尊大岳，帝玄君，于是天下名山，离宫遍置，盖极一时之崇事矣！其崔嵬壮丽与太和鼎足者，则白岳、云台。太和肇封于成祖，白岳嗣兴于世宗，两山神宇，皆申命司空，领之太祝。云台最号地灵，尚阏以待明德。祠家言玄君降于大岳，而尸解于云台。夫神无形而谓有形，何异轩辕有冢而云不死，其语迂怪，君子不道焉。然而阳亢雨淫，有祈辄应，境内乂安，实赖神休。其祠故创于蜀之先王，世修祠事而加之以信。岁癸卯，不戒于火，王乃命承奉冯应宗授画于门正司有礼等，鸠工程材，扫其余烬，更与经始。越三载而告成，隆如森如，爽垲倍昔。问诸经费，则无预民间，无藉有司，乃圣母发大内之钱，藩王分土田之入，而邑中荐绅长老亦稍稍佐之。以余职守土，请纪成事，余起而颂曰：

尚矣哉！明主先成民而后致力于神，则圣母作之，贤王赞之矣。夫治民事神，并国之大事，然当损之时，二簋可享，此以知国不听于神而听于民也。蜀处西僻，而地非饶，间者岁比不登，重以榷关采木，什室九空，民不堪命。藉曰“我其无嫚于鬼神”，而疲民以役，作事不时，怨讟并起，民之多违，神亦弗福矣。乃今赐出尚方，申以王命，民不罢[1]劳，神有所归。盖上方以孝治天下，而且予民以逸，故圣母欲成上之大德，而宣之以慈；藩王欲效忠于维城，而且无队[2]先王之命，故能使上下说乎鬼神，而无有怨痛于国。四方之祝釐者仰而瞻，俛而思，益动仁孝之念矣。夫祝，岂其徼福？以为礼也。礼莫大于尊尊而亲亲，所以经国家，定社稷，歆神人，利后嗣也，一举而众善备矣！余又考星家：北方七宿，如牛而缺一足，有龟蛇盘结之状，时俗附会，且偏主武，语既不经。又《天官书》：“斗魁，戴匡六星曰文昌宫，一曰上将，二曰次将，三曰贵相，四曰司命，五曰司中，六曰司禄。”俗偏言文，亦属未备。余以为诸神皆列星斗，并司文武爵禄，祭义既同，而祠家又谓文昌降于蜀，故梓潼有专祠，与云台埒。王者修祀，穆有深思，昔成祖当干戈甫定之余，故首事太和以表武功。世宗际累代声明之盛，故再祀白岳以昭文德。今天子嗣服不愆，文教益洽，武功丕振，故遍礼群望以彰极盛。从古封泰山、禅梁父者七十二家，顾无其德而用事，徒取壮观，贻讥后世。何如今日，则天象协地纪，上下皆有嘉德而无违心。日者赖上威灵，夷鄙皆兴于俎豆，而蝥贼间发乎不虞。不佞承乏西疆，谨戒香帛告二祠，一愿仗神武以张国讨，一愿光太乙以炽昌晖，则祠非虚建，祭非谄渎，民和而神益降之福矣。

① 罢，同“疲”。

② 队，同“坠”。

姚承庵始著疑问碑记

歙之南山，邑刘侯伐石而树之碑，曰“乌程姚承庵先生始著四书五经疑问处”。先生吴产也，而著书于歙，何也？君子将考信千古，则取衷四方；尚友人豪，必非一乡一国之士。余尝历嘉州，登凌云山，观郭璞注《尔雅》台。璞家去蜀，不知几千里，意当时必有闻所闻而来者，今不可考。而此台与此山俱峙，则郭不磨也。何以称始？示不忘初也。九仞之山，累于一篑；千秋之业，创于一朝。己丑之春，先生始作《四书疑问》，以次及《易》《诗》《书》《礼》《春秋》，垂二十载乃成，而揆厥所繇，则自居南山始。昔尼父适周问礼，在齐闻《韶》，故定礼乐者必本之周齐，此先生不忘歙之意也。何以名《疑问》？非疑不信，非问不明也。世儒耽空弁，视学问思辨之功已自瞆，而复使人瞆瞆。先生家世明经，犹曰：“吾斯未信，而欿然下问，力剖疑阙[①]，此若亡若虚之心，而尼父所云启予者也。”

嗟夫！斯道之行世，与豪杰之代兴，应地灵，关泰运，际人文。黄山秀甲东南，跨徽、平诸邑，逶迤而趾天目。黄山笃生朱子，天目独钟先生，地既相近，世又未远。国家文治方隆，先生之再入歙，会程朱阙里初创，崇文书院告成，多士斌斌继起，先生为悬的以示之，趋遇岂偶然？文如有待。往余令苕上，得侍先生，适著书之始。后自蜀归，先生过余，当卒成之终。先生行谊，余既披于为宰之日；而广昌懿政，又窃闻于守吉之日，则所谓因言知德、因心知政者，余又喻于言语文词之外矣。吉州故祠二程，则以从父官庐陵，为过化之地。先生诸子皆贤，能读父书；而伯子宰江都，有异政。江都与歙并隶南畿，先生风行淮海，令子波及邻氓，后先相映，与程氏何异焉？刘侯为先生首擢士，雅以正学自任，至歙，首祀程朱，表章先生故著书处。潘景升为余言：“先生初客南山，

① 阙，原文作“关”，据义改。

有异征。”夫刘向校书天禄，藜火夜光；郭璞注书江干，墨鱼表异，理诚有之。先生曰：“吾方作《疑问》，无语怪，以滋后学之疑。”余故不载。先生名舜牧，字虞佐，初为新兴令，再补广昌。江都侯名祚端，字正初，与刘侯同籍。以治最，并待擢铨部。

徽州府学重修碑记

先王之制，里有序，乡有庠，诸侯岁贡少学之隽者于天子，而升之太学，故俗化淳，而士亡有邪僻奸其间者，师素立而防范密也。明兴，干戈稍定，首诏天下府州县各建学立师，即古少学之遗制。岁一贡士，亦大略如古法。而是时方脱马上，事诗书，从游太学诸生多称任使，高皇帝喜，为宣谕于朝，而嘉祭酒宋讷之能其官。科目行而贡途稍绌矣。顾科目所征之士，即少学所育之士，而于时振作之权，则专属之府州县长吏。诸监察巡守，间一稽勤惰而已。至正统中，逢掖倍增，始置督学使者而专其敕。顾学使岁一行郡，日省而月试，则分课之博士。博士不司缮治，修坠而振颓，则仍责之长吏。辟之于家，长吏，父兄也；诸生，弟子也；博士则弟子师，而统之者，学使也。今使师塾不扫，子弟不率，庭除之内人各异心，而父兄能宴然寝处乎？其又甚至宫墙夷于牧豕，学舍鞠为园蔬，堂奥庑门，支以他木，而苟幸旦夕之无陨。长吏厌士之造请，而恶其嚣喧，则于士愈亢厉，而情不亲。博士途穷于四壁，而仰给士贽，则于士益亵媟而体不尊。不亲则弗信，不尊则弗从，俗浇习漓，阶实始此。

新都为东南文明之域，雅有邹鲁余风，迩者洪公有助，来守兹郡。甫下车，与僚嵇公汝沐、郭公钟秀、李公夔龙，檄六邑之士，而校其次第。无何，鸠工程材，大葺学宫，别起斋署。不费帑金，不烦民办，取资于俸。落成不日，于是栖神者仍以肃神，尊经者仍以藏经，庀器者仍以守器。登其堂，岿如也；循其廊，翼如也；环墙而望，森如也，栗如也。博士曰：“郡守公之授我以室也，不啻覆露我。”诸青衿曰：“郡守公之加惠胶序而使余辈有所矜式也，不啻生我而实成我。”余闻之，董子有言：“琴瑟不调，甚者必解而更张之，乃可鼓也；为政不行，甚者必变而更化之，乃可理也。”今士风之靡极矣，此亦更化之时也。

国家表章六经，而翼以程朱传注，故尼山紫阳，并以圣贤发祥之区，为寓内重。天祚明德，重光斯文。文宣改号先师，则千古不易之称名定之，自肃皇帝始。尼山既正名号，紫阳亦考渊源，往年表“程朱阙里”，再岁复新郡学宫，不符而合，若启若翼。阐述作于二贤肇锡之地，而揭日月于三圣迭兴之朝，多士谁不乡风慕化，争自濯磨，为王国桢乎？则是举也，非独一郡之光，而实天下之仪也。博士施公逢元，起语余曰：“吉故有鹭洲书院，逢元尝从先生讲业其中。洪公于先生举同籍，志同方，逢元今属洪公宇下，出入闻君子之绪论，幸矣！”乃请余纪其事而勒之石。诸博士则顾公九成、刘公良能、陈公远容、曹公一夔，诸生则卢元玑、洪化行、汪德元，余不具载。

游大峨山记

三峨名为伯仲，而大峨嵬然独尊。广围千里，高百二十里。石林云岭，可闻而不可见，可见而不可至，可至而不可极。胡僧既览九州，登兹山于五岳之上，而海内好游之士，有不得攀跻，驰慕毕世者。余家在新都黄山之足，去蜀几万里，假使徒步西来，力必不能。猥言仕优后乐，我亦不暇。幸承乏蜀，旋以病去。始出锦官，飘然有方外之想，乃自称峨山人，闲步西郊，与野老话桑麻，初亦与余狎也。少间，眴余似逡却，岂其犹识故将军哉？浮江而下，桨声流喝，山水清音苦为所乱，戒榜人听其自放焉。中望大峨，几欲奋飞，乃系舟江干，以单车往。诸生逆余于邑门，余犹以拖绅见。既谢去，则服短衣，乘笱舆，初抵圣积寺，题曰“峨峰真境”，则宋魏鹤山书。不十里，三度石桥，振衣登磴，为解脱坡。坡之顶为归云阁，阁之趾为玉女桥。东折而上，有楠数株，美荫如盖。僧院俱供佛子，岗上乃祠纯阳。前一里为五十三步，则蜀献王下车徒行处。会欲雨，急过马鞍山、大峨石、中峰寺、双飞桥、虎跳溪，投白水寺宿焉。寺旁为海会堂，两庵峙立，梵声相闻，佛土庄严，禅房幽曲，则慈圣祝釐之所，御书额曰"圣寿万年寺"。明日，登观心坡，坡义取内观。余四顾幻景，不能自禁。至息心所，则余目既荧，余心亦平，扪萝更上诸峰，如鹫，如马鬣，如莲花，如玉笥，如云卧，如胡僧踞坐，古萝蔓垂如引绳，而其地因有鹫殿、虎皮岗、莲花石、玉笥峰、云壑、长老坪、普贤线之名。余颇饶胜具，历此则股战胁息，怳怳失度。忽履"夷心独喜"，问地何名？《图》所谓初欢喜者也。

五里为木皮殿，渐上，高风，多板屋居矣。方遵平岗，又攀层累，是为梅子坡，下有蛰龙，闻嚣声，则霹雳暴起，风雨杂至，龙亦恶喧耶？今游客笑语而空洞寂然，意潜者跃。踏胡僧梯，巡回八十四盘，虽轻迅，亦为愕眙。既陟观音岩，平莽草茵，莎萝花红白错如绣，别为人世，地名大欢喜。旧有圆觉庵，不戒于火。停策倚老僧树，俗传树枯久矣，而腹蠹，有僧趺坐化去，枯者华，蠹者合，此菩提也。少憩，排天门，入七洞天，徐步天仙桥，止卧云庵。其夜雷雨飙至，余寒凄凄。

平明登独尊台，山色黯黪，既礼佛毕，徐前自忏："岂余心未净，故翳太空；机未忘，故鸥不至耶？"岚气熏人，趋避禅室，焚香读《圆觉经》。无何，僧走告：天忽划，将有大明光。余再登台，见悬岩光如日晕，时隐时现，灿烂烁目。少间，鼠戏前楹，鸟嗝嗝至，众皆罗拜呼佛，是邪？非邪？其野马之氤氲，抑日光之摩荡邪？乃援笔书曰："空本无华，心净山川。普照耀物，原吾与机。忘鼠雀，任逍遥。圣人在上，则三光明。信格豚鱼，夫岂虚语？"循栏左顾，三殿鼎立，一铁瓦，一锡瓦，一栋宇皆铜饰以金，昼则借佛光，如五色云车迎黄道；夜则藉神火，如千颗宝珠吐白毫，美矣壮哉！非王国不能规此。是日值家大夫初度之辰，僧为余祝诵

《药师经》，乃炊黄粱饭僧三百众。其夜云有神灯，余以寒，先就枕。夜半复雨，质明，暾出东方，风止雨霁。俯瞩则雅水、泸水、邛水、大渡河水如白练，如钩盘，分流相背，荡漾异态；平临则瓦屋山、晒经山、二峨山如覆敦，如削成，高下互折，逦迤从横；极目则雪山绵连，浮光万里。天竺缥缈，若明若灭。孔子登泰山小天下，何如今且卑四海哉？余闻西域有玉山，日光闪烁，不能迫视，意雪山类此。僧言盛夏则山腰如黛，惟绝顶千秋不改色，余笑："果尔！一岁雪，一重山，山高将无与天齐？"僧不能对。忽然云气崒上，初似从足下生，瞬息身已在烟雾中。

反路八十四盘，则千峦万岫，不可复识，徒想像于窈冥有无中；而所谓大欢喜者，转入烦恼之乡矣。因感老氏遗诫，造物亦似闒不欲厌人耳目者。下抵万年寺，天复霁，乃更衣过海会堂，观尚方所赐幡幢袈裟、黄白金书《华严经》，及丁南羽绘佛像，凡八十八轴，眉宇生动，笔疑有神。再度双飞桥，穷二水合流处，怪木连蜷，巉岩濆迅，杜少陵所谓"高江急峡雷霆斗，古木苍藤日月昏"，殆似之。僧出茂真尊者卓锡、孙真人药臼示余。夕息福寿寺，寺负山环水，最号地灵。夜按图与僧纵谭山中事：此山何时有？此水何时流？蛙鸣何以赴节？剑画何以辟地？安有石人而相搏？安有肉质而不坏？泉何以温？穴何以风？石窦何以龙伏？天女何垢而浴？宝掌秉何精气而千岁不死？轩皇问道何指？而至今台存？虎狼害稼，何为不听于人而听于神？一碗水何以普济众生？何以阴晴辄应而炊米为赤？白龙黑龙何所辩？鬼谷、女娲、伏羲何以称？寺名不到，谁为到者？僧总归之佛力，余微笑，然余亦竟无以解也。

诘旦，临神水，观希夷手书，望虎跳溪，识惠通化身处，指九老仙人洞，问仙踪安在？旋登歌凤台，台故楚狂栖隐处。余乃击节浩歌曰："已而！已而！"从有刘生，欲和余歌。余曰："止。"复为变声，曰："世与我而相遗，复驾言兮焉求？"披莱入龙门洞，洞不甚广，其上劈石为川，川路狭而壁立，高百尺，深五百步。夏以棹入，何异武陵溪，岂必慕雪山乎？横峡为竹桥，中流有石如浮槎，题曰“藏舟于壑”。寻至圣积寺，峨眉王令君为余治具。王君雅好探奇，问余：“兹山孰与白岳？”余曰：“白岳在新都，如楚七泽之一耳。别有云梦，是为黄山。夫盘纡拂郁，高明穹隆，西接殊方，直凌霄汉，峨山赫其无畴矣；若夫石壁峥嵘，云岩幽邃，泉高溜急，松古枝平，黄山亦疑自昆仑来。”余既倦游，益动乡思，乃谢令君，戒仆夫：“吾将避暑故山，速驱车去，无濡滞。”

绿滋馆稿卷之四

汪惺我传

汪惺我者，余伯母之兄子也，于余并有兄弟称云。始余与公为诸生，窃窥公凛若秋，魁若岸，高步左辟，稜稜而恂恂，则惮公庄而愧余谑；既余先入官，公非久亦拜爵，公时与余策当世，陈利害，凿凿副名实，则多公才而愧余拙。无何，公袭冠带，角巾短服隐于潜丘，而余亦自蜀归田，睹公之蝉蜕尘埃，洸洋自恣，俛仰吟啸，玄玄如如，则公已游方之外，而我犹局方之内。夫此三十年间，奄忽衰白，倏突聚散，公于涉世，与余同耶？异耶？世其以公为修士，抑亦以为放民耶？持方枘不可内圜凿。能为狷不能为狂，能为曾、史不能为庄、列，乃公时见时潜，亦白亦玄，何无特操也？惟至人不凝滞于物，而能与世推移，则公之谓欤？公起谢曰："鋄之壮也，尚不如人，今发种种矣。惟是一丘一壑，吾大父石川公挂冠而潜焉，而不欲以五斗易此乐。吾父小川公释业而潜焉，而不欲以一第易此乐。吾从父雅堂公致其事归，辟园之半以潜焉，而不欲以一大夫爵易此乐，吾以成吾先志而已。吾时散发披襟，憩于林而思先人之余庇，钓于池而思先人之余波，灌于畦而思先人之余味，白首不忘先志也，敢自托于考槃？"夫古有大隐，有小隐，公已兼二。而自公以至公先世，称隐君子者四，则兹丘也，固商山之栖而荀氏之占也。

余既山居，惮入城市；公家城市，又倦出游，间乘筍舆过我吴诸甥，亦不税于其家，而于溪上。溪上者，诸甥之别馆，公之渭阳也。诸甥为谁？余从子仲辉昆弟也，旷达酷似舅。公渥颜美须，飘飘欲仙。有子率承贾而益饶，请逆公客所，公笑曰："而翁老于陶矣！姑听子修业而息之，而欲我以身殉乎？而翁将托兹丘以终余年，殁且藏焉，而无违我志。"夫世莫不尊生而讳死，亦莫不厚葬以相高，乃公不忘首丘，生于斯，殁于斯，所谓生易尚、死易葬也。公能为王孙，率承必能为王孙之子，客岂复烦作祁侯书乎？于是相视大笑。公徐引满自酌，曰："衡门之下，可以栖迟。"又引满酌余曰："青青子衿，悠悠我心。子盍志之？"余方载笔，弟季美从旁具述公质行，公急掩季口，曰："无誉我！身隐矣，焉用文之？"客曰："然则以俟藏丘之日可乎？"公曰："此后亦非我所能知也，吾知兹丘之乐而已。"遂尽欢而别。

伯谦先生传

职方谭公，为余叔奉常首举士，而奉常故受业于伯谦先生，先生后奉常没八年。职方闻而伤之，曰："河汉邈矣，原又绝也。"既次其事为状，复谓："先生何如人？隐者耶？见者耶？抑以不用为用者耶？"夫士之壮也，自谓千里一息；及日暮途穷，进退维谷，扼腕于计画，无所复之，至自比于伏枥之骥。故夫懊而书空，击壶而悲鸣，此虽以舒其愤闷无聊之思，而亦未挟其可重者于我也。夫士亦何不豫之有？得其时则驾，不得其时则蓬累而行，能潜能跃，犹之龙。

然先生弱冠已知名诸生间，是时邑人言《易》者，咸推陆斗南。陆顾逊避先生，自以为能弗及。试辄高等，竟不得与计偕，先生岂其怨尤乎？"大儿孔文举，小儿杨德祖。"而奉常以介弟崛起伯仲之间，盖讲坛之下，鼎足立焉，而先生不以自多也。问业者益众，不佞亦窃闻先生绪论。奉常三仕而历上卿，则先生三与俱往。诸缙绅欣慕先生，愿介奉常一望见颜色，意其人必魁梧奇伟。既见先生，退然若怯，呐然如不出口，私相谓曰："何渺小而雄万夫也！"性简素，不与世靡。方先生客谏署时，岂其食无鱼而甘茹淡？岂其出无舆而徒步长安？先生坦率，自从所好；而奉常亦不强拂其所好，是为两成其高欤？奉常既告归，先生亦倦游闭户，缙绅再过，不复出迎。即郡邑宾以乡饮，谢弗往。绝不言里人长短，而里有弗率者，不欲先生闻之，比为王彦方云。

士奇曰：士名为好儒而心病其寡成，以为白首呻呫，坐自朽腐也有如先生，岂为不遇乎？奉常有师保，而安成有父母；先生恂恂于乡，而奉常谔谔于朝；先生缓带雅歌，不离胶序之中；而奉常玄端章甫，揖让胪句之间。奉常之功见言，信即先生以也，此谓不用之用，其用无方乎？至夫躬化所渐，不言而肃，女以烈殉，媳以节苦，诸子若孙并以孝闻，是又先生之自为政，奚藉奉常哉？夫有其施则无问家国，而政则同；有其济则无问彼此，而惠则同；有其积则无问先后，而庆则同。吾故表而出之。今天下知有真儒，必有实用，无以不售见嗤于世；而世有不于其身，于其子孙者，亦无曰："此久远，吾弗能待也。"先生名正宠，伯谦其字，别号若泉。子先民、昌国，并为诸生，而先民蚤卒，今称节者即其妇。

徐烈妇传

万历丁未秋八月，许明俊客死真州。逾月榇至，其日，妇徐氏自经死，年仅十有八。二柩并帷，士绅哀而贤之。妇死夫，义也；葬同穴，祭同堂，礼也，礼义由贤者出。乃议祔，而宗人初难之者何？先是，明俊嫡母有子曰明毓，而母蓝以少姬得幸父，已有身。父祝蓝自匿，而私语素所善从弟舜。无何，父去云间，其家鬻蓝于黄。舜故谨厚重发言。蓝归黄五月而举子，即明俊。父以恚死，嫡悔不察而恚死夫也，亦欲自杀，舅止之曰："蔑吾孙，所以死吾子；死吾子，又死吾媳，是重构祸于许也。存吾媳，庶以抚吾孤。抚居者，徐归行者，天其悔祸于许，未可知也。"则又趋从子彦曰："亟反孽。”会舅殁，不果。而嫡顾常私念之，坐卧未忘也。一日庭语明毓曰：“儿知尔弟乎？”明毓大惊曰：“儿少孤，独依膝下，母安得为此言？”母语之故，明毓涕交下，立出橐中金与彦，购弟于黄。

黄靳弗予，逃[①]之济。明毓复走济，索弟不得，大呼曰：“受命返弟，弟不返许，吾亦死。”黄愬诸理，理曰：“义人也。”谪黄，黄乃出明俊。毓载与俱归，途遇父故人，熟视良久，曰：“甚矣！仲之似吾友也。”入里，里中诸父老无不逆而似许长公者；抵家，家之老苍头若妇又无不罗拜，而似故主人翁者。嫡持其踵泣，已，相慰劳也。引见祖庙，遍谒诸宗，舜拊明俊背叹曰：“尔父言犹在耳，吾今可以下报尔父。”议易名，郡诸生宁进曰：“昔重耳亡外十九年，卒有晋国，盍名晋？”明毓曰：“儒固羞称晋文。弟有俊才，其名俊。”而明俊妇翁徐道南者，素钓奇，闻其事，大义之，以女妻焉。

明俊故孱而攻苦，徐讽之：“无惫经生也。”明年从兄游广陵，竟死瘵。徐闻大恸，矢不独生。诸妇谕之曰：“尔姑非嫠乎？又字尔夫，而未有以报，是属尔。”徐泣曰：“姑嫠而有二惠也，即弱，其一犹有夫兄。妾不幸无子，隐忍苟活何名？伯姒能善事姑，姑无强我。”灵輀始至，给请易服逆夫丧，顷之，死雉矣。孝廉暨诸生以闻郡邑，郡邑交旌其间，且载之《志》。无何，明毓将祔祖庙，乃有尼[②]者，遂讼之公。昔骠骑既贵而归霍氏，彼武人犹不忘所自；而明俊敦诗书者也，为父遗体，既有征矣。抚有而室，告于宗祧；徐生死则许氏妇也，今日不得祀于祖庙，即异时而披王章，将无委诸草莽乎？然宗人第以事垂宗祐，不厌参伍所言公，公言之祔庙，以为礼也。礼者敬谨而已矣，大庙之每事必问，岂其不知？而故详之，乃所以为礼也。及刘侯判，而宗人无不怃然失也，而侯亦遂服，而舍之曰：“苟二主无失祀，烈妇死不恨，则岂惟许氏之光，阖邑有荣施焉。”

① 逃，原误作跳，据义改。

② 尼，通“泥”，阻挠，反对。

士奇曰：徐氏其烈甚著，明俊其事甚奇。始明俊在母腹而去，长又出居济焉，明俊已非许有矣。微嫡慈则孽不归，微兄友则弟不归，微理贤则济之受廛不归，俊之归许，天实置之，而竟不禄，何哉？天以完节付徐氏，则不复以年延明俊。歙多女德，慷慨殉夫者，固不乏人；若其徐待夫丧，从容就义，是为难耳。舜、彦义以成信，不负久要；刘侯礼以回心，匪徒革面；许宗崧以别嫌，信以明征。其子母、昆弟、闾里、公庭之间，事若相拂而实相成，此余所谓烈且奇者也。余故不识明毓，而以质成时，侯谓非学使传不可，故为次其事。

吴氏六烈妇传

余从吉州归，父老为余道六烈事。夫吉故称礼义之乡，余为守三岁，未上其人，乃于吾宗得六人，而其二又在期月间，异矣！然参伍前后，心窃悼之。后之视今，亦犹今之视昔也。冷灰既难复然，而积薪后更居上；九原有知，何日沾末光乎？李献吉有言："礼义，人之大闲；纲常，国之命脉。穷阎节烈，讵听其没？没无闻，空膏草野乎？"新都山川峭厉，俗矜名节。入吾里而山之峙者夷，水之溜者凝，平洋长坂，别为一区。而士多旷怀，女多奇节。或曰：地，柔物也，则坦荡者固坤顺之质；女，坤德也，则安贞者亦应地之征欤？

郑氏者，郑瑶女也，笄而归诫。诫，余诸父行也，蚤死无子，郑矢以身从。诸女曹日与俱卧起，已，佯语其曹曰："吾将要夫同穴，乃命工两为藏。"诸女以为不即死，其夜各散。质明，死缢矣，年二十八。将属殓，则衣已加纫，顾衿带中露片纸，书曰："夫亡与亡，吾已沐浴更衣，无复裸我。"郡大夫何公大义之，为首列春秋祀。而是时有姚氏者，从夫鹤，给事余宗子玉家。鹤死，姚亦死。曰："我独非人哉？而愧见郑烈？"宗人为文吊之。

胡氏者，郴州守汉女，而余从兄敦义妻也。兄少能属文而孱弱，病呕血，家于武林。病久苦客，呻吟为乡思，胡趣母家速以婿归。归数月，病益剧，殁寺旁舍。父察女必死，给言吴生稍瘳，渴欲见母若妇。胡心知夫且死，不忍言，立奉姑就道，食日仅一豆。既归，母趋为庀食，佯色喜。食半而胡窥母欲泪也，投箸起曰：“噫！夫死矣。”一恸几绝，不食者八日，已无人色。母抱女哭，强饮以浆，口噤不入，母亦为之却食。胡长跽请曰：“愿母割爱，无以女故自伤。女死，分也。”明日，端坐而逝，年二十二。是二烈者，皆嘉、隆人也，至万历二十有三年，而浃旬死烈二，曰江氏，曰黄氏。

江氏父曰东会，夫曰贞美，余从孙行也。疽发唇死，江氏年仅十九，哀号欲绝。姑戒诸婢曰：“天厄吾子，幸有贤媳，媳存犹吾子存也。媳即无子，愿少缓须臾，以待他子，子而子之，亦犹亡子子也。若严为守，无失吾贤妇。”江氏蓬首，时面榻坐。是日晨忽栉发，出理中馈事。诸婢幸江氏哀少杀，防为懈，而不知绐之去已也，逾日死雉矣。越六日而黄氏死。

黄氏者，余母族之自出，同祖弟士志妻也。弟始娶程氏，蚤逝，继以黄，随纳媵，而黄绝无嫉也，从之钱塘。弟故喜客，黄客羞必精。举子一而殇，弟不胜欷歔，携黄以归，而更鬻盐于三湘之间。会盐且贱，估耗十之三，于是弟复思归。归甫期，复附余舟入钱塘，无何，死。黄哭之恸，告诸妯曰：“妾将死夫。姑春秋高，孰代夫养？”请得仲次子为夫后，悬带自缢。带断，左右惊告黄母，母泣曰：“吴郎死无后，女必不负吴郎，何不拊立嗣以奉姑，而必舍生殉死，死无益也。”黄佯许之。明日，以中元祭，祝母且归，母去而黄自绝矣，年二十四。时邑中来吊者啧啧称曰：“一时两贞妇。”于是并上其事郡县，乃江已蒙旌，而黄尚有待。当黄之死，会余令归安，鹿门子年垂九十矣，为贤而传之。至三十三年而有汪氏。

汪氏者，序班汝相之女，而从孙宾廷之妻也。宾廷父曰汝德，与余同学；大父曰时鸣，与余同在官，以此两家事钜细必闻，然余亦不识宾廷妇，何状乃能如是？汪虽归宾廷十三载，年仅二十八。宾廷病瘵且革，私谓汪曰：“吾亡无日，汝欲何言？”汪泣曰：“誓死靡佗，夫复何言？”宾廷曰：“妇，夫死而无子者，世未可缕指也，宁必尽死耶？”汪曰：“各有志。”宾廷曰：“汝休矣。天虐我，汝无自虐也。”汪曰：“人生隙日，七十几人？妾垂三十，阅世已半，即苟延三十年，亦终一死。死今，快也。”于是乞夫所束绣带置怀中。次日宾廷死，汪再拜王姑及姑，曰：“妾为吴氏妇，止今日耳。”比汪母至，语如前。母持其踵哭，昼夜不绝声，汪终不顾。夜将旦，母倦欲寐，汪出前怀中绣带，雉经于卧榻。适冯太史过余里，吊而传其事。逾年，又有叶氏死从子懋辉者。

叶氏父曰登庸，郡诸生也。懋辉年少，上人读书成瘵，且死，叶年十九耳，泣语夫曰：“妾当先君，待君地下。然君无子，孰襄大事？”懋辉死，既就木，叶勺水不入口，诸女曹万方说之，不听。曰：“若能起吾夫而肉之骨，则能活我；不者，无烦言也。”其姊嫠也，泣语且絮，徐以己譬。叶曰：“姊自不了生死，更以说我乎？”嫠有惭色。时不食者累日，有牝而多力者，宣言曰：“吾辈石人耶？而忍坐视其毙？”则抉齿灌水，叶龇舌血，与噎俱，大呼曰：“天乎！天乎！且暮人不幸殒所天，而汝曹复不我亮也，妾岂不能自毒？而不欲秽吾肠。抑岂不能自刃？而不欲污吾颈。若迫我甚矣，不能从容待尽矣！”姑亦孀也，戒诸女曰：“妇心如石，第谨事之。”时叶奄奄，犹晨昏一再出，向帷而拜，拊棺而号。汪云章者，懋辉所善友也，吊而哀。叶匍匐再拜曰：“亡夫有知己之言，妾为夫谢。”语毕入，趣出橐中装，分给诸姻，徐曰：“吾有欲言，以奉吾亲，不能执笔，则以口授书。”书成，自署名于尾。读其书，大概宽二亲之忧，而明从一之义也。不食八日死，前一日，已浴而更服。殓惟加袭，用缟素，叶命也。当万历初，有自吾宗而死汪者，是为邑诸生正宠女，余从伯也。女亦通书史，临殁，遗书略如叶指，而婉转千言，其声悲哀，尤令人酸鼻。

士奇曰：烈妇、忠臣一也，雉经则王烛也，不食则首阳也，书带则文信国也，立孤则公孙杵臼也。若其不习而利，无为而为，吾何以窥其际乎？故死而行其是者，烈士也。曰：吾成仁，吾取义。然而荆卿、聂政之流，似是而实非。死而行其意者，烈妇也。《易》曰："致命遂志。"而是非并遣矣。

明兴二百三十余载，而吾里莫盛于今日，无论人文蒸蒸，即笄袆亦何赫烈也！岂文章节义，两者并附以持世，抑当女富溢尤之日，益见不萎不滓者欤？乃名不出里闬，而登太常者仅一江氏也。诸女骨虽朽，神则韡韡，岂以名为重轻？顾后死者觍然士林，而无以阐发幽光也，余甚惭于诸妇。

王氏传

余既传六烈，又有王氏之死，乃并次之。

王氏者，孝廉兄献可之妾，母，故娼也。归孝廉，而嫂黄氏与两侧室相继殁。嫂黄，长子曰绍虞，蚤夭；次曰绍伯。侧室子曰绍宗，皆始孩，冢妇又嫠[①]也。王既当户，子不母而鞠，嫠有依矣，宗人亦谓此能妇事耳。兄雅善奕，方对客诙笑，为主博进，忽仆地。时已日昳，适良医许道孚过里中，余急遣人逆之。至，医谢弗治，王氏始哭，且失声，宗人亦谓此文博之内耳。既毕敛，王泣语家人曰："妾无良，蒙主不鄙弃，拔之污泥之中，晋居阃内之贰。妾闻士为知己者死，女为悦己者容，主实知我，讵惟怜我？妾岂直怀盼睐之恩，抑亦感国士之分。夫抚二孤，报主异日，妾任也。顾班贱名辱，不足以厌群望，隐忍苟活以堕主名，又妾所不敢也。太夫人在堂，且有伯若季，妾请从死。"家人曰："咄！无妄言，此非尔曹能也。"王不应，趣散橐中装，平明死雉矣。举宗大愕曰："是六烈者，名家女也，彼何人斯，而引决如是？"

士奇曰：诟莫甚于辱身，事莫重于生死。取女之不有躬者，与以身殉者，同日而并论，悬绝奚啻万里？乃两行而出一人者，所谓

① 嫠，原误作婺，据义改。

欲甚于生，而触悟于迷也。彼慕宋伯姬陈孝妇者，始非不深自约敕；不幸壹点污，遂行淫佚，明知其非礼，不能自还矣。君子所以宽于取节，开天下自新之路也。而王氏独能慷慨自裁，死不越宿，固知始之失身者，驱之也，而非其初心；后之死烈者，有激也，而乃见真性矣。嗟夫！鉏麑义士，周处忠臣，士固不以一眚掩大节，夫其蝉蜕于尘埃而凤翔于千仞，一念立割，俗缘尽断，此则壮夫之所不能裁决，而于人情尤最难者也。其生若幻，其死全归，其激烈似梁夫人，又似石家绿珠，过涉之凶，安可咎焉？或曰：田横之客，尽皆贤者；郑玄之婢，亦解读书。夫有所茹于心、成于渐者乎？吾又以知孝廉矣。

孝烈传

匹夫匹妇之谅，非必合于中庸，君子犹以为贤于贪生。若夫死孝死烈，二伦是经，屹屹大节，并垂不朽，则幹甫与妇，信足异也。幹甫名贞美，余从孙也。父少孤，喜得幹甫蚤且慧。家故饶，娶妇为江君东会女。幹甫体素孱，而发愤于经生业，江曰：“君休矣。此傥来者不可得。”江盖不欲夫苦形也。至幹甫为母病吁天，引刀自割，江辄从旁整襟，正色奋臂，大呼曰：“好为之，绝不作儿女态！”血指分痛，亦何毅然丈夫也！

先是，姑姚病，医数不效，幹甫语江曰：“吾志穷矣，极知割肤非孝，然以亲遗体还奉吾亲，万一有瘳乎？”割肉炊羹，江抱姑蓐坐，幹甫持杯进。病久故厌糜，姚食而甘焉，亦不知为股上肌也。姑病良已，而幹甫病矣。垂尽，乃有微露刺股事于母姚者，母抚心悸而作痛。时幹甫转展寝席，母顾儿疮痍犹在，泣曰：“天乎！儿为母残，复祸于厥躬。”幹甫泣，江亦泣。幹甫指其疮痍语江氏曰：“吾所以不惮毁体残形者，非博名也。欲延母未尽之年，以毕吾终身之养，今已矣！汝能代吾服劳，虽死不恨。”江应曰：“诺。”幹甫乃抽簪授江，附耳语。明日，幹甫死。殓毕，江泣以身殉。左右曰："若忘夫嘱耶？而倍之。"江曰："从治命。"左右曰："受托奉母，可谓乱命乎？"江曰："不然。夫有弟，则何忧乎母之定省？妾不子，则无虑乎夫之孑遗，吾财[1]之熟矣。"姑察妇必死，戒诸婢曰："天厄吾子，幸有贤媳，媳存犹吾子存也。媳即无子，愿少缓须臾，以待他子，子而子之，亦犹亡子子也。若严为守，无失吾贤妇。"江母念儿甚，日遣家媪数辈来，群噪曰："胡不听姑言？"江知女曹不可以口舌喻，佯栉发，起视中馈，诸媪防稍懈。逾日死雉矣，年十有九。郡邑交表其间，督学御史以事闻，特赐旌焉。

野史氏曰：伟哉！幹甫若妇乎！妇烈而夫则先之，夫孝而妇则成之。当幹甫割肤疗母，业已视死如归。天欲遗孝子完名，则旦暮之年，不以易千秋之誉矣！妇目击夫荼毒，宁复爱身，终没夫子之名乎？幹甫死五日而江氏继之。一死孝，一死烈，载在宗祏，名登太常，幹甫亦所谓施于有政，而不为不遇者也，夫有所受之矣。江氏有伯父中丞，幹甫有伯祖孝廉，两公同籍，并重士林，而其从孙从女亦似之。蓬生麻中，不扶自直，故人乐有贤父兄哉！余既附江氏于《六烈》，而复传孝烈，令世知两美其必有合也。

殷烈妇传

夫精义乃能取义，识仁斯可求仁。怯死非勇，为夫生不足于成全也；小谅非贞，为夫死不足以遂志也。可以死，可以无死，死犹贤于生；生而又有重于死者，此则烈士之所不能财，妇人之所可由，而不可知者也。妇人感愤，计画无复之死；即死耳，孰与殷氏之从容赴义乎？

殷氏者，从事君与可之女也。大父执金吾，曾大父大司徒，适方思翽，思翽又大京兆孙也。初女未嫔，从父官白下。父谓女慧，时与吊六朝之轶事若晋卞氏妇者，女辄改容泣下，与可心异之。思

[1] 财，同"裁"，思考，计虑。

翾既逆妇归，时京兆已殁，而叔氏再上公车，昆弟半在诸生。思翾发愤下帷，愿从父兄，以无替箕裘之绪，久之病瘵。有子而孱，观者皆谓非寿征。夫不可起，子不可知，妇岂独心惛焉？吾竭吾力，毙而后已。乃遍祷丛祠，请以身代。进奉汤饵，温语慰藉。退坐东厢，提子膝上，姁姁相顾，呼且泣曰："天乎！其延而父如线之绪者惟若，其缓而母须臾之死者亦惟若。"声甚哀，而又不欲思翾闻也，时称"儿幸强"，以宽夫意，而儿竟死。无何，思翾亦死。妇恸几绝，乃自为书上父，及遍遗诸姆，不食者五日。顾有欲言，苦舌敝，于是复索水。而侍婢不知，私相语曰："此为未亡人乎？"妇持盂水漱而不咽，徐出帷，再拜舅姑曰："妾不孝，无能代夫供甘。妾死之后，愿藁葬夫家旁，以暴妾罪。"自是勺水不入。垂殁之日，盥而端坐，后思翾死九日，春秋二十有五。

嗟夫！妇出簪缨，归又世胄，女富溢，尤难能不波。不则拥田庐，子犹子，白首寡妇如从姑陈，亦何不可，而必汲汲以身殉哉？妇先与陈有言矣："有子则守，无子则死。杀身抚孤，均期不负九原耳。"下宫之难，程婴[1]独隐忍自存，卒翼赵孤而全朔祀。假令孤与朔俱亡，婴之死岂在十五年后哉？故子不夭则殷必不死，殷不死，异日提遗孤读父书，而扩未竟之志，又岂出陈下也？妇事夫犹臣事君，藐诸靡有孑遗，荀息乃以死继之。妇同首阳之饿，而又怀荀息之忠也，大不愧夫司徒之苗裔、京兆之孙妇矣。会余校士巫山，巫山有妇，痛夫死而投渊者，余奖异之，而适闻殷氏事。故异则同室而各行其是，陈氏是已；同则千里而共操其符，巫山妇是已。生者非欲生，而迫于势不得死；死者非必死，而激于义不欲生，故生能济、死能遂者，辩之晢也。然有立孤之陈氏，而后有死节之殷氏，则仁义之渐、而女德之自欤？陈氏为京兆仲子妇，二孤则太学生思舆、思载，赖母训，并有国士风。

① 程婴，原作陈婴，据《史记·赵世家》改。

选部殷公传

余少与选部为友，今与其子为婚。余犹忆为诸生，同处紫阳之巅，风雨如晦，鸡鸣不已，两心期许，殊足壮怀。壬子，余视学西晋，明年，公从稽勋进文选主事，先后以父丧归僧舍。同榻卧谭当世利害，气何勃勃也。居数月，公长逝矣。良友云亡，重以婚姻之好，何痛如之！乃挥涕为传。

殷公宗器，字君陈，别号泰寰。其先陈人，汉徙丹阳，宋徙歙之上里。世敦诗书，显者为大司徒、驾部郎、新城令。新城令名学夔，生守正公，守正公生正亨公，是为选部，封父新城。廉吏一再传，产削。选部年十六从父贾宛陵，间辄坐帷呻佔，司徒见而异之，谓其父曰："是儿殆非贾人，无强非其好。"父曰："亦知儒不能通贾，自念白首乡校，恐儿复为儒不效，故使兼治生耳。"然自是不以奇赢溷公，公得专治经矣。年二十，补郡弟子员，同余受学于原泉洪师，试辄冠。既饩廪，名日籍籍。而是时，师有弟中翰及其子大参，兄弟皆讲业紫阳，相继脱颖去，于是紫阳法坛，公独为政矣。

公为制举义，壹轨于正，至其课人，各因材质，贫生至为具糈，一时从游之士皆附公以成名。丙午举于乡，明年成进士。始公以计偕至邸，病，卧过旬矣。试前二日，若有神掖之起。以才选吉士，得二十二名，格于数溢，或为公惜。公笑曰："昔刘忠宣解馆宜留，自请试吏，授职方主政。不佞未闲民社，愿得剧郡，藉磨砺以效一割之用。"谒选得兴化府司李。至即区别群吏，若素习其人，大指在忠厚，不苛细过。郡滨海，故饶，自岛夷不戒，民苦耗敝。公虽刑官，顾独孳孳拊循，当事者谓公廉且才，遂使署篆。公持大体，清案牍，谢请托。摄兴化未期月，蠲赎六百缗。摄福州，省会繁于兴化，而治倍之。摄转运，格诸贾例金千缗。摄福清，搜诸奸比为利者，乃有蜚语，邑人至指天为公白。摄仙游，邑契税例千五百金，公令自输藩司，倍得六千余金。凡所署篆，为捐赎锾，饬庠序，置学田，载郡邑志，不具悉。

先是，封公披褐变姓名，问莆父老列侯治状，次及司李。父老誉不绝口，为历数其治行。封公入署，拊司李背大笑曰："儿洵能其官，不负先司徒之鉴矣！"父故茹淡，不喜品列，是日特为加豆焉。公职颛治狱，雅有神明之称，然不欲以摘伏见长，姑识其大者。豪匿欧国宾婢，反诬以杀人，狱且成矣。公奉檄覆讯，心疑其冤，乃祷于神。有犬踉跄入，狺狺豪侧，啮其衣，竟死。公立阶叱豪曰："若胡不引罪？犬司伺窥垣者，非若为谁？"豪气慑语塞，观者大骇。巡海卒恶其长，渔已合而哗，帅为辟易。公单骑往谕，立解散。己酉秋，分校闽士，所拔皆名流。以治平第一，明年擢铨曹主政。车发，郡民遮道，因为祠祀焉。公甫入部，疏淹滞，抑奔竞，寻署选事。有吏受赇，为越格以徼叙者，公发其奸蔽罪十三人，部中益肃。亡何，以封公丧南还，为营葬地。公躬拮据，杂诸佣间。适邑侯经其地，于车上谛视曰："彼佣而绖者，何不类佣？"既而知为公也，使吏慰曰："公何自苦，独不念太夫人耶？"卒以劳瘁，病竟不治。临殁，犹手牵太夫人裾，欲有所属云。

长公为余言：先君孝友天性。大父微时，数步入郡城，先君豫属城东徐君为治具，邀大父饮而不使知，为子甘毳也。大母有疾，先君在道，忽心动曰："吾亲岂有不豫乎？"趋归。友爱叔父，为从乡序入国学。友死，殡而恤其孤。乡举楔金，悉散穷交昆弟。出，值遗金于涂，举以待亡者至而畀之。渡河见浮尸，解橐为营葬。其质行雅为郡邑侯所推，故并以文行列学使异等。公，孟太史取士，为志且铭，而邑夏侯以同籍之雅，为之《状》。

赞曰：昔人谓穷视其所不为，达视其所不取，用以卜相，而殷公两不愧焉。始公居约时，事亲孝，临财廉，吊死问孤，还金掩骼，则已严一介之防，而切沟中之耻矣。夫刑罚爵禄，并转移人心之大机。公故刑官也，再进则提黜陟之柄矣。公不难烛国宾之冤而立雪覆盆，岂复壅修洁之士而使叹积薪乎？假令公久于铨，其必野无铁才，朝皆民誉，刑赏互用，以鼓舞天下，忠宣之勋可翘足待也。人不可以无年，此志士所以常怀日短之嗟也，余于公有余恸焉！

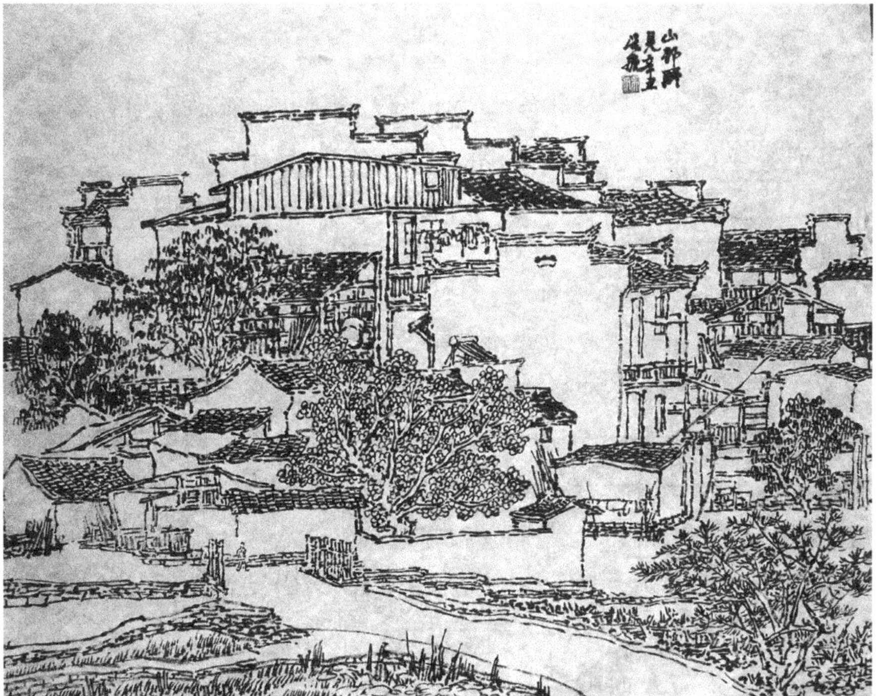

绿滋馆稿卷之五

从叔凤源公行状

忆昔戊戌秋七月，舟系江干，昼梦公过我，欲有言而慰欷。重发觉而讯至，以公疾闻。余曰：“噫！公死矣。”开缄果然。先是，余以入觐，取道归省。假公别室，夜闻呱呱而泣者，问之则公孽子也。愕曰：“胡居此？”“则依乳妇家也。”旦而知其母嫁也，意哀之。视儿孱弱，知非寿征。居四岁，病脾死。嗟乎！公殇子者屡矣，或能声偶而殇，或能胜衣而殇。当公之单车入蜀也，襁而送者二子，而大儿已先公死；及公之灵軿西归也，衰而逆者一焉，而其后竟靡孑遗，天乎！天乎！诸荐绅谓公才大夫也，诸昆弟谓公家子也，不可无后。以兄弟次焉，则仲惟一子；以贤焉，诸从子谁非贤者？计未定，意属叔之次子，叔趋进曰：“无以余子为也。季之中子士翀，伯兄暱之，且长也。立长故顺，又伯兄志也。”举宗曰善。久之，士翀卜葬公于田干，征余为状。

余闻乡先生殁而可祀于乡者，论自乡始。盖家大夫有言：公少有宠于父，父使当户，而父温温者也。故守雌公则震玩焉以称克家。抑公诸弟有言：甚矣吾兄之友我也！分赀产，自处瘠，而又子畜吾子也。日引领望曰：庶其亢余家而不愧箕裘乎！抑诸长老有言：度田之后，公以庶人在官，布公道，清浮粮，则大有造于我里也。此语在宗族乡党者也，余又得公治行焉。公弱冠游成均，五十服官而得司城。司城虽职卑，公持法不避豪右，至其薄廛赋以宽市人，具饘粥以饭饥者，即三辅倚重焉。循资仅转定州同知。州，古中山地，故号难治。公赋无奇羡，庭无留讼，其治一如司城时。部使者知公，使摄一邑，一邑治；递摄七邑，七邑治，则大奇公，荐之朝，而按察高君特表而旌之，曰“七邑甘棠”。公既受知当路，遂不次迁官，得四川盐提举。比至，蜀方用兵，公首条便宜以佐饷，会子士鑨殁于家，仲季以公远宦，无令公闻，而家书乃遗士鑨名。公既就寝，忽傍徨起，询使曰：“鑨儿何似也？”给曰无恙。公曰：“则胡以不名？”曰：“偶忘之耳。”如是者数，起使对如前。公意不自得，郁郁愁思，不逾月卒矣。疾革，犹强起，为二子分赀产，属邑令印识训导加封焉，以授二子。而讵知事有非公所能逆睹者乎？闻者谁不痛心焉？或谓公之死，数呼永明君，岂其死官类己乎哉？顾永明闵然以一令终，公三命为大夫，视永明遇矣。公名远，字伯期，别号凤源。距生嘉靖辛丑七月十八日，凡五十有八岁。配程氏，举子士端；继亦程，举子士敏。程殁而侧室钱为政，再进程氏姬，举子士鑨；媵举子士鉴，皆先后殇。媵嫁而程与钱誓甘白首，乡人交义之。士翀娶项氏，为孝廉恬宇公女。孙女三人。

先大夫请状

万历四十年春，不孝强颜奉檄，倍亲之晋。趣毕校事，继以武场，又有摄官之役。引领东望，数号诸寐，急欲致其政归。以梦中事语参知宋公，公曰：“子无自疑，今非子去之日也。”而是时苍头适自新都来，亟问先大夫起居无恙，心独喜苍头言，旋又转忧。乃以十二月十九日，先大夫殁于正寝。其夜，余心忡忡。元日独坐，漫题四绝句，其三曰：“百岁丛中岁再新，新陈相禅倍思亲。不知白发今增许，虚度冬温又过春。”且歌且泣，忽思今日何日，胡泣且作不祥语耶？辗转忧疑。十九夜苍头再至，阍者方传命，余仓惶甚。屦入，讣闻，余伏地号呼，痛不欲生。宋公来唁余，请为位吊。余曰：“在礼遂行，若未得行，始为位。”宋公曰：“君握三符，岂得遂行者耶？”余曰：“非钱谷之司。公贤者，岂难受符而后请？即三台又岂以受者去者为非，而督过余两人也？”言毕，余大哭，宋公亦哭，曰：“当成子之志，立受符去，次日为请三台。”余不待报，行。日月不居，几及小祥，将以冬十月二十日奉先大夫柩殡于前山，而洒泣为乞状。其略曰：

先大夫讳一莲，字伯清，号南岗。唐咸通中，先光公始自休迁歙之溪南，二十传而为高祖继善公，继善公生自宽公，自宽公生良铎公，先大夫季子也。自为儿时，绝无婴儿之态，祖父母愈怜爱，愈益醇谨。尝从塾归，祖母命之坐，时二伯母在坐，先大夫趋出。二伯母相谓曰：“叔童而习于礼，彼谓嫂叔不同坐耳。”家世受贾，祖殁，瓜分资斧既薄，而是时先恭人姚始归，先大夫乃弃儒，贾淮海之间。然性故长厚，不操市心，子钱多为人负。有善相人者，熟视先大夫曰：“君骨法当横金。”客笑曰：“若贾人，安得此？”而是时余已就塾，先大夫谓所亲曰：“何繇知非吾儿哉？”则寓书先恭人：“其善课儿。”而先恭人资最颖，史过目成诵，每夜以语余。余甫入庠，先恭人见倍，先大夫不再续。戊子秋余与乙榜，疾几殆。先大夫自之白门，以余归，谓遇合有时，儿无戚戚也。辛卯，余举于乡，明年成进士。先大夫首以书戒曰：“臣无二心，当矢策名之始。俗之渐人，中士尤难自持。”授余以“宁静、淡泊”二语。筮仕宁化，命曰：“宁化僻处山间，不登贤书垂二百年，儿其以父母为师保。”寻调归安，命曰：“归为岩邑，且多巨室，赋役繁兴，小民不堪。”量移留曹，承乏司会，命曰：“无薄委吏也。小民浚脂以转输，军士枵腹以仰给，小子志之。”再榷西关，命曰：“商困极矣。”既晋为郎，命曰：“此中多耗国之资。”出守吉安，命曰：“此故文章节义之地，其奖贤旌异，以无忝表帅。”既督蜀学，授以教规。再补山西，申以蜀命。其间家食，又使仕优而学。尝呼余语曰：“儿知学乎？学非章句，亦非空寂，宪章文武，此真儒之实用也。”又曰：“学在不激不徐，吾见儿终夜不寝，于诸孙欲速其功，病助长矣。”不孝受命，未能克也。而今已矣，趋庭无复旧闻矣。

余入籍二十年，先大夫在官署仅三之一。尝勉余：“儿但毕力于公，吾自拮据家政。”余未及见大父，未能述父之孝行。犹记童时，嫡祖母方病笃，会有盗警，宗人群避入城，先大夫日侍寝侧；既殁而殡，成礼然后去。祖母王病瘘，先大夫煮松为膏，至目眯不能视。

始祖母方草葬古岩，先大夫更为封石，暮宿僧舍。寺门故祖所建，范铜为三神，先大夫梦三黄衣人辞去。诘日，僧言神为盗窃。先大夫立修圮，复奉神居焉。每岁当祖父母忌日，茹素往哭墓下。太祖与太祖妣三葬三举，先大夫卜地不得，至废寝食。去冬若有先觉，以为吾不葬祖，谁为葬者？今复姑待，更于何日？乃决之篁墩。野宿劳瘁，病竟不起。临殁，惟以二亲未葬为恨。长伯父蚤逝，与二伯父同居，终身无不怡之色。抚长遗裔不啻若子，两为受室，岁时给饩。除道缮梁、修刹、赈饥，诸轻财好义，未可更数。宗人有冬而被松毛者，先大夫曰：“贫至此极乎？”厚给之，殁而赙焉。始先大夫居吉署，见余夜阅狱辞，诫曰：“若无倦，视死生惟若。”顷归，悉谢诸属道馈，曰：“吾戒吾子，谊不敢当诸君之赐，仆益无名矣。”江行遇窭人子，辄助金钱。

自余始为令，而郎，而守，三受国之宠命，绝无贵倨意，恂恂下人；义所当言，又正色以语。独居别业时，探濂洛诸书，亦不乏山水趣。值好风日，乘桴策杖，与齐年者同游。足迹不入公庭，尝笑语人曰：“吾欲吾儿为清吏，吾独不为清吏父乎哉？”两宾于乡，其后固谢不往。故事：乡饮附府，邑不复设。邑张侯雅重先大夫行谊，特为设饮，敦请，会先大夫病，辞焉。后郡守邬公、郭公、李公过余里，先大夫以刺投谢：“老病未能迎。”邬公骇谓余曰：“公尚有尊人耶？”复顾郭公、李公曰：“不佞等官此土二年，而竟不闻若翁名，贤可知也。”既病革，犹贻书兄叔夏：“幸努力，并属先祖葬事。”

生平奉佛，岁时斋食。至遗命，则戒无作佛事，悉遵家礼。殓惟布帛，勿入一钱。棺衾皆自夙构。家有老苍头，言先大父昔卜葬古岩，梦一老者，峨冠拖绅，揖而言曰：“幸公让我。”次日掘地得塚，形家请辟其半，先大父力止之。其夜复梦老者来谢曰：“当厚报公。”明年举先大夫。先大夫生嘉靖庚子四月初九日，寿七十有三。配先恭人妣黄氏，为黄钰公女，年仅四十有六。举姊及余。姊适程从伟，早卒。有甥明己，邑庠生。余室郑氏，亦累封恭人，为郑复骥公女。有孙五，长劭邦，聘户部副郎许志吉公女，为文穆公孙。次劭芬，颇隽而殇，先大夫哀之。三劭吉，聘太学汪士龙公女。四劭齐，聘太学程世济公女。五劭晋，聘殷光斗公女，为吏部主政宗器公孙。

祭朱文公文

惟公挺生新都而会灵于邹鲁，闻道伊洛而接脉于唐虞。为学知行交修，设教博约并进。下学上达，人人皆可与能；温故知新，日日欲其自得。观《易》而独抒本义，悟至理于图画之先；作史而首提大纲，维直道于《春秋》之后。诸所著述，同会源流。盖尼山有孔子，所以删六经而明千圣之道统；紫阳有先生，所以注六经而开万国之颛蒙。先后一揆，经传互发。某等幸世泽之相承，睹斯文之未丧。登堂如见，虽怀希圣希贤之思；入室未能，尤赖若启若翼之力。以兹讲院告成，是用斋心奉祀。式我乡之先正，因天下之共宗，此教之所以易入，而新安称淳俗；化之所以大行，而闻风多君子也欤？则匪直斯郡庙貌之光，而实关国家文明之运矣。

祭烈妇黄氏文

乙未秋七月，叔向弟客死钱塘。余时为归令，以守官无能往哭也。灵软将返，弟妇黄以死逆。余悲弟之蚤夭，而重黄之高谊，乃函祭具，为文以告于吾弟及烈妇之灵曰：

吁嗟乎哀哉！嗟弟七尺，玉立昂昂；胡天不吊，溘尔夭亡。孺人殉节，两美齐光；虽死犹生，谁彭谁殇？嗟弟善贾，遭时弗祥；

岂无巴妇，汶汶弗彰。孺人赴义，弟闻则扬；名高为宝，尘彼厚藏。嗟弟割慈，暂游千里；一去不返，长怀无已。孺人奉姑，泣语妯娌：桑榆有托，感衔泉里。嗟弟弗嗣，丧此宁馨；依依谁凭，窥户摧心。孺人立后，犹子斯存；主鬯有藉，弟目则瞑。嗟弟之终，不于故乡；渺渺沧江，魂胡翱翔？孺人东向，绝脰自戕；死各异所，归则同藏。效一言于遥天，望里门而荐觞。惟二魂之不寐，俨如在而洋洋。

祭八世祖妣胡氏孺人文

灵茎夙殒，宝珥久捐；宿草犹新，乔木如故。千年窀穸，谁司再造之功；百代衣冠，益启肃将之念。妣德原同地厚，孙谋岂非天开？虽黍离之感久怀于旧墟，而水木之源幸寻于故址。魂缘思而来宅，神阅世而不磨。松郁茂以连岗，根深而荫必广；坟高低以接陇，枝附而干益隆。尚安厥封，永休后裔。

祭诰赠恭人先妣黄氏文

士奇身叨晋秩，母奉加旌。鸾命屡颁，葵心未效。簪璜如在，风木兴思。谨焚诰黄，用申天宠。惟灵敬膺新命，阴牖愚衷。相兹七尺母遗之躯，聊代九原地下之报。

祭宜生先生文

吁嗟乎哀哉！先生于余则诸父行也，顾不耻下交，而问业于余。余不佞，自为诸生时，辄嘐嘐而道古人，然第浮慕其一二，以名为能好古者，而姑以寄吾志云耳。先生直欲举其全力，以遍读夫《三坟》《八索》《九丘》诸书，而网罗千古也。余故偊偊独行，不能刓方为圆；而先生介持自好，其不欲与时浮沉而取容当世，视余益甚也。余故不羁，放浪山水间；而先生狷者也，非公事屦不及户外。然余日一再出，而先生不厌余游也。生我者父母，知我者先生也。日先生之挈家南下也，不佞之量移户曹也，若或耦之。先生甫就白门，而不佞适有浦之役也，又若或间之。先生之寓书余曰："愿少须臾无死，以待君。"而不佞亦引领南望，几及瓜，以与先生决也，然究不得。吁嗟乎哀哉！昔洛阳年少，未驾而税，彼虽厄于无年，顾犹足以涕泪千古，而令吊古者世知有贾傅也！先生与贾为徒，而年不逮，竟以布衣终焉。先生没而名与骨俱朽耳，后世谁复有知先生者乎？史称贾生之孙，嘉最好学，能世其家；而先生有两子，始孩而隽。已矣先生！吾无以慰先生于九原矣！异日令子而能读父书，以竟先生之志也，则先生所为不没者而已矣！

祭亡妾文

万历三十三年岁在乙巳八月初三日，知吉安府事吴，遣使以一刍告于亡姬凌氏之灵。伤哉尔也！以巾栉从余者十年，素以恪谨闻，于余颇有协助之力。岂尔不造，有子而覆，未卵而屯，并殒其身，余甚哀之，故旅榇殆期，欲以骨归。苍头谓踰山涉水，仆仆数千里，无益亡者。天下一家，死吉州即葬吉州。苍头之言几是乎！余见不及矣。是用卜吉壤于螺山之侧，以七月晦藏焉。吁嗟乎！生为新都人，死作吉州鬼！余强欲排遣，若而未能忘情；余即时思念，若而徒征梦寐耳。魂其有知，尚其安厥土哉！

祭杨景渚文

维公少掇巍科，壮登显第；五官大夫，不为不遇。而家无垣屋，萧然寒素。振高风于千仞，与汉水同清矣。不佞叨与籍末，且复同官，窃窥公虽介特自好，而伛偻下人；虽独醒独清，而和光同尘，能白能玄，知刚知柔。盖尝榷邗江，司仓盈，守高凉，提文衡，而旅无横征，士有余粮。镜水浮山，一袭新龚黄之化；三江五岭，咸被邹鲁之风。胡甫入蜀，遽尔仙逝？未副云霓之望，已兴薤露之歌。夫士诎于不知己，而抱恨于无年。乃当路已数推毂公，公寿亦既逾耆矣，而位不配望，才未展于什一，吾道将废，命也如何？至夫箕裘不续，顾影零丁。寡妇啼号于帷内，孤甥蒲伏于几前，臧获罗拜于阶下。楚水蜀道，绝险艰关；游魂何适？旅榇谁扶？斯又生人之极哀，而道旁所酸鼻者矣。天之报施善人乃如是耶？岂公之所自树者，惟期不朽；而天之所遗公者，亦惟是令名耶？

祭先考封大夫文

吁嗟乎哀哉！茫茫苍苍舆，谁不生且育，而孰如我二人之生我育我者耶？谁不顾且复，而孰如我二人之顾我复我者耶？维父之称孤也，仅弱冠，鼓先人余烬于淮海之间，以仰事二祖母，俯畜余与姊，而赖以糊口也。余少习于嬉，父谓之："子才不肯竟学，时庭督之。"母又婉道之，而余乃忽自醒。中夜展思，若无所容，而始愤发呕心也。余甫列庠序，慈闱蚤逝；父未中岁，义不再续。时余未有子，茕茕相对，父广余媵，宽以敷教，所以曲体余者悬以至也。子之能仕，父教之忠，则自余两为令，再为郎为守，以至两为晋、蜀诸生师，而父耳提面命，如一词也。余既入官，有佔哔之癖，又不善治生，父拮据家政，余得藏其拙而从所好者，父之贻也。吁嗟乎！父时以曾大父未归骨为忧，今二柩甫葬，父与俱殁矣！父时虑余之晚有子息，今诸孙几成人，父又不逮矣。父冀余之再进级以光祖父，今余强颜复出，犹然故职矣。十年不调，甘心邅回；而千里归云，倏然聚散。忆昔余之病也，父挟我于间关；而父之病也，余竟不能侍于易箦。昔之去也，含泪而持踵于庭；今之归也，呼号而擗踊于帷。言念至此，心焉如割。哀哀父母，今并已矣！人生所谓仰事者，从此断矣。是用陈辞，并以晋藩及同官之奠告，呜呼哀哉！

祭殷铨部文

万历四十四年岁次丙辰十二月辛丑朔，越日，山西按察司提学副使通家眷弟吴士奇，戒香帛洁牲醴，再拜致祭于吏部文选司主事泰寰殷公之灵，其文曰：

呜呼！公盖棺垂二载矣。《礼》：大夫三月而葬，孝子不忍遽封树其亲。逾时久矣，公今归骨山阿，固公之宁所也。抑闻人不可无年，用人者无令时过而坐视之老。公一为司李，再晋铨司，而年仅始艾，当事者不可谓不亟用公，坐听公之才且老；而公即非寿，亦不可谓阨于无年也，然天下独伤公之深，何哉？羽虫之凡者，蠢然并生而不为瑞，奄然俱尽而不为寡；乃若凤之辉，龙之霖，一旦翮杀鳞脱，鲜不悲且泣矣。公固明时之龙凤也。发铏海陬，奏刀岩邑，四署郡县而卧理有余，再摄转运而处膏不润，甫入铨司而吏蠹一清。公家司徒雅识公于髫时，假使公与齐年，可方晋之二谢，而年仅得司徒过半。辉方挹而忽散，霖始霑而旋竭，此志士所以有日短之嗟也！奇交附肝胆，旧好托丝萝，缅思紫阳之巅，风雨鸡鸣；樽酒谭心，击节豪举而不可得；再思僧房深夜，钟鼓交喧，抵足共眠，高论时务而不可得。已矣殷公！余复何言？惟是勿剪在莆民，仪刑在卿士，余与歌且放焉。而公嗣子并贤，异时必能绍箕裘，以展公未竟之志，则公所为不没，而余光犹照耀天下也。哀哉！

祭程野鹤先生文

吁嗟乎哀哉！公春秋八十有五矣，所不足者非年也，而望德者犹惜公之无年。公之子孙振振矣，所不足者亦非福也，而知公者犹谓天之报施，什未偿一也。余观从古贤豪之士，雌伏者行其意，磊落者效其能，均足以垂千秋而树不朽，乃若才合于诚，难矣！才诚合，而出布衣之士，抑又难矣。夫布衣，无权而居约者也。无权则多阻，居约则鲜持，孰有不萎不缁、高处士之行如公者乎？余每念公之抚孤，未尝不为击节也。属藐诸子，把臂受重寄于未瞑。所最难者：处人间骨肉之间，又非箪豆之细，而公独能毅然身任其艰，内不摇于铄金，外不瞬于千驷，使累卵安于泰山，而遗绪光于前业。盖一孤复一孤，而且非一姓也，则公并有造于三氏矣！壮夫犹为之动色，古所谓君子人者，非耶？若夫置义塚，新庙貌，扶危赈饥，梁津缮道，公既以德诏爵，以齿尚宾，以善旌亭矣。公生平高谊未可悉数，大都施者未倦，即百年犹若未洽；而望者未厌，虽加一日，不犹愈于已乎？公又何以殁焉？列在肺腑之亲，不为文饰之语，直吊遗迹，以寄悲思。吁嗟乎哀哉！

祭诸劫文

万历丁巳腊月望日，吴某告于当境土地之神，转示诸劫曰：

嗟！惟尔曹生犯天刑，死堕苦海。原尔初心，岂不自揣时势之不可，而甘入罟阱之中？盖由一念之差，起一时之误听，以至骈首就死，追悔无及。盖自作之孽，而后天降之罚；神明之痛愤，而特假手于人力也。尔曹试思：云已蔽而复明，火方发而忽灭；挥日反风，皆从古异事，而又不先不后，墙殒若推。神聪明正直，显佑一方如此，尔曹岂能违天乎？违天者亡，又奚憾于人乎？今特为尔曹忏，销前宿业，皈依正觉。无作怨厉，沉沦异乡。神灵在上，汝其听之。

绿滋馆稿卷之六

天海建庵引

乙未秋八月，余同伯成、平仲、于夔，云将为黄山游。从汤泉逶迤上四十里，抵天海。秋山气爽，三十六峰析为千峰。峰尽削成，杂以云物，献状益幻。石罅松枝，低拂如萝；翠色苍莽，独空东面。远瞩大江，如覆杯水。夜宿草舍，如吴中小艇。从者皆抵足眠，余忽梦入碧浪湖。碧浪湖在吴兴岘山下，余昔为令时，从月下游者也。人言吾乡山羸水诎，以余昼卜诸夜，岂不山水并会心乎？以趣入蜀，未尽探奇。明年历嘉州，登峨眉，缅怀故山，胜不减此，而巉岩过之。自僧心月辟石为级，才可受踵，而未有息肩之所。级行日四十里，每苦足茹，游者虽有胜情，卒惮攀跻，中道而返。

会檇李徐玄仗同二客来，余再与俱游，则以心月往。蹑蹬十五里而径穷，假宿莲花洞，有僧狞貌而捷径。诘朝，引诸客穿峡上，余病不能从。居数日，黄寓庸从武陵来，然穴处，繘悬跖，险如旧，乐又疲也。于是心月请得缮故道，置兰若于天海山之半，而别为小憩，属余为引。

余惟峨山昔僻蚕丛，谁名震旦第一？则僧以也。按《黄山图经》，高一千一百七十丈，于蜀，其东西峙乎？顾兹山灵须借佛力。顷，僧普门欲建场山中，心月更筑室其顶，总开不二之门。谁生我相，共施无尽之藏，赞兹善缘？居士不厌游，亦无常住，近逃禅。

然不习禅，岂其佞佛而托此老焉？天造灵区，必不终閟；显者有待，作者乘时。愿遍告善知识，藉力大士，长为轩辕道主。

建水陆堂引

寺虚右地，中为方池，不知凿于何年。余少时见莲数朵，僧云不种而华，今华久谢矣。既不缘种而生，岂因无华而灭？此根自在，华应有时。人心亦有善根，亘古原无磨灭；顾善作必须善成，而有因自是有果。寺缺右宇，法当补偏，故有丈二金身大士置之庑下。僧悟松尝欲为阁，圆明再欲为放生，居然两无成。而池中鳞虫已种种，庑下金身犹然无栖也。震空悯焉，又欲绘水陆为堂。以募赀淮海，溺于水中，盖三举三废，至以身殉矣。而了悟者，顿发悲心，誓成先愿，酷夏披笠，乞食日中。

余曰："二僧蹈水火，冒寒暑，即生死无以易其虑，何功不成乎？"欲为书疏首。时久苦旱，才一举念，疾风大雨忽自西来。其夕，僧见金身放大神光，水底鳞虫欲奋。诘朝，以告余曰："此天人协应之征，青莲再华之日也。"亟以告诸善男信女，愿各发善根，普施功德，以补地纪之不足，完累世之未竟。

重修仁义寺引

仁义寺在歙之西溪南[①]，万家星布，咸于斯祝釐焉。而踞吾里之上游，西控金竺，东面黄萝。左溪右岗，储精含秀，独甲诸刹，最称福地。祥符以来，时迁世殊，屡加补葺，载在碑中。

大都象教之兴，上关国运，下占物力；有开必先，有作必成；人能弘道，信非虚语。圣主中天，大阐三教，名山梵宇，靡不改观。寺号地灵，尚閟有待。顷见四方僧以募至者，求无不获，各得意归。佛光普照，岂其近遗？慈悲发施，尤从迩始。适以公事，聚

① 原文作"西西南"，按丰南俗名西溪南，第二"西"字当为"溪"之误。

族禅林，遍观堂庑：则追[①]且蠹，构且啮，周垣半圮，羊豕外来；泥木中空，蜂鼠入穴。神若含怒，人为咨嗟。乃告主僧宣铎井里：愿自一人以引千万人，自一钱以积千万钱，共成莫大之功，各种无边之福。而又讽僧以"雨我公田，遂及我私"之咏。是役也，论兴革则事不可已，语盈诎则时非不足。如藉神庥，大为更新。雪夜花朝，于此翱翔；坐啸行吟，于此赓和。谭玄较艺，于此逍遥；叙族敦朋，于此欢洽。岂惟福国护民，亦以壮游快心。少年闻而喜相告也，诸父老曰："勿亟，不日成之矣。"遂疏诸首。

冰说

族弟景真，一朝祝发，因有亲在，数招之归。南还至琉璃河，观冰，复为《冰说》贻之。

冰解还为水，水凝复为冰。不应言此冰既已成水，此水必不使再为冰。则将移冬作夏，沸河成汤；种种生心，翻成劳相。子谓是人愚否？佛说圆通，无拘无碍；出世世间，得大自在。犹之吾儒，能潜能见，能见能潜。一非执一，非一是一。玉在璞中，混沌未分；一剖为玉，纵置之石，不复杂石。如虑石更混玉，悉取是石，碎为微尘。异中生异，强为分别，子谓是人愚否？佛说金刚，金性不变，能经百炼；犹之吾儒，实见得是，迹可使秽，名可使不韪。心自取心，见乃汝真。子又观夫伶人作剧乎？繁华浪自欢喜，苦楚浪自悲伤，剧毕人散，本来面目，毫有增减否？佛曰：自若随方瞻仰，或睹中天，或作隙视；犹之吾儒，誉不加喜，毁不加沮[②]，岂增圣于太宰，何畏讥于丧狗？知我是我，罪我亦我。

居士既毕是说，复赞曰：玉作子之心，果如玉之精，子必不染世；水作子之身，果如水之清，子何必离世？观场作俗眼，谁白谁青？谁谓发去僧，而发在非僧？独观本来，无蹈狂头之怖。到处戏

① 追，疑为"椽"之误。

② 沮，原文作"阻"，据义改。

场，一任俗士之笑。

观察马镜石先生像赞

榆下为谁？箇中何似？是耶马公？非耶马公？如木鸡，如画龙。怒则兵，祥则刑。恂恂如邹鲁儒林，赳赳如公侯干城，而总无名，则孰为形形？姑就其角巾拖绅，逍遥南荣，摹而拟曰：此其闇然之章，渊然之光，至人不晦之神情。

从祖会堂先生像赞

不佞入蜀之明年，而从祖鸿胪会堂公殁。殁垂十载，而叔氏君直乃出其先遗像以示余。余迫而视，俛而思，既悲且诧曰：噫嘻！是耶？非耶？谁擅丹青，为公优孟，而双瞳之炯炯也，七尺之昂昂也，言笑之如昨，而顾盼其若存也。披公未改之音容，想公不朽之神情，公其犹抵掌而谭盐策，为桑弘者耶？公其犹秉衡而评月旦，为彦方者耶？公其犹荷锸而疏沟洫，为郑白者耶？公其犹设机而御貂珰，为智囊者耶？公其犹束带而传胪句，为委蛇者耶？公其犹说礼乐、敦诗书，为鲁诸儒者耶？公其犹飞一矢、蹴千金，为东海生者耶？公其犹揖郡侯、据上坐，为夷门监者耶？公其犹晚佚西成、默修醇谨，为三老为万石君者耶？余以貌拟公，而公之貌宛其在目；余以意逆公，而公之意戚戚于心。心目之间，非善画者莫能图，非知己者莫能状，窃谬附于阿咸，聊寄思乎遗像。

午亭先生像赞　先生有子曰仰亭

先生儒者也，晚而精秦越人之术，令子复世其业。余与先生雅游，今两按其像：立如斋，坐如尸，何恂恂者耶？屹而立者，足盘辟而欲前，目盼盼而若有所思，岂龙德之未衰，故壮心其犹在。凭几而坐者，发种种矣，颓尔如委，答[1]然若丧其偶矣，而神益王。从前则伏枥之骥，从后则纪渻子之木鸡。以为无似而无不似，以为有似而未有似。先生盖仁心为质，万物同春。莫测其里，谁肖其神？吾将以有若之似似之乎？则有亦步亦趋，仰止先生者，而续以亭名。

蒲隐居士像赞

单阏之岁，不佞时为诸生，取道钱塘。同舟十余人，余独伟视虞卿：贾人子乃有此奇状！稍扣之，慷慨激烈，皆豪侠语。风利登岸，怏怏遽别，今十九年矣。余既历官中外，虞卿亦久游燕赵齐楚之郊，未一再遇。客有持虞卿像索余题者，余乍见愕然：此吾故人，胡竟忘其名？客为道十九年前舟中事，余曰："是矣。是矣。"展图左右视，毛发竦动，恍如身在江干，而与之面谭者，因自笑："亦有伯乐过都之识，而恨无燕赵黄金之奉，遂于虞卿失之也。"乃为赞曰：

遵彼钱塘，幸接君子。亦既觏止，胡我遐弃？何以转盼于丹青图画之中，而若合若离？何以貌君于一十九年之后，而戚戚重余思？岂豪士之遇，洵非寻常；抑英爽之动人，弥久而不忘？夫蒲之能写者，特其葱菁披拂之状；而剑锋不靡之节，画莫能图。故君子之可象者，亦仅须眉色泽之间；而踔驰不羁之志，此直其寄。

吴母节妇方孺人赞

平仲母称未亡人垂三十载，以余所观孺人之阃仪，质以平仲之行谊，孺人有母节，且有母才。提六尺之孤，而能食且教；乃其成夫子之志，而存亡死生欤？孺人为处士方显宁女，年十六而归余从叔。家值中叶，夫又季子；瓜分渐薄，是将不堪。孺人脱簪珥，悉

① 答，疑为"嗒"之误。

倾囊中装，佐夫贾淮海。两尊人朝夕自上馈，及相继而殁，孺人以一女子襄事于伯仲之间，而报命千里之外，游子无内忧，而得策贾以暇者，阃力也。久之，季公殒于淮，孺人才廿七，恸欲与夫俱死。所以不即死者，平仲与少弟方襁褓相藉，母死藐诸何依？吾欲有以报夫子，则生贤于死，财之熟矣！平仲既胜冠而孱，少弟且殇，时伯仲之子并列诸生，平仲奋欲下帷。诸母相谓曰："无苦儿呻佔，盍修先君之故业，从贾乎？"孺人叹曰："吾夫既死于贾，吾子又丧其一，废兴有命，奈何以如线之弱息，博圭撮不可知之地哉？儿故善病，业莫如医。"平仲雅攻书法，乃迁去，专精医方，然不欲以此钓奇为市。

家徒壁如故，孺人亦不问所入，但闻平仲多所生活，辄大喜曰："吾子未子，其以树德当是。"时宗人子出贾淮海者皆赢得过当[①]，诸母无不盛绮缟、持筦钥以夸于里闬，而孺人椎布相对，绝无惭色："岂以吾儿不能曜我乎？老妇之爱子异甚，固非女曹所知也。"平仲尝欲出游，先持三缗遗母，母知其贷也，笑受之。平仲既去，母竟还主贷者，平仲益以此洁修其行。所交皆当世名士，孺人益喜曰："儿即不试，何忝儒名？"孺人之教子以义方如此。晚而奉佛，与罗氏姒屏居南田。垂尽，犹呵呵念阿弥云。赞曰：

少妇而背所天者，或慷慨于沟渎，而孺人独隐忍以图存。存非徒存，盖以为夫者为子，节而并以才名。昔陵母知兴，故能以其子显；婴母知废，故能遗子以安。俗之相靡，妇人为甚。孺人乃能不焰于诸母，不侈于溢，尤置其子于雍容都雅之中，而卒称夫保身完名之士。道之真，以为身，其绪余以为天下国家。平仲夫亦姑有所寄，孺人其亦图兴于废乎？是可以下报季公矣。

明成子赞

明成子往矣！其徒晓余族弟也。余不识明成子，而因徒晓为之

① 赢，原文作"羸"，据义改。

赞曰：

呜呼！斯其为明成子欤！明者自明也，成者自成也，斯又儒之旨，而为吾徒欤！飘飘者僧耶？而发则缕缕；束带恂恂者儒耶？而足不纳履。吾观其兑若塞，状若愚，形欲就，神不居，将儒释名相一切扫除，顶踵毛发总属腐余。足乱浮云，心游太虚，翛然其解缚，以天地为蘧庐。

性满上人还峨山叙赞

峨山慧通庵僧性满，栖余里七载余，募为檀佛三，朝夕顶礼。今欲奉佛还故庵，以予旧为峨山主，乞言焉。予问之曰：佛有像耶？香谁嗅耶？汝前何来？今何去耶？夫无象而为象，无臭而为香，无去来而生去来，因界变迁，与世流转，何云慧也？且汝名性满，亦知汝之性乎？性自充满法界，何必峨山？何必非峨山？若犹见色声香味触法，而未脱于往来去住，纵对香岩，何益自心？徒妙谈玄，竟无了义矣！性满曰："释子誓此：法身遍满十方，了无罣碍，故所至未尝久淹。今暂归大峨，行且南度海，西极诸国，安知卓锡所乎？"余复呼曰："性满性满，满在性不在身世；然能解脱身世，即已悟入性空。"遂为之赞曰：

性无生灭，身何去来？来者非汝，去亦非汝。汝性自如，无方无所。方所尽忘，身尘乃脱。一脱身尘，便超界尘。得大无碍，遍满圆空，还汝自性矣。

祥叭领占上人赞

五台罗侯寺僧祥叭领占，介了达谒余。余与之坐久而异其眼，更异其名。了达曰："此故胡僧祥叭领占。"曰："昔我八岁，叔父以我西来。长于中国，即中国人，何必云胡？而烦好怪者，穷我以万里外事也？"余嘉其达，乃问："上人作何修行？"曰："彻夜不痳，持尊胜咒。”余曰：“胡僧持此咒者多，然语不可了。”曰：“政无须了。”余益奇之，乃为之赞曰：

咒不必了，僧不必胡。法身无常，何从何止？大道讫西，汝以襁至。不操梵音，不习汉字，第持一咒，遍历东度。即余眼视，已强索之神情；即汝存名，犹未忘乎故号矣。

祥叭领占稽首曰：“僧也东西南北之人也，宰官幸为解脱，请并无其名。”了达合掌曰：“南无无名佛。”

寿伯兄黟源七十《巨石乔松图》赞

伯兄壮游燕市，遍交荐绅。一朝脱若敝屣，飘然南还旧庐。贾事听之仲季，田事听之臧获，程督诸子听之外傅，笑语所善客曰：“显名厚实，两非吾愿，吾适吾适而已。”别筑小憩，稍远里嚣；不佞家食，时时过之。几上青史，窗前绿蒲，盘草拳[①]石，一经把弄，便称妙品。置诸古玩之间，并令观者解颐。怪石当轩，拂以高木，客至，藉阴趺坐；意倦，挟书蟠眠，婆娑殆十载余。今者春秋七十矣，诸知交属左干绘图为寿，图以木石，从所好也。然第能写其逍遥自得之趣，至夫奉孀母，抚弱弟，姱节坚心，石莫能移，松莫能傲，图莫能状。乃为之赞曰：

黟山何深，黟水何清！中有大隐，既智且仁。一解世缚，独耽登临。胜具欲倦，乃即园林。立石肖山，引水周亭。峨峨玉立，挺挺千寻。棠桂交华，与松参差。七十于斯，百岁于斯。客问何好？曰无所好。玩具错陈，如过目之烟云。客问何德？曰无所德。宗党交称，皆素位中事耳。好忘其好，此为真好；德无其德，此为上德。欲赞一词，词亦不尽述。

① 拳，原文作“卷”，据文义改。

祠钟铭

惟尔冠玉先声，俾我子孙振振。惟我鼎食如林，俾尔匪色似鸣。噫嘻！斯其为百代不绝之响，而先公永其来临。

三箴

士箴

夫书绅寓目，铭座惊心。既列士林，岂其悖德？不触不激，中情大氐然矣。乃为《士箴》曰：

惟孝先乎百行，惟士首乎四民。胡生我而忘所事，胡事亲而犹他人？一体而分，胡自阋于墙，忍伤其根？同好相济，胡胶序戈鋋，标党伐异？服色有章，胡不今而古，不衷而左？穷通分定，胡不羞牛后，不止龙断？乐不可极，胡歌舞卜夜，沉湎竟日？利不可放，胡以齿焚身，自驱罟网？一朝之忿，亡身及亲，胡浮慕客气而睚眦发怒？胡以躯借交而扬臂号类？不在其位，不谋其政，胡借言利害而阑入公庭？胡惯为保留而献谀取怜？若乃鬓边玉插，脑后雷圈；大袖飞巾，蝶服僧履；又或毁冠裂裳，使酒骂座；自绝儒群，溷迹穆市。又或持吏短长，刺人房闼；阴腾萋菲，妄附月旦。甚则奴颜官长，弟畜胥吏，肄业刀笔，诗书法律。又甚则帮闲寄馆，樗蒲罔利；败类宣淫，面人行禽。言之污吾口，书之污吾简，亦无所用吾箴矣。

官箴

贾傅有言：移风易俗，使天下回心而向道，类非俗吏之所能为也。文翁治蜀，至遣开敏之吏受业京师，而简其明经饬行者为学官，以教导弟子，一时比于邹鲁。余昔入蜀，犹沐其遗风。乃晋，固古帝王自立之国也，家敦礼乐，户说诗书。临以郡邑之长，承以文学之官，皆与我共司教者也。师严道尊，何以严而使人不见其可恶？敷教在宽，何以宽而使人不见其可狎？邹尔瞻有言：“铨衡如大匠，师儒如场师。”大匠之所度材，即场师之所豫植，此言贵养也。养士莫亲于有司，莫要于诸文学。故吾愿长郡邑者，政先民秀，嘉与薰陶；翼其不逮，匡其不率。勿喜逢迎，以长奔竞；勿专刻厉，以挫士气。勿以一眚而掩其生平，勿以一不肖而概鄙多士。勿薰莸莫辨而漫无劝惩，勿藐视孤寒而令怨遗佚。勿以簿书旁午而倦考校，勿令有冤抑而无所控告。使士心亲附，精神流贯，而官文学者亦自端其标，自励其气。无厌薄青毡，无膻悦署篆。无磬折有司，利于关说；无滥举内交，因公索谢。无较论脯修，征逐豆觞；无拥彗贵介，立雪贫窭。师道立则善人多，父兄之教先则子弟之率谨，异时得士有如薛文清公诸君子，使晋人指曰：某师儒之所夹辅，某郡邑大夫之所陶铸者也，不佞其何力之有？

自箴

余昔承乏蜀，惧不任而请益贤者，命之曰：“若无徒疲殿最，若非专取士者也。”余心骇焉，再请，则曰：“取士者三载而操贤书，辟则冀北之暂过；而学使则时其闲撅者也，造士而兼取士者也。”余大服其言，既引绳示儆，复佩韦自宽。第前非虽悟，旧习难除，盖五官而犹羞学制，十载而未克虚骄也。凡吾所求诸人，即吾所责诸己。遂不复烦言，而第为箴曰：

同我子弟，无作好恶。不刚不柔，式我师度。不党不偏，共遵王路。

哀　辞

子渐名应鸿，别号陆羽，余族兄也。既博一举，无故被黜，万历之丙午，余以吉州入计，子渐死邸矣。悲夫！子之穷而复乘以众口也，操竽而瑟，操瑟而竽。家故贫而厌戋戋，疑为豪举；被褐而羞附炎炎，见谓狎侮。寄穷愁于诗酒，或命之狂；耻受辱于眦睚，佥曰寡侣。今已矣！余心悼焉，乃援笔寄哀。其辞曰：

维九牧之朝正兮！欣万象以敷鲜。独枯冢之陬生兮，托春怨于杜鹃。生至艰而死极哀兮，身与名而俱捐。悼风流之顿尽兮，吾将吊影于虞渊。吁嗟乎哀哉！惟子之少，飘飘容与；气吞云梦，高谭三五。遭时不利，动而见阻。惟子之壮，离邦去里；西涉太华，北历[1]涿邸。遇御国门，露刃相视。扶橐抱廓，栖于萧寺。十载燕尘，素衣为淄。张兮复蹶，壮心未已。嗟誉命之不终兮！胡昔进而今亡？摅寸心以自知兮，人好恶其何常？览九州之博大兮，何所如而皇皇。泣阮生之途穷兮，将投足于四荒。顾亲宾其谁语兮，屯郁悒乎一腔。众不察余中情兮，交口讪夫凉凉。叹二毛之始见兮，冀秋藿之向阳。岂雨露之重滋兮，羌已陨于负霜。睹其汇之翩翩兮，独有人乎国殇。信遇合之靡定兮，感天道之微茫。昔伯通[2]之不嗣兮，涕千古而悽怆。痛夫人之信修兮，亦庭树之不芳。寄寡妇于逆旅兮，别少姬乎洞房。割息女于提抱兮，悬老亲乎西堂。哀古来之共尽兮，独子罹乎百殃。既赍志以没齿兮，复茕绝乎殊方。邈白门兮河汉，况重领兮旧乡。瞻日月兮双阙，照幽原兮末光。委壮心兮沟壑，怨逐臣兮湘江。名不立兮形铄，志犹存兮慨慷。慨慷兮何极，名利兮隙日。思君兮太息，恍君兮在侧。乃浩歌曰：

嗟来子渐乎！嗟来陆羽乎！是耶非耶？若灭若睹。人乎人乎！既与子而鉏鋙。天乎天乎！复年岁之不子与。直念古伏恨而死者，犹得尽一息于床箦，而子独奄奄其道殂。

又歌曰：渐之进兮铩其羽，鸿飞冥冥之何所？灵之来兮！游魂乎万里，归骨乎一抔之故土。

① 历，原文作“厉”，乃形近而误，据文义径改。

② 伯通，原文讹作“伯道”。按西晋人邓攸，字伯通。见《世说新语·德行》。

褫亭驿赋

驿名褫亭，传说虎自褫其皮，化为女，卧月下。有崔生者窥而异之，密投皮眢井，明知其为祟，怜其美好，不能自禁，狎而室之。后举二子，再经其地，生述前事，女问皮安在？生出井中，女负皮复为虎，跳去。其说迂怪，君子不道。时寒日西倾，风雪交作，山鸣谷震，如咆哮状。乃知风声鹤唳，疑有自来。援笔破惑，其辞曰：

日既入兮云冥冥，风飒飒兮四野。闻兽交啼兮狂求群，步中庭兮怅盘桓。侧闻尼父兮怪不语，诧兹幻异兮骇千古。胡猛噬兮柔为脂，皮不存兮安所附？惟大造之铸形兮，鹰化鸠而犹鸷其目。胡几希之莫辩兮，面人而与兽黩？岂诮士之色荒兮，如探虎穴而与之居。抑厌豪之虎冠兮，托于寝其皮而暴其肉。鲲化鹏兮寓言，鼠变虎兮寄讽。愿醒崔生之蝶梦兮，一洗题壁之讹。无以诗书之府兮，嘈嘈作《齐谐》之续。

绿滋馆稿卷之七

江西司商度支考

国家改都燕京，而留都司农领东南钱谷仅什之二，然根本重地，供亿不赀，皆仰给于大农。总计一岁之出入，大约入粟一百余万石，支五十八万余石；入银三十余万两，出亦如之。而缓急不时之用，如上供转运及增兵饷除戎器额外诸费，一切不与焉。故幸而列郡有秋，飞挽毕至，粟支犹余一年，金钱数仅相当；一遇旱干水溢，输者不继而用者万，必不可已，遂束手而莫可如何。于是请得改诸道粟，代以银。然盈于此已诎于彼，虽解旦夕燃眉之急，实亏仓庾九年之蓄矣。考部职掌诸商，皆隶江西司。岁纳货于监局，而取直于户部，其间厚得直者，大贾蝇附；而他货无所利，则勾肆贩以应役。市人子苦出入禁城弗便，巧为避，更相蔓引，于是一令下而都市不胜其喧扰矣。

不佞承乏是司，乃酌重轻，使商之得利者兼办一切他货，而悬布都市，示不复扰列贩，然尚有漏卮。如《志》所称搭货，近大为破例冒滥者。搭货云何？盖缘内府岁输，有余布，而又稔知诸贾扤弊，多赢得，故以余布当金钱什之二三，与官吏折布俸一体施行，所谓捐九库之有余，济外帑之不足，法甚善也。迩来法久渐弛，诸贾遂得全支本色，折货为银。我费出于无经，彼货积于朽蠹，而司农益告匮，盖于今更岌岌矣。夫时诎之锱铢，时赢之钜亿也。此谁非民膏而滥出若是？职与诸僚议呈尚书张，请复如故事。蒙批：

"折货非例也，断不可再误。"虽诸贾不无沮事之议，然载在令甲，夫复何辞？行之期月，计省帑藏一万一千六两有奇；及所裁节，复八千一百八两有奇。则今先后筦计，部尚书张、吏部侍郎李、兵部侍郎臧、工部侍郎范，实主其事云。夫权万货之重轻，使富商无所牟大利，而细民不病于强贾，以恤民也；明两府之出纳，使我之金钱不苦于不给，而九库之货不积于无用，以裕国也。宣堂上之德意，使旧典不复湮没，而前法永守不坠，又司事也。幸存羊之犹名，因得核实于既往；念补牢之已晚，愿益垂示于后来。诸僚王之机等，佥命士奇附诸《志》末，遂详考条规，呈署部事南京兵部侍郎臧，蒙批："搭货条规不病商而实益国，较旧《志》所载更明悉。"将来者不忘前事，省费且不赀矣。具见该司奉公长虑，即刻成书，以为后鉴。

钱法议

一为钱法事，照得本部目击时艰，公私告匮，题请行钱。讵为佐国之急，亦以因民之利。今既以钱壅而骤贱，势难强民以从我；即强齐之而民不便，则钱愈壅而不可行。夫欲疏钱法而使之通，莫若慎其出而寡与之。原议三七兼支，今议官俸军粮为一九，商价为二八。物稀则贵，贱极则贵，此为不禁而价自平者也。第为目前计，又不得不酌时价而稍增之。原议每两一千文，今议一千一百文，何也？穷则必变，法贵宜民。况钱法之行，本朝廷公平之政，原非昂其直而与之，安有坐视其贱，漫不加恤者？如官军廪粮本当优给，至夫各商，则有断在所必行而不可再坏者，《志》开搭货之法是也。两府原各为出纳，我费出于无经，彼货积于朽蠹，一持法而彼此流通，万省千，千省百矣。有当体其情而暂为之所者，今加钱之议是也。既已节其价，货复三之一焉，而又阴亏其钱直，何堪乎？即如今议，总前减支之数计之，千金之出，仅增三十六缗耳。算其多者居之，而姑以少者宽之，我之所确然不易者令甲，而未尝不轸恤者民情。彼熙熙而来者，未有不心服者也。斯又裒多益寡之微权，我可暂施，人可暂受，以待价平而复议者也。

其次议炉。夫既出之者寡，而鼓铸如故，则钱积于无用之府矣；其不得不减铸者，势也。顾欻贵欻贱，特偶至之情；而可大可久，乃生财之道，奈何因噎而废食？且此执炉锤而服役于官者，皆招之来者也。今将简冗役于千百之中，而曰某当留，某当罢，必群嚣不服。请得以本部二百五十炉分为二班，班各百二十五炉，轮铸更役。明示休息，阴寓裁抑，此朝三暮四之说，实均平画一之道也。其次，严私铸之禁。夫其贱直而贰我市价者，皆此辈为之也。官方以壅滞减铸，而彼乃乘上之缓以急售，是以利薮贻若也，钱壅如故耳。夫其私铸必有所，其广布于城市，必有主家，凡若此者，岂一手一足之力？今议悬赏格，招首告，有犯者究其钱寄何所，一切治罪，则赏罚明而私钱息矣。抑人情趋利，至较多寡于毫毛之微；今议增议减，甲乙之间，分数顿异。宜速悬示市门，以本月二十六日为始，凡已劄付者无得告扰，庶豪猾无所容其奸，而人各安于分定矣。

三宝各安其处

善用兵者静，固其所欲安，动成其所欲危。所欲危者，敌也；所欲安者，我也。夫兵，动物；战，危事也。当干戈抢攘之日，而谓秋毫无扰于民，即仁人之师，吾不敢为迂说。第危而摄之以安，扰而镇之以一，与天下共其生而天下静焉。故民好静而我好动，是上与下两相拂也。阳欲安，行非安，是好[①]与令又两相诡也。如是者首尾衡决而缓急不救，故动静安危之理，王者以寸心籥焉。

三宝各安其处，此《太公书》也。《书》，志武者也。乃粟不言糇饷而言农器，不言镆铘而言工货，不言主用而言商，此寓兵于民意也。夫兵亦何常形之有？入其境，田野安，朝市安，官府安，无

① 好，疑为“号”之误。

兵而有兵也。入其境，田野危，朝市危，官府危，有兵而无兵也。毛茹穴处之民，至老死不相往来，耕凿不识，何论击刺？此谓玄同，此谓泰一。中古而同者异，一者剖矣。农饬力以长地财，工饬材以办[1]民器，商通万货以资国用，何以曰宝？君宝之也。饥不可食，寒不可衣，则宝金玉不如宝五谷也；国则朽蠹，民谓浚我，则聚为宝不若散为宝也。

《周书》曰："农不出则乏其食，工不出则乏其事，商不出则三宝绝。"凡人之情，拙者不足，巧者有余；一则交济，二则交争，明王损有余补不足。坊其贰，一其乡，而天下始申于不争。今夫天动以雷，散以风，润以雨，晅以日，各安其序而后岁不愆；不者，阴阳乖而道悖。今夫身，耳司听，目司视，手司持，足司行，各安其官而后神益王；不者，指臂违而身瘵。今夫家，晨用鸡，伺用犬，服用牛，乘用马，各安其性而后适于宜；不者，鸟兽乱而物病。夫治国亦犹是矣。业有常则事不奸，事不奸则民不乱。顾民至夥也，其自为族不知几何，合为群又不知几何，涣则难一，溃则难安，必欲以一人之力胜千万人之众，而定于一，置之安也，操何术而可？太上莫如因之。物其土宜，程其巧力，布其轻重。其次莫如整齐之。狥以农正，缮以司徒，治以市官。有聚而一之者：井里而同，鸠工而作，日中而市是已。有董而一之者：不毛有罚，不勉有抶，无益有禁是已。有以节之之道一之者：量入修赋，量功命日，量财致用是已。有以先之之道一之者：躬藉于墢，攦巧于朴，投珠于渊是已。此《易》所谓安其身者也。

而吾又进而一之：王心故心，一则神凝，神凝则群萃。州处之民，棼之不紊，心一则气定，气定则尘埃嚣喧之境撼之不摇，于是农服先畴之畎亩，而室无县[2]耜，土无奥草，时耕时耰，时获时刈，相与狎于野而安于是。工用高曾之规矩，而审其四时，辩其功苦，可量可权，可水可县，相与协于革而安于是。商修族世之所鬻，而

① 办，原文讹作"辩"，据文义改。

② 县，通"悬"。

货者兼赢，求者不匮，能弃能取，能居能散，相与阛于市而安。农积而饱，则不外索粮，野敷露积皆刍粟也。市积而饶，则不外索资，九市百廛皆伍两也。工积而就，则不外索助，轺车荷锄皆戟盾也。无事而坐销兵，即兵加而安堵制焉。

独怪后王之不察也，彼亦知天下之民可静而不可使动，可安而不可使危，可一而不可使二，第慆心溢志之事日扰其中，而掊克烦黩之政愈呈其螯。农不服其鎛，而辍耕之佣奴鸿飞垄上矣；工不操其事，而闾左之谪戍狐鸣祠中矣；贾不陈其肆，而行贩之胡雏虎啸国门矣。故君知所宝，则人有其宝，下安而上亦安；君失所宝，则人丧其宝，下危而上亦危，安危之机，岂不以君哉？虽然，兵，两设者也。我之宝，敌之嫉也，设我欲安，而彼螯食以侵我，亟肄以罢[1]我，奇货以尝我，则三衅也。我既安，而或侈累世之藏，作奇衺之器，较贾人之利，则三怨也。故盘水而捧者，慎守宝者也。是道也，管敬仲亦尝述之，而其指曰：勿使民杂处，杂处则言哤，安处则志一。管氏析而异，太公比而同。太公之为王者师，而管氏仅以君霸者，道术之别也。呜呼！文有《九歌》，其一惟正德，其二惟禁戢，而余则水火金木土谷，利用、厚生，保太定功，安民和众丰财，故务三而已。国有四民，岂所宝惟贤，而故遗之养贤，所以及民。养民所以致贤，故莘野饭牛版筑之朋，皆身系安危之机，则合宝贤于三宝，而后毕太公之指。

智者虑杂于利害

兵，以义举者也，义则何必曰利？是止戈之武也，故利害忘焉。兵，以利动者也，利则何又曰害？是参合之谋也，故利害杂焉。夫利害孰有大于死生存亡者乎？悬锋镝之下，决两阵之间，浑浑沌沌，莫知其藏，而善用兵者，欲于转盼咄嗟之间，提千虑万全之画，使我乘其利而敌当其害，自非见本而知末、睹指而识归者，

① 罢，通“疲”。

恶能出奇无穷、决胜千里乎？孙子曰："智者之虑，必杂于利害。"夫利害之不可同年而语，明矣。出此则入彼，间不容发，而究判于霄渊。乃利而杂之以害，何也？彼谓不尽知用兵之害者，则不能尽知用兵之利也。夫指利害之途以示人趋避者，莫如《易》。《易》曰："刚柔杂居，而吉凶可见。"老氏曰："福兮祸之所倚，祸兮福之所伏。"孙子之言无，亦老氏倚伏之几，而《易》所云"知柔知刚，万夫之望"乎？且兵未有不生于虑、失于儆者也。虑未先定而遽以加兵，是则战之自败、攻之自毁也。故张军而不能战，围邑而不能攻，得地而不能守。《书》曰："弗虑胡获？"

今夫羿之巧，非射也，射其发矢者也。调和其弓矢，而详审其高下，羿所以命中也。造父之术非驭也，驭其操辔者也。善视夫马力而度量其远近，造父所以致远也。夫治军者亦自有巧术矣。里父之秉家也，课其子弟，督其臧获，三时树艺，四方转毂，此可与家众喻者也。乃其持筹而计，晓夜以思，何以污邪蒲车？何以市利三倍？何以严其墙垣而永无盗忧？则家督所独虑，而未可人语者也。田舍翁犹然，而况将为三军之司命乎？

昔之善用兵者，上则治国家，理境内，行仁义，布德惠，立正法，塞邪隧，上下一心，君臣同德，折冲樽俎而天下响应；次则信约束，申号令，辩兵甲，正行伍，连什佰，明鼓旗，均赋丈，车固马良，士卒殷轸，两军相当，兵刃未接而敌人已奔。其详[①]。至于风雨晦明，山陵丘阜，苴草林丛，险易广狭，靡不极其形。其微至于乌集兽骇，旌动夜呼，仗立尘起，目动言肆，亦各析其变，而总之不越利害二端。其趋而避也，如决堤之迅下，如鸷鸟之倏发，如悬一缕千仞之上，而下垂不测之渊。其剖析也，如薰莸之必不可共处，泾渭之必不容混流；其交变也，如日月之晦而复明，春秋之终而复始。今夫天下皆知利之为利，斯利已；皆知害之为害，斯害已。乃利之中有害，害之中有利，则无管窥于一隅；利可转为害，害可转为利，则无株守于胶柱。利一害十，利不胜害，则宁舍短而

① 其详，二字疑为衍文。

从长；害一利十，害不胜利，则无去寻而守尺。同事也，而明者见以为利，暗者见以为害，则巧拙异情。同情也，而一时见以为利，异时见以为害，则迟速异度。同度也，而风云起于呼吸，利害变于须臾，则俛仰异状。扣之以情，复于人情外探之；钩之以意，忽于无意中猛得之。藏形于无，游心于虚；若从地出，若从天下。故曰：先知者不可取于鬼神，不可象于事，不可验于度。惟是衡之以□虑，听于钞，故能闻未极；视于新，故能见未形；思于濬，故能知未始，兵出而天下莫之能圉。

按之于古，如李牧之委以数千人而大破虏众，所谓以害易利者也。张方之数战皆败，而卒以逼敌克捷，所谓因害为利者也。官渡之败，曹操敛兵不追，而绍父子旋自授首，缓收其利者也。澶渊之盟，寇准欲击之只轮不返，以保百年无事，远计其害者也。泾原之役，狄青已扼贼于险，而忽鸣钲收军，残寇得之无所加，而一落其术中，损威大矣，此权利害于钜者也。张绣之追操，贾诩策其必败；促更追之，而果以胜还。彼熟料夫绣非操敌，而又揣他将非绣敌，此制利害于俄顷者也。智者决策，而策之中又有不及料者焉。愚者揆事，而事之机反以露而启祸焉。关其思之，请先灭之，智非不当也，而先以见戮。曾从子之请以相剑刺吴王，策非不奇也，而反以见疑。隰子之归，伐树非不中田子之隐也，而以知人之所不言，恐反以危身。盖古人揣摩物情，虑周利害，其变态至此极矣。而谭者以为兵不厌诈，而姑录之。

夫两尧不能以相王，两桀不能以相亡，兵也者，两设而敌与我互持者也。我以为利，敌亦以为利，两利而共欲趋，如二虎搏一牛而不相下，势必俱毙。我以为害，敌亦以为害，两害而共欲避，如同舟遇大风而争先济，势必俱溺。故曰：知彼知己。彼一利害也，此一利害也，此司马懿甘受巾帼之辱、而卒以老孔明之师也欤？抑余又有说焉：将惟一心，而日憧憧于利害，无论事不可以虑定，而中先自扰，何以镇而抚乎？故兵法又曰："治心，治待乱，静待哗。"赵襄主学御于王子期，俄与之逐，而三后。襄主曰："子之教我术未尽也。”对曰：“术已尽，用之过也。凡御之所贵，马体安于车，人心调于马。今君后则欲逮臣，先则恐逮于臣，先后心皆在于臣上，何以调于马？是以后也。”夫用兵而日角利害者，无乃若襄主之先后心乎？故曰：利害忘忘，则何思何虑。

绿滋馆稿卷之八

江西丙午拟武录策

问：昔人有忧积薪而觇形于景者，戒先事也。今方内万非无事之日，不可专以俎豆之治治之，明矣。兵法大略，不越攻守、虚实、主客、奇正四端，其散见于诸家者，恶自而挈其归？其不尽于诸书者，恶自而领其神？稽古名将，如齐孙膑、吴陆逊、唐李晟李愬，昭代用兵如伪汉、宁濠华林、浰头之役，不旋踵而底定，其出奇制胜，于兵法孰合？于往事孰同乎？设稍差足，于兵法孰悖？于覆辙孰似乎？夫兵莫先于食，而屯田、挽粟，其大政也。乃今弊极而世难言之，故袪弊于隐则救焚也，按古于今则镜览也。不佞方厌文求实，诸士无曰我武人也，病寡文而故饰之草莽。

臣纵观当世之故，痛于中久矣。十年而四寻师，九边而半枵腹，千里而遍道殣。孀妇已老，戎且生心。粤夷巢居，有似养虎；倭奴犹伺海表，诸酋争长鬼方；中涓反噬滇民，大吏半虚要地。迩者一岁之中，楚为鱼，吴为槁。四方灾旱日闻，业已形见，讵曰景觇？业已火然，讵曰薪厝？令孔子而当夹谷，宁复佔佔俎豆，讳言武哉？顾谭兵说剑，纸上之孙吴；高论远稽，冢中之朽腐。执事举其要契，质以近事，此约言也。请以臆对。

夫兵家变态万形，大略无逾四端：曰攻守、曰虚实、曰主客、曰奇正。法则为兵形，用则为形兵。形兵之极，至于无形。突来飙起也，突出电收也。或赴之若惊，用之若狂；或以迂为直，以患为利。或嗔可复喜，悦可复怒；或死而更生，败而反胜。或发机于前，成事于后；或藏而莫之知所终，起而莫知所始。有三发而一知者，有十缄而莫知者；有事定功成而士犹不知者，有将自为之，而将亦不自知所以者。故我为攻彼为守，我为实彼为虚，则主客之形分而正生。我善攻，彼善守；我击虚，彼避实，则主客之形变而奇生。攻莫知守，守莫知攻；实忽为虚，虚忽为实，则主客之形泯而奇正旋生，此谓无形，此谓至神。故按法交绥，胶柱之赵括也；践形而离其神，舍筏幸功，用罔之马谡也。强神而失其形，微乎！微乎！此可以书传，可以口喻者乎？

伪汉之役，敌以六十万众合围洪都，客反为主；而我以二十万众千里赴援，主反为客。乃竟六战歼之，何也？将众寡劳逸之法弗验欤？非也。友谅，骄虏也。躁欲快于见功，不知此第可中绝而夺我援道，别将而批我建康也。水上则我得依阻焉。《法》曰：以一击十，莫善于阨。以十击百，莫善于险。我则陆逊之救夷陵，彼则慕容超之战临朐也。宁藩之役，敌以乘胜之兵，突攻无备之皖城；而我以乌合之卒，径攻有备之贼穴，乃竟七日灭之，何也？将进退攻围之法弗验欤？非也。宸濠，疑虏也。第恐皖袭其后，不知所攻者面江之城，而可以力守；所守者，吉之下流，而不难俯攻者也，攻守盖两失焉。《法》曰：不知军之不可以进而谓之进，不知军之不可以退而谓之退。我则孙膑之直趋魏，彼则庞涓之还击齐也。华林之役，贼杀我宪臣，且绝险负固；承勳以数语激猛酋，其夜兵傅贼隘，而猛尚不知所往，乃以降人黄奇为向道[1]，而潜师拔之，此善用奇者也。

《法》曰：动莫大于不意，谋莫大于不识，李愬之擒元济是已。浰头之役，池仲容阳比阴贰，以弟觇我。守仁顾厚抚之。及卢珂等告变，佯系之狱而密谕以意，仲容亦谓守仁伎俩止此耳。卒之身往为擒，而疾破其巢，此善避实者也。《法》曰：鸷必先于匿形，事莫密于用间，李晟之于田郎是也。假令友谅知难，而一败辄归，则

① 道，同“导”。

曹瞒之华容也；即帝王自有真，而犹可再举。始以不善阵[1]而败，卒以不善败而亡。左次未失，彼恶知之？宸濠不顾而疾走留都，则苏峻之石头也；即同底诛夷，而一时未即死。驽马恋栈豆，覆巢希完卵，败兵不复夺之鉴矣。华林不密而贼先为伏，无乃致于人而自蹈死地乎？即操号知兵，几殒濮阳矣。卢珂未结而遽斩其魁，无乃杀已降而敌众所忾乎？王允于胡杨，自挑贼怒矣，此兵机也。犹之奕，一误不胜其耦；犹之水，一决不可复收，间不容发者也。余又闻兵法曰：官不得其实，家不得其名；外不足以御敌，内不足于守国。

国家置屯而使释甲之士转而缘南亩，课以百夫长焉。故此屯田，公田也；此屯田军，皆执戈而役于官者也。以在官之军代耕公田，非若州县之赋散处民间者也，乃今亦藉口抚字矣。使果逋负在军，则司牧而亡羊也，已为不职；况复半入私橐，是虎臣而行鼠也，国则何堪？窃见有乾没而至弃官逃者，则利柄不可轻授人也。

国家罢民挽而付之军者，为军有余力，非有余财也。乃今军不任而简其他户，他户亦犹民之无禄者也，而二籍人户之多寡，不啻倍矣。昔役民，百室一空而犹不忍；今役军，什室九空而竟恬然。窃见有被役而至髡其发者，则漕舟不可不为之计也。袪二蠹，参四要，探今古于同符，操众幅于一轴，虽西江一隅，而九州形势已在目矣。愿效一割之用，自愧不文；亦知执事之责实，而恶用文之也？

山西乙卯武录策[2]

问：虏之为中国患久矣，倭则我明尤甚。以国家严内外之防，四夷绝山海之外，而时有阑入之虞；王公设险守国，于何防御与？洪武中，尝直扫虏庭，而其后，以全军没胡，至也先、俺答之骜而

① 善阵，原文作“善陈”，据义改。

② 按清初印本删去此文。而万历刻本首页亦多漫漶空阙之处，特以□标出。

极。亦尝招集海丁，而其后，藉贡舶为奸，至瑞佐、徐海之狡而极。虏一失于大宁，倭大创于辽左，则有议筑五堡者，有严根通海者，有诱岛酋而杀之、贳胡雏而膻之者，有请缨复套而志未伸、许倭胄入而谭笑定者，有倍道兼进、破虏于曹家庄者，有轻骑夜行□□□□者，有特进大将军、而挟虏要宠者，□□□□□南而内交严氏者，得失可互参与？□□□□□□□琉球新破，□□□□□次可久与？则虏何□□□□何以係累其王而又纵之归？□□□□□□躬于百年，倭毒方焰，于今日二夷之强弱异时、南北异性、水陆异战，可悉数与？《祖训》详于驭虏，而倭则戒后世绝勿与通，何烛照与？迩者建州女直、西川建苗，皆我属夷，屡为不逞。其征其抚，不妨与倭虏并用与？至夫两都王畿重地，所以肃四夷之观，而营兵虚弱，浦粮不郭，识者明知其不可，而竟为道旁之筑何与？夫谋国如弈，举棋一不定，不胜其耦。诸生其察四夷之情形，酌五方之轻重，据事直陈，指先后着，无徒以藻绘进。

天下之事几[①]，起于用壮者之轻发罔功。而其究，至因噎废食，无一不成废弛。天下之祸乱，起于徼天者之苟幸旦夕，而其究，反席危为安，一决不可收拾。夫难得者势，易失者时，可畏者萌，急图者渐。若居泰山四维之固，而不为千载一时之计；寝厝火积薪之上，而狃燕雀处堂之娱，此当局者之所坐迷，而旁观者所为却走也。《传》曰："天子有道，守在四夷。"王者不治夷狄，所谓道，自治而已。兵法不恃其不来，所谓守，自守而已。

国家改都于燕，扆山负海，扼夷夏之亢而制其命，莫强于虏。而女直、西番，其比肩之国；若建州、三卫，则夷之内属，授爵者也。莫黠于倭，而朝鲜、琉球，其波通之国；若僰苗猺僮，则夷之杂处川贵者也，时嗔时喜。夫戎之性靡常，用欵用攻，帷幄之算必胜。统论天下形势，北迫虏，而居庸则京师门户。故蓟门为要地，而宣大、榆林、宁夏、甘肃次之。南接倭，而浙东则贡舶旧道。故定海为要地，而闽广、淮扬、辽左、登莱次之。计其舆地，自京师

① 几，同"机"。

转辽阳，迄嘉峪，可万里；泛登莱，际闽广，漭洋亦万余里，因要设防。西北为九边十镇，约官军六十余万；而沿海所筑，起辽至浙，为城五十有九，闽一十有六，各置行都司卫，则汤和、周德兴之遗画，今亦不可尽考焉。此我明内夏外夷之大防，居重驭轻之大略也。执事策诸生，而急忧倭虏，请论二夷之情形，与当代之得失，而后借箸筹之。

国初之虏，非虏也，是胜国之遗裔也。胡运虽终，故号犹存，时呼种类以鼓其余烬。于是特简中山诸将大为驱除，直捣其巢，而虏益远斥大漠之外，边圉始宁。国初之倭，非倭也，是张、方之遗丑也。二雄已灭，诸豪无归，时纠岛夷以侵我疆邑。于是申命赵庸，广为招集，尽籍之兵；而诸恶少得衣食县官，海波始靖。彼一时也，虏不得不严驱，倭不得不阴欸，此太祖独妙张弛之机、而徐赵诸臣共收荡平之绩也。成祖三犁虏庭，亦主战，然以累胜之兵威，而丘福以十万骑悉没胡中，此以知虏不可远而黩也。封倭镇山，亦用欸，然以高帝之神武，而胡惟庸欲借贡艘表里为难，此以知倭不可近而狎也。倭一大殄于刘荣，百余年不敢复窥辽左，则震曜之余威，直使数世慑服。边镇一失于大宁、东胜，河套遂不可保，则祖宗之故地，胡可尺寸捐夷？也先之入犯，非虏力果能加我也，王振挟六师以轻动，实自启侮。瑞佐之肆掠，亦非倭力果能加我也，阉恩墨、素卿以构衅，实自授兵。使也先而果以虏之强，当我之弱，亦宋事矣。使瑞佐而果以倭之众，乘我之寡，已无浙矣。又一时也。

日月涤而重光，东北危而复定，则九庙在天之灵，而于谦、杨守陈诸臣之决计也。自市舶罢，而奸商外交内诇，海上无宁日。无何，东南半壁尽荼毒矣。自吉囊死而俺答独称强大①，边郡岁苦掠，无何，陵寝都城且震惊矣。先是，张文锦议筑五堡，而变起脱巾。策非不善也，而虐使之也。厥后，毛伯温鼓以屯田之利，遂成横峙之保障，即故址也，同事而利害异。朱纨严根通海而鳌，中于谗

① 强大，原文作“疆大”，据义改。

谋，非不当也，而憖发之也。厥后，俞大猷力止舶市之复，永示画海之堑，即前指也，同情而善败异。王直虽一逋夫，岛夷之田横也。诱而杀之，非信。然成大事者不规小谅，此诸将所以共持不可，而宗宪必生致之也。芟草削根，虑之远矣。

那吉虽一胡雏，虏酋之舒祺也，来而杀之，不武。况柔远人者不念旧恶，此诸将所以愤欲甘心、而崇古特尊显之也。奇货可居，料之定矣。曾铣力请复套之师，万达独以为不可。夫套为虏巢，已非旦夕；铣能复，代铣者未必能守；幸而计成，是又一交南也。宗宪欲听徐海之胄见，文华、鹗共以为危道。夫非我族类，其心必异。海可招，平城必不可胄而入；如倅变生，是宗礼之续也。虏之再犯宣大也，万达以为敌素轻诸将，请更代以周尚文。乃尚文得檄，倍道兼进，与虏大战于曹家庄，凡三日夜。合而别以壮士掩其后，虏众大败，攻其不虞也。倭之入福清也，父老以家在贼中，急请救于继光。乃继光佯言兵疲，清人大怨。而潜引轻骑夜行，黎明，一鼓破贼。邑人以为从天而下，出其不意也。内外比周则无上，故挟虏要宠者，仇鸾之小才胜德也，适以杀其躯而已；将相不协则中挠，故内交严氏者，胡宗宪之功过相掩也，君子犹原而嘉之。倭虏并侵，南北交兵，而卒保无虞者，则肃皇知人善任，而将吏之戮力勔勤也。

自虏酋款关，而边庭无狼烟之警，亦五十余载矣。大都虏所以欵，始则情牵于孽稚之爱，终则货中于贡市之利。倭所以殪，始则交惑于谍使之饵，终则自猜于说士之间。今欲制二夷，无宁以已试之术牢笼之，而更以威武慴伏之。顾自庆历以来，所为力主请封而诸部无敢异议者，谁乎？则酋妇操之也。作我外藩而倭奴不敢东涉者，谁乎？则朝鲜、琉球隔之也。堂堂中国，固不藉一虏妇、二海陬为重轻，而虏妇今且死矣，朝鲜半为倭所躏矣，琉球亦係其王而复纵之矣。此时而侈言于波恬尘清，而幸无患，即庸夫亦知其不可，而未闻有先事之备，何哉？备之之策，攻战而外，无出封、抚二说。顾不察虏之情形，而侦其雄雌异同之故，封未可固也。不察倭之情形，而侦其阴阳离合之故，抚未可仗也。何也？诸部落方迭为雄长，其愿而欲欵于我者未必合，而俛首以从也。且近塞而猎，则情已露也，无论欵与否，而边防当急也。

二海邦于倭为剥肤，其迫而畏悍邻之暴者，尤胜于怀中国之字也。且已俘而还，则明市恩也。无论附与离，而海防当急也。顾中国之于夷狄，非利之，又非畏之也。攻者攻其所必欲抚也，若攻而非本之以抚，则攻为狼贪；抚者抚其可无再攻也，若方抚而复烦我之攻，则抚为养虎。临敌而问战，是见兔而顾犬也。战者胜于未战者也，守此而失彼，是得豕而亡羊也。善守者无所不守者也，其说已详于古法，而愚以今日之形情，揣摩而意合之。兵法一曰得天时。夫倭不耐寒，虏最畏暑者也。使防倭者养余力于秋冬，而防虏者稍息肩于春夏，则劳逸之情得也。二曰识地利。夫倭以海为限，虏以骑为蔽者也。使善水者遮之于海洋，而善骑者拒之于关，则水陆之便得也。三曰卒服习。夫南人之不惯于边，犹北人之不惯于水也。若调南兵以戍北，而调北兵以戍南，夺其所习而投之所苦，则两不相中也。四曰利器用。夫车战之不利于南，犹舟师之不可行于北也。若藉火车以格倭，而操短戟以接虏，舍其所长而用其所短，则两不相当也。虏长刀大镞，铠马连骑，非大众，不轻与我相角。倭袒裎跳跔，跳间逾寻；即一人，亦可奋呼直前。虏志在娄窃，每一大举，颇有劳费；若得不偿失，懊悔无已。倭性极惨刻，凡所过地，恣为屠掠；余囊不可赍，即付烈焰。虏入塞内，水草不便，计日数程，不能持久；倭于闽浙，嗜欲颇同，突倏千里，随地可巢。虏藉骑力，入寇必先晾马，故动静可伺；倭凭风帆，风便瞬息可至，故出没难窥。边地亭障相错，城堡相接，虏入，我可清野；南方邑多村落，布散星列，倭至，遍为劫资。倭既越海，十无一还，每沉舟以示必死，故当遏其来；虏一阑入，多捆载归，每恋驼橐以保所掠，故可尾其后。倭不数来，来则南兵畏，而不谙与倭战，故始多挫折，视北兵稍见为弱；虏今亦久欵，欵则北兵亦忘昔所以御虏。故玩则不振，与南兵同渐于以弱。

夫欲弱者转为强，而强者益以强，则当简贤将而日督之，鼓舟车而时练之。舟欲大，大则御舻而守，无异濒海而城；车欲轻，轻则转轂既易，上下山谷皆便。车必火具，虏所畏也；舟尤防火，倭所长也。昔人有谓边墙糜费，既筑矣，亦防御资也，奈何坐视其圮？又谓朝鲜不足恃，既援矣，则我藩篱也，岂宜更失其心？夫胡虏无百年之运，而倭奴当爝火之燿，故自元祚既终，虏即强悍如吉囊、俺答止耳，不过劫掠自封；自清正构祸，倭酋雄心视徐海、王直倍焉，乃敢假仁兼弱。所幸倭隔大洋，风马牛不相及，无更听其诡辞，而以贡市引之；虏可货中，但寓战守于欵，不妨姑豢其欲，而以贡市縻之。

《祖训》详于御虏，而戒后世勿与倭通，筹之熟矣。□□虏□外，今之为辽寇者则建州夷。然于我既名内属，而于虏必阴相疑忌，若董山之于朝鲜，可参而得也。为蜀寇者，则建昌夷獠犷徒，逞猛噬之，触而不识进止之机，若播酋终于扑灭，可衡而度也。酋久怀异志，幸余种未兼，犹有却顾；则连结宜巧为绝蜀，虽久苦兵，然不逞未创，骤为议绥，则五路终梗弗通。故此东西建也，而情形亦异，诚得如马文升、林俊其人者和辑其心，而相度其宜可也。故夫不察夷情、妄议攻抚者，皆败道也。然此犹外忧也。若夫京畿为天下腹心，留都係国家根本，乃以京兵之尺伍，而半寄空名；一旦有急，则攘臂走耳。谓宜如于谦之分为二军，减弱之半菽以益强，然以私虑脱中而旋止，则虽以肃皇帝之威武，亲睹庚戌之变，而不能祛京兵之积弊。以浦口之囷仓而城□不郭，一旦有急，则赍盗粮耳。谓沿江为堤，依堤半筑以备缓急，□以江役□□□□，则虽以太祖之神圣，当经营之始，而不能保百年之无事。夫观变相机，我当立决；补偏塞罅，岂无后贤？不思势必终蹶之虞，而徒托计欲万全之说，待河之清，日月几何？所以事必不可立，功必不可成，而因循犹豫，为祸滋甚也。及时乘势，忧萌杜渐，以壮两都、抚四夷，而再振二祖、肃皇帝之威灵，则今日之急，不啻救焚拯溺矣。执事不欲以文藻课诸生，故不敢逊不文，而直以臆对。

继杨左都合纠魏忠贤疏[①]

太常寺等衙门臣胡世赏吴士奇等奏：

为权珰罪恶已彰，天威驱除宜决，乞赐睿断，以安宗社事。臣闻天下事每兆于微而酿于著，觉之微而蚤图之，为有策；迨其著而始图之，为无策。况形久彰著，势将决裂；不即伐灭，必至燎原者乎？是在君心之立断耳。尧舜诛四凶，乃所以为尧舜，乃所以成唐虞。今皇上冲龄嗣统，聪明天纵，英断夙成，天下仰为尧舜之主，岂容有奸人在侧者？如东厂太监魏忠贤，其奸为都察院左副都御史杨涟所胪列，从来者渐，匪直微，而且著矣。此非涟一人私言，是通国人所共闻共知，通国人所共愤共忧者也。疏一上，意皇上见而怒、怒而断，与天下共弃之，乃犹然频取温旨。一时大小臣工受国厚恩忠义所激，皆愿合力图报，为君侧剪此大憝，谁肯隐情惜死？说者曰：忠贤大奸似忠，大佞似信，奉皇上于潜邸，为日久矣！皇上遂因其小忠小信，渐假以威权，而不觉至此极也。夫似忠似信，正忠贤之所以为奸佞。至于进有傲色，退有怨言；恩多成怨，怨甚滋横；时而矜持，时而败露，且并其小忠小信，而亦渐成跋扈之形，将视皇上为何如主耶？

臣固知皇上聪明英断，恩威莫测，有莫操其机秘而善用其神武者。忠贤欲欺蔽皇上，而皇上终不可欺；欲愚弄天下，而天下终不可愚。何俟章满朝绅？第奸未发觉，犹且弥缝；既已昭彰，必无顾忌，惟有早断以去之耳。昔人谓宦官之祸，人主初不宜假以威权。倘今日忠贤之威权再假，决裂将至，其祸中外，尚忍言哉？故诸臣未言，而妄谓皇上不知，犹可待也；诸臣言，而明知皇上知之，不可待也。宋儒曰："人主于臣下，知其奸恶而不能去，不若不知。"诚恐奸人上有以窥人主之浅深，下有以弄图脱之机械，发而难制、蔓而难图也。汉唐宋之季，宦官流毒，始于缙绅，终于国家，覆辙

① 按此疏为万历刻本《绿滋馆稿》所无，清初吴之騄等重印时据家藏手稿补入。

相寻，无暇远引。即我朝之处刘瑾、冯保，祖宗家法具在。伏愿皇上大奋乾纲[①]，立决英断，使其先去君侧，徐议处分，斯宗社四海之福也。书之史册，谓皇上法祖除奸，如尧如舜之举动，远轶汉唐宋万万矣。

臣等一腔忠爱，谊难缄默，谨合词赍奏以闻。皇皇下情，无任恳祈之至。

绿滋馆稿卷之八终

① 纲，原文作“刚”，据义径改。

绿滋馆稿卷之九

赋得霜叶红于二月花

绿叶经时变，霜林九月红。本将衰草并，嘉与艳芳同。嫩色娇寒日，柔条缓劲风。年华长自在，剪采笑徒工。

蔡女还朝

汉庭已绝中郎笔，虏帐犹存女校书。黄金赎妾应有意，若道容颜故不如。

明妃图

半臂琵琶马上珰，佳人脱尽汉宫妆。含羞却为和亲耻，促指不禁别怨长。

题蕉石图

高斋闭户绝来往，片石素华心独赏。何须问竹向东林，一枝凌乱即苍莽。

挺挺新竿半卷舒，离离接叶复扶疏。妒风碎作先生柳，醉墨洒为狂衲书。

彭　蠡

湖水春平极望中，更看霁日倒含空。波清千里山河壮，地控三江吴楚通。野店滩头堪取醉，轻帆月下好扬风。独怜白骨沉沙碛，犹忆当年陷阵功。

除夕次芝山驿

湖南湖北正相望，年往年来徒感伤。孤舟荡漾春风转，驿路逶迤残夜长。万籁自吟随自寂，寒江暮雨偏声急。高城燎火灭还明，傍艇儿童喧且泣。世事茫茫如等闲，咨余久禄係微官。十年待漏勤朝谒，一梦于于晏度关。

秋日同何受所毛具茨游神冈山

寒山落日动秋风，怪木苍藤古梵宫。籁不关人喧亦寂，华如过眼色为空。重苔曲径僧房僻，返照归帆井里通。更向东流邀月影，钟声倒听沸波中。

述　意

大道直如弦，亦复如弓曲。咨彼江东掾[①]，痴直独守拙。二毛犹强抱，一经无谒客[②]。尝闻君子交[③]，如兰亦如水。吐哺嘉姬公，悬榻诵孺子。门罗岂交薄？还我自疏却。扪虱时开座上襟，白眼时

① 掾，原文讹作“椽”，今据《晋书·张翰传》改正。

② 此句原文作“一经门无谒客”，“门”字为衍文。

③ 原文此句前有“庭草碧”三字，为衍文。

觑世中情①。独鹤当阶翔且舞，咿咿寡和栖何所？

送张近阳左迁楚藩

离亭柳色共江清，执手衔杯赠别情。谩喜春风随至辙，独怜芳草促归程。荆吴相接看云远，章贡合流激峡鸣。多少才臣放逐楚，滔滔千古泣湘声。

夜过东林寺

百转流泉一径深，虎溪雪月旧山阴。堂空玄度僧高卧，桥止远公客过寻。能向暗中窥佛日，便于马上亦禅心。夜沉万籁喧归寂，忽听钟声动晓林。

别炉峰上人

川鸣疑虎啸，客去觉山空。惆怅桥边月，当年别远公。
石床堪卧客，明月复留人。虚窗闻梵语，隔水忆为邻。

赠　别

平芜草色半衰黄，一曲离歌赠别觞。马首欲东舟欲北，秋江到处逐人茫。

客有白头娶妓者笑为妓咏

春荣秋瘁不同时，花落花开总为谁？眉头苦恨妾难语，镜里流霜君自知。

① 原文“时”字后面衍一“见”字，当为衍文，今据文义删。

夷陵道雨

匹马山蹊暗，敝裘夜雨寒。未度巴中险，先歌蜀道难。

晚陟三峰顶

雨来山欲暝，古刹晚鸣钟。风送千门落，声还第一峰。

蜀道歌

两山合沓带回溪，溪既漾兮山欲低。野水无航天漠漠，好将一苇度余西。

两水分流疏积石，石既迤兮水欲逆。寒江独夜月沉沉，片帆影动波千尺。

过白帝城观八阵图石

历历沙中石，萧萧江上城。犹夸帝子国，更道汉家营。空碛时腾雾，荒屯昼卷旌。古来几跃马，独识卧龙名。

巫　山

胜境饶佳色，空山自好音。云来疑有意，雨度本无心。妖梦岂能践，女郎何处寻？荒台朝复暮，今古几登临。

唤鱼不至

微云度石渠，顾影谩踌躇。物性终难狎，机心我未除。浮沉生幻相，飞跃悟空虚。谁识观鱼者，意原不在鱼。

滟　滪

孤根夹浪涌江间，百二层峦片石关。急峡倒流天上水，高滩下指榜头山。鸣金发棹舟无畏，兀坐焚香意自闲。为报风波前更恶，来朝走马复跻攀。

天然桥

玉柱为梁跨碧空，地维天设岂人工？乍惊绝岸星河阻，更藉浮槎云路通。怪石驱鞭摇海日，丹梯蹑屐御高风。题桥只少旧司马，应是仙郎留汉宫。

凌云寺　有郭璞著书台

江上春开遍九峰，雪消天半削夫容[①]。从横漾荡五溪棹，远近声分三寺钟。花为当蹊偏色媚，柳因带水更烟浓。嘉州自古多风雅，独向荒台问故踪。

山　居

世网倏然脱，门罗长自闲。残花飘壮志，芳树寄颓颜。家近草玄阁，时从问字还。穷愁欲有述，汗漫未能删。

同鲍中素洪桂渚毕见素宿圣僧庵

为问枕流处，更占洗眼泉。空堂还见圣，修竹自招贤。梵影连

① 夫容，同“芙蓉”。

墟里，溪喧到佛前。寥寥声渐寂，忘相并忘禅。

峨山独尊台　台下有佛光，鼠雀狎人

明光半壁悬，偏照佛台前。能悟空无相，须知影亦缘。机忘群鼠雀，心净豁岚烟。遥忆千山雪，更穷万里天。

不到寺

不到强名到，非僧意是僧。钟传谁受响？影现不关灯。地僻禅心净，天空法界弘。眼前皆佛境，何必踏崚嶒。

龙门洞

峨山何崒嵂，此地独幽深。谷狭桴斜入，风多水杂吟。野桃成小果，壁草倒垂阴。仙境信难测，还羁去客心。

歌凤台

王风久不竞，斯道痛谁援？愿托歌中意，无烦车下言。鸿冥既远去，凤举亦高骞。所以归欤叹，独思狂士贤。

双飞桥

飞桥缭绕接云天，百尺山头瞩九渊。却怪银河影似复，更惊白练劈还联。

福寿寺

迢遥西上接中峰，福地弘开万法宗。流水仙源一片石，荒台楚客数株松。楼空色映他山月，谷转声兼别院钟。老衲夜深前席罢，卧怀余语淡弥浓。

莎萝花

灼灼殊方花，离离山谷间。容色岂不好，羞为桃李颜。平堤堪小憩，低枝坐可攀。净理一朝悟，空林万事闲。趺看余花落，山瞑余亦还。

游天海遇雨复霁

两庵相对列云中，万壑千门一径通。丹灶不炊炉欲火，弦泉自鼓浪腾空。草衣半染薜萝雨，石枕高闻松柏风。杖策攀崖惊倒屣，笑余胜具夺天工。

洞门晓辟雨初晴，遥望莲峰出化城。怪石千重何所似，巉岩一半不知名。空林日冷僧高卧，斜谷花飞客笑迎。一点禅灯孤夜榻，诸峰历历梦中明。

送洪平叔还光禄

回风拂柳系行镳，樽酒班荆对旧寮。紫气朝来春送色，白门晓度月初潮。离亭泪洒忧时切，远树愁看寄陇遥。匹马郊原萧索半，尚方须惜圣明朝。

夜同去疾季常子建仲蔚越石赏梅值风雨

一曲关山漏暗催，飞花急雨促行杯。风飘素影萦窗入，水动寒香拂席来。冷艳欲随残腊尽，余芬留傍众芳开。无端忽忆仙郎梦，空向江东叹落梅。

夜电见落梅

寒光摇赤电，妒雨共花飞。碧池春濯锦，珠树夜生辉。

风云席上生，明灭空中索。看花别有情，非关开且落。

赠心月 庵傍有千树桃，书院踞其上

重门千树合，半榻万缘空。莫教花下笛，吹杂梵声中。

独坐壶天寂，书声别院多。禅心如有待，玄度夜相过。

赋得迎妾赎马

鞭逐悲风切，镜分别怨深。独怜千里骨，忍负百年心。历块寻余踠，登台整旧琴。莫将连骑意，复苦白头吟。

龙影从空落，蛾嚬带恨归。轻蹄摇宝髻，纤指按金鞿。草色迎当径，香风启故扉。骄嘶与笑语，人马欲相辉。

牝牡还相匹，弃捐幸所依。亦知齿且长，言念还[1]难违。伏枥思长驾，披帷叹短衣。衔环永不没，刎颈矢同归。

① 还，康熙重印本作“好”。

送姚承庵还吴兴　公著《疑问》诸书

余僻和弥寡，君贞知亦希。何当长者辙，独扣故人扉。陶菊秋深吐，吴菰霜下肥。偶逢关令尹，强为著书归。

赠黄翼腾　并序

翼腾居余里三年，近益奇其术。医重世业，而翼腾父曰腾宇，雅有声吴越间；又其人恂恂，居常鼓琴一曲，此意谁能解？气和则人和，深于理、进乎技矣！

筚门成小隐，喧市亦幽居。弹指舒民愠，下帘读父书。年衰需药物，病瘤问真如。卜宅幸依子，上池时取余。

送杨少簾　并序

少簾雅好游，所过辄去，未尝久淹。独客余里再岁，忽弹铗思归。征车既发，其友潘景升、胡嗣玄及余昆弟左干、去疾、皋倩、子建、越石、象成，送于河梁。时维春半，柳色垂青，攀条泫然，音从感发。于是少廉首为楚歌，诸君子属而和焉。野踟蹰而重违，情缱绻而冀反。言不尽，申之以诗；诗不尽，托之于画；画莫能图者，心相喻而已。

结发推吴侠，壮游作楚才。客心春草换，归思落花催。溪转湘声似，天清海色来。攀条吾友眷，去去复徘徊。

楼　居

闭阁堪逃俗，二毛暗欲侵。千山时寓目，一榻独知心。开简半忘义，信歌自好音。归来学种柳，窗外已成阴。

同昌国、于蒲、仲辉、汉冲过胡六虚麓柴

君归苦作客，余倦亦抽簪。玩世荣同薄，破愁酒共寻。涉江邻父兴，留骑故人心。笑语花间肆，频须我辈临。（门有酒肆）

春日同兄叔夏、弟素臣饮济美叔南庄，信甫兄夜至

青原虽在目，不厌日攀临。桃李自呈色，风涛谁辩音？樽空犹迟客，花暗欲留禽。野旷春灯散，烟光合射林。

汉冲馆　有石，汪伯玉所题

客舍洵如传，重游喜有依。林空山入牖，汀转水周扉。题柱怀司马，赠袍睠布衣。五陵多侠少，花萼自相辉。

十月丹桂

灵山笼瑞霭，天帝遗奇葩。已振三秋秀，重妆十月华。瑶枝承露冷，火树报春芽。零落丹心吐，含芳向晚斜。

题江相如归自蜀读书秋山图

霜清林木疏，豁达快高居。一扫千山障，徐开万卷书。枯茵囊帙卧，残穗带经锄。读罢青灯冷，声销闻自如。

秋至睠良友，凄风暮倚庐。惭余疏半豹，感子惠双鱼。素野乡园趣，青缃国士书。搜笥增蜀简，夜案倍吟余。

绿畴馆

梁园桃与李，朝植暮成阴。花扑双扉掩，香浮众壑深。古槐含野色，修竹度清音。暑以微疴却，书缘断简寻。绿萝从子好，黄绶岂余心。不尽东山兴，乘秋约再临。

归　田

十年苦吏事，夙志在烟霞。侧径半栽柳，石田强种瓜。交渠临小阁，架陆作浮槎。老挟鲰生帙，居邻渔父家。开轩山霭入，隐几日阴斜。达士贵知足，人生讵有涯？甏头如不乏，身外总空花。

崇文书院

翠微开讲幄，高阁耸层嵚。地僻兼天迥，堂空入室深。卜居宜远市，习静欲潜林。世泽俨如在，羹墙肃所钦。有邻天下士，不朽此人心。霜落榛芜扫，春晴桃李森。诗书敦宿好，钟磬嫋余音。大道贯终古，斯文未丧今。浮生虚半百，投老惜分阴。驽马已甘伏，应龙谁作霖？白眉欣崛起，紫气卜来临。缅想归欤叹，还于乐处寻。

游山屐

归来登眺倍耽情，愿借双凫一壮行。驾石鞭风惊疾足，千峦踏尽片帆轻。

书案落花

露压香沉花欲眠，吹风倒上案头编。检来字字惊题笔，一片云霞散锦笺。

妆台落花

靥黄匀粉罢妆台，一点红脂风送来。才着小唇春满面，笑看花落复花开。

流水落花

点点轻红破碧漪，牵风荇带自追随。无情东逝讶何急，栽[①]得娇花故去迟。

走马落花

白马青丝紫玉鞯，轻蹄缓辔冶花前。春心欲说鞭梢上，偏打飞香逐[②]少年。

王　姬

君知妾貌温如璧，未识妾心坚似石。举袂长吁不丈夫，彼姝亦自羞巾帼。可怜误堕酒家胡，感君加我掌上珠。男儿意气肝可裂，贱妾宁复惜微躯。

黄柑篇

庭草犹自茫茫绿，黄柑一半先就熟。攀条欲折还复罢，馨香未堕已盈把。亦言剖之甜如蜜，我欲霜下掇其实。

① 栽，康熙重印本作“载”。

② 逐，康熙重印本作“簇”。

次睢州大雪

简书家拜趣西行，冒雪间关千里轻。云卷素华平野旷，风连虚白淡空明。寒鸦日影孤臣意，疲马天涯游子情。冷舍萧萧兼岁尽，不堪暮鼓急更声。

除夕宿荥泽

残华落照半荥川，千里征车暂息肩。地界两河犹比邑，时分一瞬已殊年。旅亭香传占春早，震旦天开爱日悬。万国欢歌同正朔，不禁乡梦白云边。

太行山

缭绕连西极，从横作冀城。千峰蹝马足，万壑散鸡声。雪暗河山合，风驱驿路平。春行逢霁色，倍觉荡游情。

奉和直指苏公同二司明远楼对月

高楼天耸碧嵯峨，帘卷晴空受月多。瑞应编珠开石室，辉连合璧动银河。氛消万里澄清影，漏肃重门散夜歌。遥忆武昌秋兴远，隔墙云度欲相过。

过长平

马首西来当岁旦，千山簇簇春漫漫。忽过长平生野寒，白日无光倍凄惋。此地曾交秦赵锋，一朝死士四十万。秦人何巧赵何拙，令严计密无敢泄。军麾一指杀气腾，骈首触机地迸裂。镞骨至今尚尘埋，哀壑深阴渍碧血。鬼歌鬼啸夜啾啾，哭索头颅恨未休。权幕一言飞剑出，虎臣已先到杜邮。同作国殇久已矣，空余战地为谁愁。

张葵庵留饮出三尺童为戏戏而次之

偃偃出华堂，千般惹客肠。风流别一样，弱态闹新妆。机断商郎泣，云遮小妹藏。（皆作剧）笑啼浑习惯，叫跳自然狂。娜娜掌中舞，低低胯下昂。花间蹴影乱，灯下觑人忙。世事等儿戏，人情厌故常。涂羹昼作饭，竹马夜登堂。阙党无童子，大人而色庄。本来犹自在，莫较短和长。

晋中除夜

斗转云移欲曙天，香猊初喷蔼新烟。莫言冬度寒宵尽，还托春心系去年。

戍楼响促五更风，宿酒未醒岁已终。无限去来迎送意，寥寥只在数声中。

百岁丛中岁再新，新陈相禅倍思亲。不知白发今增许，虚度冬温又过春。

梅花应已漏春光，帘引东风思故乡。驿使不传江上信，小窗斜倚暗生香。

端　阳

雨涩榴花暗，樽开竹叶浮。渡喧来楚舞，波泣引骚愁。艾虎怀中弄，蒲觥膝下酬。忘忧惟藉草，柏泪欲沾眸。

正子有苦疮吟，余亦同病，和之

病榻唯青史，闲庭半绿莓。支形堪笑影，瘦骨独怜才。危坐愁能耐，短歌剧欲催。把搔相慰问，林下煦风来。

题荷桂双花图

万卉入秋黄，阿谁似六郎？露姿偏有态，云步欲齐光。绾作连枝瑞，疑为并蒂芳。微风披拂处，交影暗生香。

斗黄雀

雕龙已受绁，猛志犹怀争。短距张雄翼，啾鸣鼓哄声。能惊四座盼，衹为一身轻。弱类不相恤，何为更自倾。

斗蟋蟀

肃杀当秋令，草虫亦奋呼。笼驯同伏枥，穴斗似乘嵎。堪笑怒蛙蠢，更怜螳臂愚。何如此轻迅，王孙掌上娱。

雨中牡丹

莫愁风雨妒，雨过更花妍。绿叶含烟暗，红葩渍水鲜。沾衣香欲染，拭面态堪怜。忽悟空无色，胜情独爽然。

月下同子建百昌听泉

和风初拂野，山月照泉鸣。只觉一根净，徐听万籁清。细流无急响，虚谷有余声。孍孍随波去，回看一片明。

学　稼

□□郧侯还，青门瓜正鲜。狂疏君子履，老学野人田。岂不疲躬作，所羞逐执鞭。情怡形亦适，忧国独祈年。

种　葵

园葵不厌采，日日给烹鲜。下箸徐腴淡，释锄便草玄。宁为肉食哂，无取献芹怜。快鼓小人腹，高歌七月篇。

秋社琵琶曲

万井庆西成，欢娱夜不禁。飞光迎晓白，流火入秋深。击壤淳还古，闻琴喜溢今。烹羔三日醵，观社五方临。翠幕停书案，香闺罢暮砧。人肩挥雨汗，马足踏春心。黯黯灯初淡，喧喧鼓变音。危弦啼女怨，急管促神歆。夜绣哀钟尽，霜衣暗雪侵。空华牵短梦，落月散余吟。分俎各归炙，斧冰同纳阴。春秋怀易序，苦乐更相寻。东作占风早，吹烟已满林。

张父母威怀辽海歙州士民翘首霞山益用西睠余因为两地歌

雁塔初题云路通，狼烟一扫载歌风。声清铃阁文为武，万里纵横西被东。（士歌）

江头海角听波声，风动南枝辽水薰。且向余棠思召父，还于大树翼将军。（民歌）

吴用张书窗九月梅花

十月寒花九月开，秋窗春兴共观梅。樽中闲说河阳事，一片飞香苕上来。

衰草连堤万卉萎，西风吹送上林枝。未先春杏占云影，且逐秋兰斗露姿。

楼居歌

南楼纵目掩西扉，面水背嚣聊乐饥。学圃学耕嗤不就，呼牛呼马快知希。

桐阴秋入炎更冷，槿露朝晞黯复辉。枕帙听泉泉不尽，好将倦眼傍萤归。

赠杨调吾

西吴杨调吾兄弟并精医，余去苕十载，而调吾过余，时年垂七十。问其兄，物久矣。感而赋此。

苕水依然在，吴山缈何极。有客曳杖来，欢然叙旧识。苍髯非故颜，欲辩仍还失。越人术虽工，乃自折其翼。惟君寿且康，是擅摄生术。十载各浮沉，二老竟弱一。游子今何之，将为商山匿。徘徊东路歧，朝云看旭日。倬彼吴仲子，采药有遗迹。咨余旧令尹，感怀咏蟋蟀。

秋无愁

翠眉剪，红英黯，万象彫万情。说能识亏为盈，始笑巧亦拙。帽落顶寒，篱破踏花残。红叶任嘲诗几首，蟹龟徐受酒一斗。白眼空长天，狂噶不留日。归去，归去，三径犹存，四腮正美，摇落休悲宋玉。

送马以容入京 时为宣城广文

君才少负名，不减谢宣城。春入他乡思，花飘独旅情。一樽敦夙好，片语慰生平。壮游仍揽辔，看云又送行。

赠吴用张

窗空乡月悬，客帐独凄然。壮志羁千里，贫交忆十年。寒灯摇铗影，宿鸟乱溪喧。笑入封侯梦，披衣起问天。

伯嘉叔摇绿轩

玩世仍栖市，避嚣独面田。短墙疏野旷，斜柳度邻烟。弹指局中变，醉歌花底眠。胜情苦倦足，坐啸白云悬。

赠鹫云上人

鹫云精青乌术，居浔水上，余旧游也。偶过新都，书以赠之。

不说西来意，整袈但叙故。片云起钵中，散作千山雨。

清明过三溪

雨歇山交翠，回溪转曙光。鸟过鱼乱影，花碎草分香。谷吐惊岚变，川鸣讶峡长。故园柳正拂，依依感道傍。

香泉寺

祓禊当春曙，香风满浴川。气蒸晴亦雨，波喷暖生烟。净土神工凿，丹炉法火传。一洗众生劫，分流万井田。

香泉僧请余浴笑答之

波际任浮沉，何关不染身。未悟一根净，安知四大真。厌尘思濯水，入水复同尘。别有临池趣，休随逐臭人。

濠梁阻风

飘风危绝岸，急雨荡孤舟。岂谓观鱼乐，翻成立马愁。乍惊鲲化鸟，转忆蝶为周。总付千秋梦，惟余一水流。

徐玄仗南洲书院

湖爽早知秋，凉波殊快游。横桥通竹屿，半阁倚花洲。倦榻青缃伴，高轩斜月留。柴门才送客，又入剡溪舟。

彭　城

登台戏马载歌风，千古兴亡转盼中。泗上久无汤沐邑，彭城谁觅楚王宫？当年逐鹿徒夸捷，今日覆枰总是空。忽见汹涛惊叱咤，奔腾直下过江东。

传黍无鸡食无鱼怜其未苏戏为答客

根皮啄尽始生稊，觅得糠粃炊客糜。脔不掩盘君莫隘，牝鸡已割种无遗。

二簋再羞复草疏，知君又诧食无鱼。击鲜膳从小人事，川竭鲋枯焉取余。

戏　咏

风帆一过水生香，何处吹来轻薄郎？不识鹊桥应有偶，强随鸳队学求凰。

采　莲

纤纤玉指按舟行，荡入花心纵复横。香径未铺莲步敛，绿波微荡柳腰轻。

长安道

马去车屯昼起尘，一番雨过一番新。赠袍莫恨无知己，按剑那堪是故人。

自　述

结发请缨渐白头，一官十载愧宜休。据梧忽入牛衣梦，笑向东风整故裘。

流民复归

和风轻拂柳初低，久窜新归迷故蹊。犹识去时啼血处，泪痕半带雨淋漓。

宝应阻风

停桡暂泊水中坻，急雨轻舟自荡移。才脱如焚歌解泽，复愁久客益凄其。日边人去青枫远，湖上秋高红蓼垂。却笑酒狂方病渴，沽来鲁水亦甘颐。

中秋江上五更月

乡月思云际，孤光独旅依。山冥分水影，西没转东辉。箫鼓有终曲，鱼龙亦息机。含华疑避晓，余照落征衣。

山　居

累心余独遣，随境自悠悠。修竹清阴昼，疏桐明月秋。抗情嘐慕古，卑论且同流。坐得一丘趣，无须五岳游。

雁荡　*有龙湫老僧二石最胜*

一水天中辟，诸峰俯视低。龙蒸石吐沫，僧老藓成堤[1]。嫩草怯承露，浮花半染溪。雁归春寂寂，遗浦复云迷。

绿滋馆稿卷之九终

① 堤，原文讹作“提”，据文义改。

考信编征信编

緣滋館稿九卷考信編二卷徵信編五卷

〔明〕吴士奇撰

北京圖書館藏明萬曆刻本

附《四庫全書總目·緣滋館稿九卷》提要

考信徵信編小序

吳無奇與余同舉進士並振鐸並拂衣其後銓公每啟事或甲吳乙李或甲李乙吳未嘗不茹相連也既同翰於澥而無奇出其所編考信徵信屬余序之無

奇上下古今緗褁以累百兹特一斑其著論有宗而稱援甚覈其所是非非是如衡懸如水準徃来遼中而乾柱坤維有屹然不可動揺者余嘗謂有空千古之心胸而後可與考古有空一

考信征信编小序

吴无奇与余同举进士，并振铎并拂衣。其后铨公每启事，或甲吴乙李，或甲李乙吴，未尝不茹相连也。既同翰于淛，而无奇出其所编《考信》《征信》属余序之。无奇上下古今，缃袠以累百，兹特一斑。其著论有宗，而称援甚覈，其所是非非是，如衡悬，如水准，往来适中，而乾柱坤维，有屹然不可动摇者。余尝谓，有空千古之心胸，而后可与考古；有空一代之心胸，而后可与征今。若无奇，真其人也，则是编之传信必矣。余懒慢无所成，何堪以羔袖为役，盖吾乡李文节先生之品无奇曰：清劲绝俗云。谨序。

万历庚申秋温陵年弟李叔元书

后 序

余族前太常恒初公，在明天启间，与同官胡君世赏疏纠魏珰，珰知其属藁也。既而矫旨令自陈，太常揲得《观》之三爻，大书于壁曰："进退惟衡，观象洵当，观我应从谁？主从好，未可从人。"遂挂冠归田，以著述终老。其自言曰："余质驽而志迂，好观今古载籍。自释褐日，博求国家典故，窃不自量，欲为《副书》，以备正史财择。草创未成，老冉冉其将至矣。"考太常生平宦迹，莅郡县，佐度支，视学政，守藩辖，以清慎称职，乐育人材著声。初未尝一与馆阁，探秘府之藏，膺纂修之任，乃能取有明二百余年之行事，为《副书》一百卷，繁简得中，本末兼备，直与子长、孟坚驰骋上下，而是是非非，复不谬于圣人，岂非所谓豪杰之士哉？今上御极十有九年，修《明史》，捐忌讳，求遗书，部檄行新安，取太常所著书，而遗稿散轶，仅有绿滋馆所梓《考信编》二卷、《征信编》五卷、文稿八卷、诗一卷。先大父尔承公读而好之，故其板独存。太常固不以诗名，第于《考信》见其论古之识，于文稿见其人品之方正、学术之源委；而《征信》一编，则节取《副书》之片羽，倘亦兴有所会，时无所忌，遂偶刊布之耳。余读其《逊国忠臣传叙》，谓当与靖难功臣并垂不朽；论河渠，谓禹功治河重在尽力沟洫；议大礼不抑张、桂，原道学不排文成，盖不袭老生之常谈，而确有所见，遂以成其独是之说欤？太常诸孙，有若翊、若葵等，俱隐于医，能持禁方活人。而若翊近所裒辑太常公《副书》全稿，及所著古文辞甚富，惜其卷帙浩繁，力未能即行于世，尚其宝而藏之。名山大川，必有神灵，其肯秘此光怪？当必有贤人君子，闻声相思，共成千秋不朽之盛事者，勿谓余言之不信也。

康熙己巳蒲月同里后学之騄拜题于丰溪之南村草堂

《绿滋馆考信编》目录

《绿滋馆考信编》目录终

绿滋馆考信编卷之一

封　建

封建盖大有造于周哉！而谓亡周者，何也？夫九州之险，是不一姓，即神圣之裔，恶能世有天下、而长不亡哉？计周东迁之日，于夏商已为亡国之日，而何有于东、西周？夫是东迁周，与夫东西周者，皆蹈亡国之形，而幸以不亡者也。刘渊起左国而五胡覆晋，安禄山鼓渔阳而两京不守，宋处偏安而受祸于金、元最毒，周之宜亡而不亡者，封国力也。故一变而十二国，再变而七国，要之，此十二国与七国者，亦千八佰国中之国也。不然，亦其世胄，而为彼国之卿大夫者也。终周之世，而卒无有匹夫倔起者，何也？势不能也。彼其各守先人之土地，而惟恐失坠也。为君而长子孙者，习其俗，不难抚驭焉；为民而长子孙者，安其主，长愿奉戴之。即有胜、广，夫安所乘？且地丑，则利天下之有共主，而藉以相持；德齐，则莫肯诛残天下之共主，而犯夫不韪。一从①一横，递相反覆，周故得以提空名而晏然于强大之间。秦不鉴周之所以亡者，而又未悟夫周之所以不亡者，是以轻变先王之法，而二世竟亡。夫是群起而亡秦者，谁也？田横兄弟、魏豹、项燕、张良诸人也。此其人皆六国侯王将相之后，无尺土之封，而长使之为人下，此所以乘间而为乱也。郡县之吏，皆取目前富贵耳，非有子孙不拔之基，此范阳令所以驰驱燕赵郊，而燕赵城随降也。民与吏不相信而相疑，一旦

① 从，通“纵”。

有急，谁不生心？此沛子弟所以相率而诛沛令也。是皆以反周之旧而亡者也。彼李斯者，奸人之尤者也。其曰："诸子功臣，以公赋税重赏赐之，甚足易制。"盖欲借其言以专秦权，而杜侯王之口，适足为赵高之驱除，而酿指鹿为马之奸。或曰："然则汉何以有七国之变欤？"余曰："秦之灭封建，防侯王之轧己，而故抑之者也，抑则愤；汉之大封建，利侯王之翼已，而故张之者也，张则骄。夫惟先王公天下，而己不私焉，然后可以辩上下，定民志。民志定而指臂之势成，天下莫敢有异心矣!"

程　婴

赵氏孤如不幸剪灭，谊不可独生。赵氏孤已立，立而且贤也。孰与夫缓须臾之死以亢赵宗，而必以身殉为哉？死者为赵，生者亦为赵。前之不死，以抚赵孤；后之不死，以辅赵孤。总之，为赵而不有躬焉，斯于死生之义熟矣。

吴季子

吴季子之让位也，传《春秋》者曰："辞国而生乱者，札之为也。至为《春秋》不称公子，示贬焉。"夫夷齐不尝让位乎？令夷齐而缵孤竹之绪，以光大其国，斯不愈于中子乎？然圣人第与其蝉蜕于尘埃，而曰："古之贤人也。"何独于季子有贬辞也？且寿梦虽有命，而诸樊尚在胄子之宫也。泰伯、仲雍逃之荆蛮，断发文身，示不复用，而季历始不得已奉太王之意而立。使泰伯、仲雍而在，而季历遂据父之命以有国，是篡也。夷昧死而季子犹然让者，何也？辞于前而就於后，则是心尚利其国，而姑待"兄终弟及"之义以为辞也。公子光适嗣当立，而季子不争者，何也？轻千乘，人所难也，可责于夷昧、王僚等乎？季子，吴之望也，谏而听，则大善矣；谏而不听，而公子光辈且执季子之言以求立，是兄弟之相贼也，不待专诸匕首窃发之日，而已攘臂于余昧方死之时矣。其曰："苟先君无废祀，即吾君。"此季子情也。使返而不正光之罪，何也？国实光有也。复命，而哭诸墓，终身不入吴之市，季子于人之伦之间，亦曲尽矣！或又谓："光故悍，而阴求死士，季子畏其僭而让耳。"夫诸樊死，传余祭；余祭死，传夷昧，时光未生心也，王僚嗣而光始有违言矣。光能俛首于余祭、夷昧之为王，而何怨于季子？余祭、夷昧尚能制光而慑其心；而以季子之贤，乃虑其变生，而故避之哉？夫子之赞泰伯曰："三以天下让，民无得而称焉。"至论夷齐，则又曰："民到于今称之。"泰伯身与名而俱泯者也，夷齐无意近名而名归者也，季子之心，即泰伯、夷齐也，吾未敢知。要其人，固慕义无穷、而翩翩自好者也。《书》曰："吴子使札来聘者，贤札而嘉吴之使也。"吴尚以邀惠于札子而进之中国，而于札，独据其后日之争，而苛论其前日之让，甚且深其说，而意其阴有所忌也，此大不可解矣。

伍子胥伐楚

子胥之伐楚也，五战而距其国都，即以齐桓之师，武臣之力[①]，未有如斯之捷者也。假令吴镇楚而抚其民，昏淫之后，易为德矣。其或以吴楚唯天所授，未可力争，时故太子建之子胜，在吴也。昭王故不当立，使吴明以告楚人，更立胜为君。彼楚人方覆亡之不暇，而喜吴之立其后，必且君臣慕义，敛衽而朝，庶几桓文之烈乎！又不然，而质其重臣，要之割地，与盟而罢兵，若郤克于齐，犹足示武焉。计不出此，而至僇死君以激楚人之怒，秦兵继至，吴竟败归。破人之国而卒无尺寸之得，善乎？公子光之揣摩物情也，曰："彼伍员，父兄为戮于楚，而劝王伐楚者，欲以自报其仇耳，非能为吴。"然卒用子胥者，知其才足服楚而强吴也。

① 武臣之力，原文夺一"之"字，以义补。

初命晋大夫为诸侯

三晋之侯，论者深咎夫王命。夫三大夫之不臣，而周之拥虚器也，非一再世矣。微王命，三晋遂终不侯耶？彼秦、楚、燕、齐之僭称王，擅相兼并者，奉何王命耶？天下不知有周，而三晋独能请命于周；周之命令，久不行于天下，而姑藉三晋之请，挈空名以行王命，斯岂独三晋假宠于周，而周亦于三晋乎是赖焉，何也？三晋，周之左右邦也。而秦、楚、燕、齐，故所忌而震焉者也。三晋德周之立己而翼戴周，秦、楚、燕、齐畏三晋之翌戴周而不敢窥周。从衡[①]起而七国角立之势成，七国角立之势成，而周得以孑然中处其间，国为不亡矣！

刺　客

余读史迁《刺客传》，七人中豫让绰有国士风，荆轲则智勇兼焉，然独两人无成者，何也？夫匕首迅发之顷，岂从容观变之时？鱼腹之刃直洞王僚之胸，而图穷匕首，乃把秦王之袖。彼主於必死，故愚而济；此意在生劫，故巧而败，此所谓不讲于刺剑之术者也。聂政皮面抉眼，意在灭名绝從[②]；而豫让苦身残形，欲以愧天下之人臣而怀二心者。死而有意，殉名则必择死所，而肯如聂政之并灭其迹哉？且刺，气激也，初而作气，再而衰，况五起不中，而犹欲以报人，此襄子之所笑，以为无足虑，而屡纵之，以自成其名也。乃曹沫所处，则又与四人异。夫以桓公之贤，而佐以管仲之才，使沫能慷慨陈辞，谕以唇齿相依之势，诘以大国侵小之故，如毛遂之历阶而对楚王，则屈完数语，亦足以退齐师，而安用劫为哉？假令桓公而曰："鲁，吾比国也，当还而疆土。齐，尔邻君也，

① 从衡，通"纵横"。

② 從，通"踪"，踪迹。

当罪而不道。”沫亦何辞？沫不死，幸也。刺之术，烈士所为，不得已而立于必死之地者也，沫可以已者也。壮哉高渐离！胡然而庸保匿其形以有待，胡然矐目而甘事人？岂豫让之友所谓近幸子，乃为所欲耶？事虽不成，于荆卿，千古死生交矣！

侯 嬴

侯生既窃符与公子，而復曰：“臣宜从，老不能。”夫公子之最上客，无如生；生即羸老，岂不能强载后车，以趋公子之急？即公子，亦不请侯生与俱之军者，何也？兵符乃窃于卧内，不测恐生于肘腋。境上之事付之朱亥，国中之事任之侯生。窃料公子当时所以以得至晋鄙军，而无却顾之虑者，未必非侯生留之之力，而特其计秘，未之闻耳。与公子决，至军而果北乡自刭者，何也？夫慷慨好义之士，固不难一死以赴人之急，而要之必可以死者也。侯生可以无死者也，死胡为者也？善乎公子之客之言之也。[①]矫魏王令，夺晋鄙兵以救赵，于赵则有功矣，于魏则未为忠。此公子所以立自责，若无所容，而亦侯生所为引咎负慝者也。苟公子蒙有功之原，而吾从不忠之戮，斯故老臣所甘为知己死者也。公子之卒以返国，而魏王无所督过者，侯生死之之力也。

李 斯

沙丘之谋，论者谓斯不欲从，而特迫於赵高。余谓不然。斯盖自扶苏监北边之日，而已有二心于秦矣。夫太子，奉冢祀社稷之粢盛，以朝夕视君膳者也。君之适嗣不可以帅师，斯岂不闻耶？且其臣主相得，不啻鱼水之欢也，其于天下轻重利害，何所不言？即以古先圣王之遗训，不难一旦付之坑灰，又何所忌惮而不敢言？而谓太子天下本，独靳一言耶？可言而不言，余故曰：斯有二心于秦

① 此句疑有衍字，当读为“善乎公子之客言之也”。

也。且易储，大故也；矫诏而杀君之嗣，至不道也。以高之枭雄而揣斯不从，势必先杀斯以灭口，而不告以谋。高所以告斯，不遽杀之者，素窥斯之隐，料其告必我从，而无用速杀也。速杀斯而将相为戮，尽从死君后也，中外必疑扶苏必不死，而高以孑然之身，拥一少子返国而遽夺之位，败道也。留斯为罗，而后可以死扶苏，杀蒙氏兄弟，然后尽除先帝之故臣，以逮秦之诸公子，而如斯者，亦机上肉耳！如此而胡亥乃可取而代也。甚矣高之险也！斯之险不下于高，而沙丘之谋，又高之所最忌。高固欲杀斯，斯亦知高之欲杀己，未尝一日忘高也。而高特以朝夕狎媟之臣，得以先行其毒耳。使高不杀斯，则斯必且杀高，又岂少主臣能终身北面者乎？此又斯未发之奸，而特以先诛，故不验耳。《易》曰："臣弑其君，子弑其父，非一朝一夕之故。"则相斯固即相高之渐，而亡秦之始也。

范增说项梁立楚后

项氏起江东，江东豪杰争附之矣。范增说以立楚后，于是项梁乃求得楚怀王孙心，民间为人牧羊，立以为楚怀王。甚矣增之迂也！夫秦为无道，群雄并起，其愤发而亡秦者，亦非必讴吟而思楚也。以楚怀不返，而谓足以系将士之思，则是天下大器，而可以取怜得也。项氏世世将家，有名于楚，其材力固足以号召豪杰，为天下倡大义，诛暴秦，而奚必区区藉已亡之楚？既北面而为之臣，復阴贼焉以犯天下之不韪，而使沛公得声其罪，率五诸侯以伐楚。自是楚气日索，而羽卒以亡，是项氏以楚怀自毙，而沛公以楚怀毙项氏。范增所以为项氏者，适以资汉而授之柄耳。苏子谓羽杀义帝，增必力争，而不听也。夫增之说羽立义帝，为义帝耶？为项氏耶？起牧羊子而号之王，彼固利其愚而藉以为招耳，不虞其为贤主也，增与羽始有忌心矣。增所欲杀之沛公，即义帝所目为长者，而遣之西略地者也。杀义帝者，未必非说立义帝者也。吾固曰；增之立义帝，其陈涉诈称公子扶苏之故智与？羽卒与涉俱无成，岂非名不正耶？

陈余不用李左车计

李左车愿以奇兵三万，塞井陉之道，而史称成安君儒者也，不用诈谋奇计。夫余素号善用兵，岂厌诈而不习为奇者？彼以为不示之以无备，则信必阻而不敢入；信入，而千里远涉之军，必不能久顿之坚壁之下，吾徐[①]而断其归路，未晚也。信非不逆赵之断其后，而卒敢于深入者，计定于旦夕下赵，而料余必无及也。嗟乎！余阳却李左车之说，而阴用之以挤信；信亦阳隳余之术中，以快其所欲，而卒搆会以成其功。吾故曰：余之不用李左车，亦一筭也，而非所以当信；信之轻入而敢于薄战，危道也，而非此不足以致余。知彼知己，兵家可不察耶？

子房请追羽固陵及招四皓

高帝之乘羽敝而毙之垓下者，子房策之也，论者讥不义焉。至招四皓以翼太子，而指为植党拒父也。彼以为行一不义、杀一不辜而得天下，不为也。实其言，则必古之有天下者，尽揖让而无征诛，然后可。而其不得已伐人国者，又必如舜之舞两阶，有苗来格，然后可。且沛公不尝北面而事义帝乎？则必义帝死而更立义帝后，长戴之为君，然后可终身避羽三舍，以偿鸿门不杀之恩，然后可。数者沛公皆必不能，而以追羽责子房，何也？两雄相角，恨力未能制其死命，诚能之，何坐失事几也？天下匈匈不安，徒以羽在。急灭羽而解民于倒悬，独非王者救焚拯溺之师乎？至高帝欲易太子，大臣力争之未得，所畏者，海内人心耳。四皓者，天下之望也。天下之父归之，其子焉往？此帝之所以一见决也。二者皆国之大几，子房之善画也。假令鸿沟割而听羽东归，彼羽素善用兵，使惩成皋之败，简将练士，与沛公角力中原，鹿未知死谁手。又令当

① 徐，原文作“除”，据义改。

易储时，而仅以嫡庶大义争也，彼“安事诗书”之主，直腐儒目之耳！一日纵敌，数世之患。君子之事君也，曲引其君于当道而已，无以此轻议子房也。

鲁朱家

汉祖初兴，庶事草创，尉佗倔强于南越，冒顿鸣镝于北边。自韩、彭为戮，国无干城，一二蝥贼，因帅虏以荡摇疆场，帝几殆。冤哉韩彭！胡独不得朱家其人者，以赦罪于帝？而帝固号为纳谏者也；亦不获朱家一言，以庇其腹心牙爪，而使之南平越、北伐虏[①]耶？朱家者，鲁人也，以侠闻。先是季布为楚将，素窘帝。帝灭楚，购求布急。朱家因滕公讽帝释布，不则北走胡，南走越，此一言深中帝心矣，帝卒赦布，有以也。嗟夫！吾既惜韩彭之不遇朱家，而竟以谗死也。吾又惜汉庭之肉食者不能庇一壮士，而藉手朱家也。《传》曰：天下有道，则庶人不议。夫惟赏必加于有功，刑必断于有罪，群臣将慑服之不暇，是乌能布衣行权，而怨德士哉？

斩丁公

汉斩丁公，而韩、黥诸人震矣。夫是韩、黥诸人者，皆故项王之臣，而改事高帝者也。且尉佗尚倔强于南越，得无坚其贰、而拒之归乎？噫！帝非诛夫弃楚而与汉者也，诛夫阳事楚而阴为汉者也。臣无贰心，贰乃辟也。当楚汉相距，雌雄未分，为丁公者，如欲择主而事，则仗剑归汉，与韩、黥诸人相比肩，夫谁曰不可？乃既委质为项氏臣，复私脱帝于厄以示德，首鼠两端，为进退地；臣而不臣，何得无诛乎？故帝既诛之，而更显为之辞曰：“丁公为项王臣不忠，使项王失天下。”称项王臣者，别韩、黥诸人之更臣事我者也，其指甚明。而论者不察，谓帝既已释射钩斩祛之夫，而复

① 虏，清初印本为阙字空白。

以怨为德也，深求其说而强为之解焉。至唐牛僧孺，而以悉怛谋授首于吐蕃，未必不藉口于是，则是招携受降而可无用也。

四 皓

高帝之欲易太子，果夺于房闼之爱欤？其卒以不易太子，果高四皓之名，而藉之为羽翼欤？非也。帝，英主也，岂其以一幸姬亡国家大计？又使帝而果藉四皓为羽翼也，固宜待以不次之擢，用其言而显其身。纵四皓义不为臣，要以尊礼师儒召见便殿，帝亦必有所以处四皓者，胡一旅见而竟寥寥乎？甚矣！帝之忧深虑远、而未可以寻常测也。彼见夫秦以二世亡，而惟恐蹈其覆辙也，则诛锄天下之功臣，首剪其素所畏之韩、彭，而皆由于后指。孝惠，后子也。欲遗其子以安，不得不假其母以权，此帝阴谋，亦帝初心也。迨后，反者九起，而帝始知天下英豪不可以尽去。天下英豪既不可以尽去，则孝惠弱子，明乎其不足以托国矣。于是始以如意类己，屡欲易太子。然其后竟不易者，非四皓羽翼之力，而四皓以数语动也。四皓之言曰："太子仁孝恭敬，天下莫不欲为太子死。"夫帝方疑太子柔懦，而四皓解之曰"仁孝恭敬"；帝方谓太子不足以制驭天下，而四皓矫之曰"天下莫不愿为太子死"，帝固已悟。夫攻守异道，而社稷之福可徼于长君矣。彼叔孙通纵称说今古，曾何当于帝心？即以后之智，而乃谏曰："太子将兵，无异使羊将狼。"此适以明太子之短，而增帝之所忌耳。竖子不足遣，而公自行，危哉太子！帝所以既破布，归而愈欲废置也。凡说之难，在知所说之心，可以吾说当之。四皓其生长战国之时，而习闻其术者欤？

汉高后元后

尝观高后断戚姬，杀三王，奉一假子以托於诸侯王之上；而元后则衣练损膳，维时所号为令母者也。然天下不亡于吕氏之手，而竟亡于元后者，何也？盖当吕后称制时，孝惠虽不嗣，而所名为孝惠子如少帝、恒山、淮南、济川者，后犹假此以愚天下。天下见夫绛、灌、陈丞相之属，及宗室朱虚、东牟其人者，皆身有社稷之伐，而竟无说也。巨室之所慕，天下亦慕焉，而终后之世，无复有指摘其隐，以称义举者。后亦自喜天下之堕其术中，而苟其神器不落于他姬子，而诸吕得长为王也，意如是足矣。以故晚而始授产、禄南北军，羽翼未成而勃等一举歼焉。元后则异是。自定陶入嗣，傅后以藩姬与嫡抗，后心已鞅鞅，帝崩而国柄复归后矣。史谓莽工于蔽后。夫后非愚妇也，避丁、傅于当路，帝崩，即日诣未央宫，收天子玺，置莽大司马，此其知柔知刚，有丈夫风焉。平帝之死，乃素疆[1]食，后胡以不问？时列侯显等尚四十八人，即莽利二岁之子婴，而后胡以听也？嗟乎！高后独挈汉权，故虽大亡道之极，而政未至于旁落。元后悉以柄授莽，故拱手房闼，而天下之大势已移。高后之不遽以权与产、禄者，以犹恋恋于虚名之少帝；而元后之所以专任外家，无复郤虑者，则自成帝之不嗣，而心已无汉矣。卷卷[2]握一玺，老妇文奸耳。史谓妇人之仁，岂其然？

平　勃

苏子之言曰：高帝之以太尉属勃也，知有吕氏之祸也。愚以为帝非必逆有吕氏之祸，而所以较量群品，使各当其才者，自中夫后世之所为也。及观高后欲王诸吕，平、勃不以为不可；而辟阳以后私人，二子靦然与之同列。至高后没，而辟阳犹得拥爵土之封，享卿相之荣也。则意辟阳之入相吕后者，未必非平、勃之阳结辟阳、而赞之高后者也。夫此二行者，皆所谓非人臣之正，而不可以训者也。然使二子而必守人臣之正，如王陵之喋喋而佔佔曰："诸吕不可王也，食其不可使相也，少帝非孝惠子也。"彼辟阳者，知势不

---

① 疆，通"强"。

② 卷卷，通"拳拳"，殷勤、诚挚之意。

过诛；而吕后者，又自谓天下已攻其所丑而破其所忌，必且尽除先帝之故臣，而更置其所亲信。产、禄之入南北军也，不待高后之八年，而代王且随如意等受戮矣！平、勃惟不倖倖自好，而匿形以徐俟其敝，卒之一发而中，若拉枯焉。狄仁杰之于武后亦然。仁杰尝欲官其姊子，其姊曰："吾有子，不欲令仕女主。"论者以为仁杰之识，曾不及一女子也。而吾以为，此正仁杰之深智远虑，超出儿女子万万者也。《易》："利坚贞，晦其明。"夫子之赞武子曰："其愚不可及也。"噫！此未可与曲士道也。

樊哙灌婴

苏子以哙死于惠帝之六年为汉幸，余意不然。观哙之鸿门诮羽，排闼泣谏，忠直凛然，岂从反贼？论哙者特以吕须之故。夫朱虚侯不以吕禄女为妇乎？犹不以亲故私诸吕，而哙之见岂出朱虚下耶？然则假令哙不死，当若何？以哙之戆，必不能如平、勃之养晦待时，其为面折廷诤之王陵乎？灌婴受产、禄之委任而屯兵荥阳，连结诸侯，使太尉得构会以成功，为汉名臣，与平、勃比肩矣。

条　侯

条侯世称汉家勋臣[①]，其以梁委吴也，古今以为胜筭，而余窃有议焉。夫昔之为将者，亦或有所弃于此以取偿于彼，然亦权其轻重，必不得已而后去之，未有天子之介弟，而委之以尝敌者也。且梁王非素习于战守者也，而其骄悍无礼，又未必出吴濞、楚戊下者也。彼见天子之命不能庇一弟，而复迫于孤城之不敌，倘一旦破，降于吴，吾不知亚夫宜何如处也？梁之所以不鱼肉于吴，而亚夫卒藉以成功者，则安国之力也。景帝赏其功而疑其心，以为非少主臣，有以也。夫以亚夫之智勇，令与安国诸人相为犄角以拒吴楚，

① 原文夺"臣"字，据义补。

亦未必无功；而必欲弃梁以为奇也，毋亦沾沾于细柳之役而自喜乎哉！

卫青李广

史迁于李氏为知交，而又愤当时诸贵人不能脱彼于厄也，故叙《广传》多悲壮，而于卫、霍辈置贬辞。余谓不然。青出奴隶，家世不如广，其将略较广贤矣。夫以匈奴之桀骜，自冒顿以来，[1]世为汉患而莫敢谁何。而青以敢战深入其地，斩首虏五万余级，收河南地，置朔方郡，于人臣功无两焉。且青虽以子夫贵，子夫亦因青重矣。当元光五年，青初为车骑将军，与李广、公孙贺、公孙敖，军各万骑，出上谷间，而广为虏得，敖亡七千骑，贺亦无功，青独斩首虏数百，于子夫何力焉？至元朔中，子夫有子，乃为后。且青非独才足多也，即其器亦与众异。却三子封，推功诸校尉，厚遇揖客，加于平日。苏建弃兵，遣诣行在，以示不敢擅诛，即古贤将何加焉？而迁以为和柔自媚于上，天下未有称也，则谁为称者？广廉且善拊士，不可谓非贤，要之，偏裨任也，一中贵人耳。何至勤主将，而轻身追虏于百里之外？此与射虎旋自伤，均匹夫勇耳。其后陵卒以轻敌，身为降虏，作法于祖也。且霸陵尉何罪？第以一言被诛；而又诈杀降羌八百余人。青既受命为大将，阃以外将军制之矣。广不谢大将军，行既失道，又不诣莫[2]府对簿，其于奉公之义安在？鞅鞅自颈，亦何浅薄也。嗟乎！成败不足以论士，又以私爱憎焉，遂使千古随声，而卒无当论世也，盖不独二子然矣！

贾谊汲黯

文帝前席贾生，武帝称黯社稷臣，二子不可谓无知己，然卒以

① 匈奴、冒顿两词，清印本为空白阙字。

② 莫，通“幕”。

不遇，何也？史谓二帝入灌、绛、平津之毁。夫二帝皆明主也，谒者而廷尉，囚虏而将军，何独于二子而以毁去？且灌、绛、平津诸人，又善窥人主意，而必不以贤者毁也。夫然，二子何以不用也？古之君子，其直己而守道者，第其立身大节不随人俛仰，而至所张设施行，未有不因时推移者也。以文帝之柔道致治，而贾生说之以易服色，更正朔，分裂侯王，而系单于之颈。彼且惊其说之无当，而又逆知生才，非可卑之使无甚高论者也。则宁置之藩邸，无令居公卿位，复有不展之叹耳。汲黯于武帝亦然。彼所为招不来、而麾不去者，帝以为是少主臣，而非今日之所急者也。我且卧之淮阳，以待吾封泰山、铭瀚海，制定功成而后徐用之，而黯老且死矣。嗟乎！令二子易地，庶几各以道合，而惜乎不遭时也！夫士患不遇主，主贤矣，而犹使万世之下，悲有君而无臣也，则岂独人主过耶？

郅　都

昔先王以八议佐法，而曾氏之论士师，亦曰："如得其情，则哀矜而勿喜。"夫所云哀矜者，岂徒一涕泗之为煦妪，盖必有之死而致生之者矣，况天子所亲爱者乎？瞽瞍杀人，皋陶曰"执之"，然使窃负而逃，其必不穷极海滨，而法所必加，明矣。夫临江王之欲得刀笔为书谢上，盖将以葭莩之亲而乞哀于天子，天子或怜而宥之，则中尉之法已伸，而亲亲之谊亦尽。乃必堕骨肉而抗刭之，斯为能乎其官耶？自是之后，廷臣愈求多于诸藩，而诸藩之不道日益甚，何则？社鼷不灌，屋鼠不熏，无肺腑之谊以感动其真心，而徒束缚之，安所措手足乎？其又甚，巫蛊起，而天子之青宫，竟为赵虏所贼。呜呼！祸所由来矣！

绿滋馆考信编卷之一终

绿滋馆考信编卷之二

三　国

何进谋诛宦官，乃召董卓以胁太后，曹操曰："阉竖之官，古今宜有，但世主不当假之以权，使至于此。既治其罪，当诛元恶，付一狱吏足矣，何必纷纷召外兵乎？欲尽诛之，事必宣露，吾见其败也。"后卒如其言，是亡汉之始也。袁绍等起兵讨卓，卓焚宫室，徙天子都长安，绍兵莫敢进。操言："举义兵以诛暴乱，大众已合，诸君何疑？向使卓闻山东兵起，倚王室之重，据二周之险，东向以临天下，虽以无道行之，犹足为患。今焚烧宫室，劫迁天子，海内震动，不知所归，此天亡之时也，一战而天下定矣。"诸将不能用，明以酿卓之乱，而阴为割据之业，是亡汉之成也。绍尝语操曰："吾南据河，北阻燕、代，兼戎狄之众，南向以争天下，庶可以济乎？"后卒如其言。策之告权曰："举江东之众，决机于两阵之间，卿不如我；举贤任能，悉心以保江东，我不如卿。"后卒如其言。以策之雄心，而谓不如阿弟，盖藉以慰权，使无外志焉。权自揣不如，故惟退保江东；绍志在必济，故与操争天下。权以致人而有赤壁之捷，绍以致于人而有仓亭之败，此两雄之分也。孔明之告昭烈曰："今曹操已拥百万之众，挟天子令诸侯，此诚难与争锋。孙权据有江东，已历三世，国险而民附，贤能为用，斯可与为援而不可图。益州天府之地，高祖因之以成帝业，而其主不能守，殆天所以资将军。"后卒如其言。乃吴蜀相攻，几贻魏人刺虎之利，利令知昏，虽孔明不免焉。然昭烈死，竟捐白帝之耻，遣使结好于吴，此亮之转祸为福，卒成三国鼎足之势也。操之语丕曰："司马懿必预汝家事。"议者谓操以相人之术，非也。彼盖窥丕之善懿，而料其有倒持之渐也，后卒如其言。曹爽既退懿，犹令居洛，使得阴结羽翼，观衅而动。藉使懿而父子外徙，将纠合诸侯，声罪诛爽，如孟德之于董卓乎？是亦一奇也，然而未可必也。懿兵既屯洛，豚犊儿犹欲作富家翁，而驽马恋栈豆，亦与俱就戮。明知而卒蹈之，尤可嗤笑。懿遂大肆诛戮，尽剪其所忌，是开晋之始也。司马昭虽已无魏，而藉父兄之资，功德尚未堪为人上也。诸葛诞欲诛昭，而才非昭敌，卒使昭席卷淮浦，俘馘十万；种惠吴人，绥以文德，是晋之成也。若夫公孙瓒、刘表之徒，亦欲为退保计，而所居乃四通八达、天下必争之地，辟[1]之聚金玉宝器于都门之外，而欲盗之无侵也。然则为尉佗、孙权也者，亦必度其地而后可也。

肥水之战

肥水之战，坚非惟不善战，亦不善败；玄非惟善攻，亦且善守。夫坚提百万之师以东下，而所角者仅玄数万众也。中军虽却，左右翼未尽倾动也。使坚能简必死之士，断其后队，而徐招其散亡之卒以归，纵不得志于东，犹可退保巢穴，图再举焉，何乃风声鹤唳，自为惊愕？而不知晋人之必不敢乘我也。何也？慕容垂，黠虏也；谢安石，晋望也。垂之虎视眈眈，而伺隙欲起也，即王景略先见之。安石江左重臣，岂不审敌而冥冥决事哉？方秦兵俱覆，垂师独完，此其志岂在小哉？彼盖策坚之必败也，坚败而晋师必乘胜以入，吾因斗两国而坐收渔人之利，此慕容垂之上策，而不虞晋之有人也。安石之言曰："朝廷处分已定。"其于敌之虚实、师之进退，豫有胜算矣。论者咎玄不能乘破竹之势，扫清胡羯，恢复中原，为晋室恨。夫宋尝以金伐辽，随侮于金；又以金伐元，随灭于元，何

① 辟，通"譬"。

也？与人伐国者，必能搤其亢而拊其背，然后可以借彼之力，而收我之利，不则，未有不为所反噬者也。且是时诸胡并起，势未可灭，政宜留坚以敌敌。孔明亡白帝之耻，而与吴连和；玄移粟与敌，亦此意。余尝为戏论曰："七国压周，周亦藉七国以不亡；五胡乱晋，晋亦藉五胡以偏安。猛兽满山林，而虞人力未之能剪，则莫若使之自相触，而吾犹得择音以庇焉。"斯亦识时务、不得已之微权欤？

武　后

武后欲立侄为后，狄仁杰讽曰："姑侄与母子孰亲？侄为天子，不祔姑庙。"李昭德亦尝以此为言。夫后，智者也。子亲于侄，岂其不知？立侄之议，非真心也，特假此以结承嗣辈耳。彼其幽君嗣于别宫，而以一女子莅诸侯王之上，料天下必有乘我者，独承嗣于我最亲，可引为腹心；而又恐诸大臣诱之，使为内应，有如王允之说吕布也。惟托言立侄，饵以无可复加之富贵，而始倾心为我羽翼矣。王庆之等小人不识深机，泣请立承嗣，欲阿奉以希宠，而卒以扑死。尝观后读李敬业檄，不为动，至"一抔之土未干，六尺之孤安在？"为之愕然，可以窥后心矣！其宠周兴辈，亦此意。兴辈之卒以诛夷，二竖之终于弗嗣，皆断自后心，诸臣何力焉？其还庐陵王，则狄公之因事纳牖也，何也？当相王被构，非剖心者死谏，几为太子弘续。顾后心终未能忘庐陵，庐陵[1]还而后始无所却顾矣。以为是庸儿何能为？可以塞天下之口，而长为女主也。其后王同皎急迎太子于东宫，太子犹疑畏不出，如后之所料矣。嗟夫！舍其已立之贤者，而复夫已废之庸者，非所以为社稷也。然不如是，武后不安，武后安即唐室安矣，且并以全相王。噫！此狄公之所以为国老欤？

① 原文漏"庐陵"二字，据义补。

张柬之

平、勃既诛产、禄，乃悉分捕诸吕，无少长皆弃市，然后徐与诸大臣迎立文帝，社稷安而臣主俱与有荣。五王之复，中宗功不让于平、勃，第以不去三思，而自贻噬齐[1]之祸。当诸武复滋蔓，柬之等有言："吾所以不诛此辈者，欲待明主之自诛，以张天子之威。"此饰说也。观其却薛季昶之谏，而直等为机上肉，则亦遂已无诛三思之心矣。夫以三思之窥窃神器，阴求为嗣，罪浮于昌仪，而独漏网于吞舟，何也？昔人尝责柬之不能伸大义诛武后，而论者又以中宗昏懦，不堪主器，胡不更立贤君？噫！五王既不能舍中宗而别立君，则势必不敢诛武后。武后既不可去，则三思之得以无诛者，五王固内挟其功，而料彼无如我何；抑亦阴有所沮，而难于驱除耶？其后至以崔湜为腹心，而反为所卖，亦何疏也？噫！其不为敬业之续也者，则幸武后之既耄而已矣。

焚珠玉锦绣于殿前

开元中，玄宗焚珠玉锦绣于殿前，其后以奢侈几亡国。儒者苛论其初政，以为好名之累，余谓不然。《传》曰："国奢则示之以俭。二簋用享，亦以时耳。"夫珠玉锦绣，诚不必毁，而当武、韦之后，侈泰成风，目击其弊，非是无以矫世革俗者，此正救时之权，而孟子所谓"四端之发露"者也。后之骄奢淫佚，欲锢之也，而非其初之不善也。茅茨土簋，放牛归马，藉令非圣王，无亦以不近人情而来好名之讥乎？故轮台之后悔，与开元之初政，犹足以係二代之人心。然则玄宗之宜丧不丧者，犹赖有此也。

---

① 齐，通"脐"。

李林甫杨国忠安禄山

禄山之反，史氏独归罪于国忠。夫以禄山之包藏祸心，久怀异志，即草莽之人皆知之，虽微国忠，有终不反者乎？速则其谋未深，而为害犹小；迟则酿成愈久，而为祸滋大。嗟乎！国忠固乱人国者，乃其数言禄山之必反，则天未亡唐、而使小人自相携贰也。何也？禄山虽拥有数镇，兼制诸道，而是时居中与事者，非其素所畏之林甫，则其素所藐之国忠也。畏则恐两强相㞃，而不敢引之为腹心；藐则鄙竖子无能，而不屑假之为羽翼。中外异党，分道角立，故虽河北诸郡望风沦没，而帝犹得徐驾入蜀。不然，以禄山之骁勇，使结国忠为内应，一夫作难，诸奸骈集，帝之走蜀，且为齐滑矣！故小人之交异，则两虎相斗，而君子犹得观变以成功；小人之交合，则彼此协谋，而一发遂不可收拾。乃其机，在君子知微知彰，而徐以俟之。故曰：矜而不争。夫惟有君子之争，而后成小人之党。彼以为不如是不足以抗君子，而为自完计也。故东汉诸贤，卒以激小人而使之合，不旋踵而身与国俱毙也。

郑注　李训

郑注缘王守澄以进，因鸩守澄；李训缘注以进，因谋杀注。夫其忍诟而下者，未有不反戈而螫者也。甘露之变，训欲尽杀中官，因杀注。假令诸阉与注相继授首，奸臣伺国内空，度无如我何，训之为所欲为者，恐犹甚于士良辈矣！故夫以小人攻小人者，胜则去虎进狼之喻，不胜则颈瘿附背之喻，无一可者也。嗟乎！昔之欲决去小人，而卒以偾事者多矣！尝谓陈、窦，朴忠也，无其机而用壮者也。何进，庸流也，机可乘而不断者也。袁绍、李训，枭类也，训有小人之心而无其才，故一败涂地；绍有小人之才而多羽翼，故胜为祸端。王允、唐五王，骄兵也，芟草不去其根，故变生辇毂，折首复于其丑，故迴戈内向。若夫真正英雄则不然。弛如鸷伏，张如脱兔；迹可使秽，名可使不韪；谋始而虑终，择人而相时，如平、勃之于诸吕，温峤之于王敦，仁杰之于二张，王曾之于丁谓，吕端之于王继恩，斯称社稷臣欤？《易》：“君子知微知彰，知柔知刚。”又曰：“君不密则失臣，臣不密则失身，几事不密则害成。”夫贤如寇准，而犹以漏言仆也。乱阶于言语，奈何不慎？

杜　后

杜后之遗命曰：“国有长君，社稷之福也。”当是时，德昭齿已长矣，逮太祖百岁后，而德昭春秋又不知几也，尚未可以君耶？后特为太宗地耳。其所以曲为太宗者，亦非必如老妇之昵少子，而要以为德昭虑也。何也？太宗，人豪也。陈桥之变，赵普先因匡义以白，而太后亦幸儿辈成其素志。彼其子母兄弟之间，日眈眈窃窥乎周室，而太祖特以长先得之。要之，太宗固未尝须臾忘也，而复使之鞅鞅辅弱子，北面为臣，此非如文皇喋血禁门之内，即为专诸窃发两柱之间，后料之矣，帝与普亦心计之矣。命出而帝竟唯唯，普亦不敢引窦婴之义以诤者，皆内迫于不可已也。其云传光美，非后意也。不按之以“兄终弟及”之典，则光义之立为无名；不因光义以及光美，则德昭之复辟终无日，后又虑之矣。余尝谓宋祖之嗣周，阴利其有而托之乎舜继尧也，后世皆知之。其立光义，阴畏其僭而托之乎舜禅禹也，后世未必知之。然则宋祖于太宗非欤？曰：宋祖终不失为仁孝之主也。藉令太宗而居此，则必剪其所忌，而不能一日安宋祖矣。观廷美、德昭之不得其死，则太宗之心可知也。嗟夫！德昭适嗣也，卒以中太宗之忌而死，宜也。廷美胡为者也？其才智原无足当太宗之睥睨，而第以昭圣一言，自置于危疑之地。使当太宗嗣位日，廷美预能引避曰：“皇太后昔为社稷计久远，故令臣得以次及。今幸皇子渐长，足堪主器，虽有遗命，臣不敢与闻。”如此庶足以感寤太宗之心，而且可为自完计。乃不能审时观变，而徒执母后遗言以徘徊观望，而竟以忧死，吁！亦愚矣。

赵 普

昭圣之欲致位于太宗也，曰："光义传光美，光美传德昭。"此诸樊兄弟次之说也。夫宁有父子兄弟递为让德，而长待数十年以成王者，是必乱之道也。普胡不以覆辙诤，而惟命是听？彼盖逆知太祖之不忍，而又料太宗有必立之势也。五代之季，朝比肩而暮主臣者，匪一也，普闻且见之矣。太宗立而普日以疏，疑于以德为怨者，何也？史谓卢多逊谮普初无立帝意，帝衔之，后启金匮而憾始解也。甚矣史臣之迂也！王言一出，四海共闻，矧挈天下以传之弟？又今古之创典，而一时所惊且骇者也。命之昭圣，署之臣普，藏之金匮，宫中府中，其谁不知？岂其昭圣大渐之时，光义不在侧，而谓普不与闻耶？普之得以预闻顾命者，正太宗之所深忌而不能释然者也，何也？是能据始命而立我者，必能需后命而立廷美与德昭者也。及廷美见告，太宗令普伺察之。夫岂无一二腹心之臣足当此任者，而反委之素所疑之普，何也？以探普也。普盖顾命之臣，而群工所属望者也。后普请得备枢密，察非常，至挤廷美于滨死，而宠益固。《传》称："鄙夫不可以事君。"夫以普当创夷之世，不能如萧何之为家不治垣屋，以俭朴风天下，而徒开宠赂，校怨德，欲以托不御之权，寄六尺之孤，不亦难乎？太祖谓普社稷臣，误矣！

澶渊之役

契丹[①]不知兵，孤军深入，苻坚之下江南也。寇准奉帝亲征，虏始惊骇，草木皆兵，气夺矣。时准欲邀击之，为数十世久安之画，实其言，即百年之寇可一朝剪灭，而合四面之师攻远涉之虏，

① 契丹，清印本作空白。

取威制敌，于此在矣！然而非真宗任也。真宗，孱主也，銮舆虽已北渡，乃其心惴惴焉，不能旦夕处澶州也。于时幸两好既成，兵刃未接，而帝心始安耳。假令锋镝一交，二三邪臣以孤注之说恐慑之，中军先遁，士随瓦解矣！虽有百準，将若之何？我能之而君不能，準之所不敢持也。不然，以準之力排群议，决于赴敌，岂其当机而反避，幸兵之嫌，不闻一矢相加遗也。昔晋文历外十九年，至城濮之战，犹惧楚子伏己，而梦是征，子犯亦强解之耳。矧生长深宫、目不睹兵阵者乎？故人主不可使在戎行也。人主而在戎行，刚者必轻敌而倖以取败，懦者必畏首畏尾，而令将不得专，非师中之吉也。然当澶渊时，人情方汹汹，使帝不在兵，则将士不附，将士不附则国之存亡未可知。见可而进，知难而退，忠愍于智勇，可谓兼之矣。

收藩镇兵

石守信辈，周故枭将也。宋祖鉴五代藩镇之祸，杯酒解其兵权。嗟乎！宋祖所以收诸藩之柄，而使无尾大不掉之患者，此也；所以卒狃於偏安，而贻后世以敌国之祸者，亦此也。何也？自古创夷之主，其雄才大略既足以并吞天下，而其一时如熊如罴之士，又足以虎视诸国而慑服其心，故能乘破竹之势削平海宇，无复以外忧贻子孙。彼继体之君，守文之士，足不涉戎行，目不睹军阵，相与修太平之壮观，守祖宗之疆土耳。间有言及征讨者，鲜不以喜功目之，非才有勇怯，习使然也。以秦之强，汉祖不难系子婴之颈而据其国都；项羽之喑哑叱咤、千人皆废者，亦促而毙之垓下。彼冒顿虽桀骜，何如二君？尉佗则倔强自守虏耳。白登之围，竟帝世不能复耻，佗亦仅仅羁縻之而已，何也？韩、彭既已就诛，萧、曹又皆文士，彼刘敬、陆贾诸人，其伎俩固止此也。至于《大风》之歌，慨慕于四方之猛士而不可得，而帝之思深矣。宋祖之于守信亦然。彼强如契丹、悍如李继迁者，宁同刘鋹辈，可以福将取耶？是以先王过，可使罪人之后可庸[1]；刑赏莫测，而英雄无不尽之用者，其制驭有术也。非若后世之顾此失彼也。

吕公著议寝复肉刑

缇萦之言曰："死者不可复生，刑者不可复属。"文帝感其言，为之除肉刑。千载而下，民得完肤，乃出一女子之力。韩绛、曾布忽议复之，亦何忍耶？夫火烈，民望而畏焉；水懦，故狎而翫之。即法轻，人所易犯，然罪疑惟轻。与其杀不辜，宁失不经。假令先王复起，其必不断肌肤，坠肢体，以伤天地之和，明矣。时王珪欲试之死囚，吕公著曰："不可。刖而不死，则此法遂行矣。"议遂已。夫事第求可，恶用尝试？彼见小利而忘大害者，皆试之之说误之也。仁者正其谊不谋其利，明其道不计其功，公著斯言近之矣。

景祐庆历

夷狄[2]之为中国患久矣，而无如宋为甚。侮于辽，肉于金，至元而遂以椎结易冠裳也。君子曰："作法于始，由来者渐。"盖当景祐、庆历间，而宋之亡形已兆矣。夫景祐、庆历间，其君则仁皇也，其臣则吕夷简、孔辅道、韩、范诸贤也，斯亦宋之一时矣，而何以基亡？君子曰：惟其君明臣良，而徒狃旦夕之画，此所以一当世乱主昏，而败亡随之也。自昔开基之主，庶事草创，多所未皇。一再世必有象贤之嗣，以弥缝祖宗之阙失，而补其不逮，然后天下之治若泰山而四维之。汉四传而得孝武，儒者皆訾其穷兵。夫使汉武东不荡，西不除，割岁缯以奉夷狄，一如文景之世。再传而孝昭，主少国疑，边声四起，欲国无危，得乎？汉之所以迄元、成而匈奴宾服者，武帝力也。宋之景祐、庆历，亦汉之建元、元光也，

① 庸，通"用"。

② 夷狄，清印本作空白。

而其臣主失策，以贻子孙忧，请得备陈焉。

元昊鸮雄，未翼而鸷，即曹玮诸臣先见之，曾不戒于未雨，卒使鸱张而莫可如何，失一。夷简即非纯臣，当庄献时，颇有社稷功，且得君专也。诸臣不深惟大谊，而至宰相谏官互生同异，廷如聚讼，边事罔恤，失二。契丹无故索地，特声言加兵耳。戎之生心，其何爱于我？而宣言我？彼盖内惮于澶渊之役，而姑尝试之也。乃君臣错愕，益之岁币，而顾争强弱于献纳二字之间，曾谓国有人乎？失三。契丹既已属厌，元昊亦遂眈眈，乃阳为纳款以邀赂，而宋亦复以金币饵之，一之谓甚，其可再乎？失四。侬智高之反，彼见元昊之得志于西，尤而效之也。微狄青，几如夏事。乃既平，而曾不使臣如青者当阃外之任，反加猜疑焉，是德用之续也，其谁不解体？失五。元昊既没，弱子僭祚，天奉我也，徒幸干戈之少息，而不闻一矢相加遗，失六。夫赴敌如趋市，用兵如转圜。趋市者时也，转圜者变也。寇可乘，则藉“内宁外忧”之说，而曰：“祖宗自有分土，无生衅外夷。”寇乘我，则藉争地杀人之说，而不难屈中国以事仇敌。盖积衰之极，酿为亡形，则庆历诸贤，知常而不知变，坐失事机者之过也。

绿滋馆考信编卷之二终

《绿滋馆征信编》目录

一卷

大礼　　文庙

官制　　宗藩

边防　　河渠

庶征　　科选

循良　　名理

宠臣　　三庶人

七大寇　艺苑

两广　　土酋

朝鲜　　交南

西番　　三卫

日本　　山海外

二卷

方谷珍　张士诚

陈友谅明玉珍　陈友定何真

刘文成　张统王钝

方希直　铁铉盛庸

陈思贤王省等　张皂旗

姚广孝　夏忠靖杨文贞

目录毕

绿滋馆征信编卷之一

大　礼

肃皇帝追崇大典，断自宸衷，新都、永嘉之论，今犹是非半焉。夫欲拂上之以情，以成我之是，此难以口舌争也。《易》曰："观会通以行典礼。"情有碍，非通；时有违，非通；此可行，彼不可行，非通。考敬皇者，大都以正统相承为词，而抑思是统也，敬皇传毅皇，毅皇传肃皇者也，乃统接。毅皇不为置后，而敬皇有子，"复为立子则统承"之说已穷，而特见夫弟不可考兄，则姑以序焉；姪可以考伯，遂越而加之，要非确然不易之典，可以告宗庙、书史册者也。且是时献皇已薨，故礼臣得为此说耳；使献皇而犹在，以次应嗣位，而献皇之兄敬皇，犹肃皇之兄毅皇也，将遂称考乎？抑穷于伦序，不得称考乎？

王者前星未耀，深计之："臣急请择子，豫储宫中。"仓卒诏下，时势便异。况献皇惟帝一子，大孝莫先尊亲，则圣母当以天下养，献皇当为天子父，固情之必不容已，亦时之不得不然者也。且迎立之事，非得已也，毅皇以不得已称皇兄，则敬皇亦以不得已称皇伯；昭圣以国母加徽号"寿安"，章圣亦以所生加徽号，两宫并尊，岂不名正？章圣安则昭圣亦安，昭圣安则敬皇在天之灵亦安，而必争一考字以为正统？藉是少明。乃统则何关？而使献皇之不嗣，如之何其可也？

献皇必不可无嗣，于是复为迁就之说，别立崇仁，以待异时之皇次子。假使从礼臣之言，则嗣献皇者固当属景藩，而又不禄不嗣，肃皇末年能无风木之感，而别为庙号之议乎哉？帝之初入，礼臣请由东安门。帝曰："遗诏以吾嗣皇帝位，片言定国是矣，安待永嘉？"或曰："遗诏中以昭圣意立为嗣子，犹有辞乎？"而总之非情。夫事有常有变，有经有权，如睿皇之北狩，毅皇之不嗣，皆变起仓卒，不及顾虑。立弟原属权宜，则称谓安能守经？于忠肃惟不过激以就一己之名，故能成景帝之贤，而南宫亦藉以安。杨文忠素识时势，能驭群小于正德之时，而议礼独近固。始章圣闻议，怏不欲入；而肃皇自伤，至愿避位。乃廷臣犹坚持其说，而一唱百和，甚至号哭撼门。曾不思新主初立，人心甫定，此为何时，而可躁率如是乎？犹赖肃皇圣明，章圣容忍，昭圣善处骨肉之间，不然，嫌疑一起，宦妾交构，其中事又有不可知者矣。

文 庙

吴沉、杨守陈皆儒宗，沉辩孔子不当王，而守陈援罗从彦之说，欲崇以帝号。以为：王孔子而不帝，是犹臣之也。夫以鲁司冠名孔子，则嫌于臣之；今主之以道统，隆之以师礼。师则君不得而臣，道则位不得而加，自天子至于庶人，皆为宗主，一世万世，传之无穷，而何必加以帝号，使无其实冒其名哉？孔子于鲁。禘尚不欲观，而无实之称，灵其歆之乎？沉之言曰："天降下民，作之君，作之师。古者治教之任不分，君即师，师即君。二帝三王，君师兼焉者也。孔子未为君，而为师者也。昔贤赞孔子贤于尧舜，必无有祀，而跻孔子于尧舜之上者，故谓孔子为素王，则可谥；而加之王爵，则不可王。则必极之于帝矣，师则无用称王矣。"故帝孔子者，以位为荣，非以道为尊者也。像孔子者，有若之貌为似者也。或言："祭，从爵者也。"夫既不王不帝，则笾豆舞佾之数，无乃邻于僭欤？余曰："不然，君师两大，域中而治统、道统并以主持宇宙。师之尊，犹君也；笾豆舞佾，亦就尊師之礼而加，而非必以爵也。

故祀之以师礼，从之以后贤，使天下知有无爵而尊、无位而荣者，而世教益赖以维。”故曰：师臣者帝。此明王别为鼓舞天下之机权，而羽翼孔氏之教于不朽也。

官　制

详不载

今天下何重内轻外、先文后武欤？自内之外，即以七品参知政，犹左迁也；自外之内，即以黄绶改五品，犹异等也。自外入者，惟州邑长及郡司理，晋居显秩，而郡守与藩臬之贰，百不得一焉。自内出者，惟诸曹郎、监、寺之属，而台省与诸丞贰，什仅得一焉。即均名内职，二京复较异。铨曹之进京堂、出大参也，为群一世之材品，而高下其手，贤且劳也，宜也。诸曹三年而佥事，四年而府守；两京则同，而独等而上之。参知政者，于南百不得一；即少参，屈指数焉。以为原自有殿最乎？而守与佥何以同也？夫循资鳞次，庸愚称为圣书；非次超迁，巧宦借之倖进。然一夫善射，百人决拾，不作则不张。昔有胥吏而守苏者，称当代名臣，则无偏重，而余概以庸庸次也。

高皇罢中书省，置殿阁，所引皆文学之士者，备顾问也，非相也。今虽无相名，有相实，乃不广求中外之阅世故、熟民谟者，而必于翰院。翰院诸臣既将有公辅之任，乃厌夫兵食刑名之琐屑，而不使历试诸艰，以增益其不能也，皆所谓舛也。故阁部互用，中外交重，文武并叙。有异等者，无小大皆得不次之擢；百职有不争自濯磨者，非夫也。此《周官》法外之意，窃附于官考焉。

宗　藩

天派之日衍，而莫可给也，至于今而计愈穷。夫禁之以宫媵，则狭小而亵也；限之以支子，又非亲亲大同之谊也。宽其利达之途，而罢其豢养之禄，贤者见以为甚便，而庸者哗以为疏己。移困宗于他郡，而无令匏系一处。郡王轻，则宗人无所摄而重，则又增一亲王。穷则必变，中外皆知之，何以通而可久乎？

边　防[1]

自五胡浊乱中原，至元而极。彼皆生长中国，渐习水土；非然者，如兽之思原、鸟之思林，即华屋鼎食，弗愿矣。此胡人之性、而中国之所喜也。洪武、永乐中，胡极衰弱，益远徙，以故塞上之戍兵不及四十万。一失于大宁，而宣、蓟中断，开平、兴和亦为虏有；再失于东胜，而河套内沦，水草善地，皆为虏资。正统时，有也先；成、弘间，有火筛。以后益轻中国，敢于深入。至嘉靖中，吉囊、俺答，控弦二十万，每入内地，饱掠而归。我军不敢发一矢，而虏气日骄。幸其志在婪窃，恋恋故巢；计日数程，不能持久。每一大举，晒肉晾马，颇有劳费。若提失不讐，懊悔无已，是以边境得苟免焉。故胡必不可使华，边地必不可再失尺寸。或曰：防边宜车，防海宜舟。舟欲大，车欲轻。车必火具，虏所畏也；舟尤防火，倭所长也。边墙诚糜费，既筑矣，亦防御资也，奈何坐视其圮？外夷不可启，既援矣，则我藩篱也，岂宜更失其心？虏利在金帛，即贡市亦足以縻之；倭已隔海洋，则贡市适所以招之。读《祖训》，南北之防可思矣。

河　渠

河源起北纪之首，曰北河；江源起南纪之首，曰南河。江始岷山，浸至楚荆，波涛汹涌，奔流赴海。河源虽长，未若江广，而为患最大，治无善策，何哉？夫河能为灾，亦能为利者也。故不知河之利者，则不能抑河之害。禹平水土，亦尽力沟洫，而稷成之东

① 清印本删去此文。

南，无不耕之土。

分畦列畛，亩自为浍。顷共为渠，疏而成川，窪而成渊。漏者坊，塞者濬，四野沟洫，皆治水之处；三时耕敛，皆治水之日。家家自力本业，皆治水之人。试观沿江圩田，重重连堤，即有冲决，讵至百损？故能束横流而注之海，而利九害一。西北多荒土，种亦黍麦，水不为利，遂反为患。稍暘则倾泻而无所停，淫雨则肆溢而无所约。桑海时变，听之河伯，而曰：神不可以人谋。则宁夏之沿河套地，最号沃壤，神何独庇此一方乎？又谓西北不可以稻，则三代之盛，都于冀、雍，曷尝仰给东南？夫天人互胜，损益相生，利害旋转者也。垦田受一分之利，即治河减一分之患。使方千里之水各有所用，而不至助河为暴，此十全之利也。使方千里之民各因其利，而不烦官府之鸠，此执要之理也。土著之民各识其水性，因以顺为功，其与不习之吏骤而尝试，逆施而倒行者，又相万也。

海运之法，以为海波甚险，而闽粤镜澳，全以航海致富。以为岛夷足虞，而当元季世，犹能什达六七。嗟夫！非常之原，世之所惊也。即十全之垦田，犹病阻格，况海运利害参焉者乎？然海运不可复，而胶莱故道，宜备缓急；垦田不可兴，而沿河诸邑，亦宜广疏通遗派。治河，派壅而河终溃；舍河议漕，河决而漕并坏。故分支导河，因河为漕，此必然之势，亦自然之利也。计今独泗陵不得不严为堤，其他无分河南、山东，第相河必下之势，以成其必由之道，亦如南江，庶几一方病，而诸郡犹不为鱼乎？若夫彼此顾忌，首尾牵制，较利害于毫毛而不权其大，取旦夕之苟安而不计久远，石坻强凿而罔功，漏卮旋塞而随裂，此无异于捧土为戏者也。

庶　征

详不载

余所纪休咎之征，大都灾异多，祯祥少。以所谓祯祥者，或出于谐臣之献谀，未必实；而高皇帝又戒中外毋以闻也。即书灾异，亦以愚陋，多阙遗。昔春秋二百四十二年间，书日食者仅三十六，而先儒或以为史官失之，然要以示儆戒，备修省，而不必举其详。且史而阙文，尼父志之矣。议者谓天官久废，名号徒存，日月之交会，气朔之盈虚，中节之缓急，昼夜之短长，似多违舛。以故正德戊寅日食，庚辰月食，时刻分秒，起复方位，多与钦天监推算不合。嘉靖三年，华湘尝欲更定，以为历之所以差者，由天周有余，日周不足。天周有余，则天常平运而舒；日周不足，则日常内转而缩，天日之差，于中星验焉。尧时冬至，初，昏昴中，日在虚七度。今冬至，初，昏室中，日在箕三度。去尧未四千年，而差五十度矣。计每岁差一分五十秒，约七十年差一度。自至元辛巳改历，至今二百四十二年，合差三度，余不报。我朝请改历元者，元统、郑善夫及湘三人。或谓日轮大，月魄小，相掩之际，自下视之，南北不同，千里而差一分；东西不同，千里而差数刻。故万历乙亥日食，京师未甚，江南至昼晦，则地势使然，未可咎历。夫参赞燮理，固自有道；然治历明时，先王之政，革之大者也。苟非其人，恶可轻议更哉？

科　选

国家明经取士，而传注则宗宋儒，盖以黜百家，尊孔氏，亦以昭同文，大一统也。沈氏四声，不过小技；唐人诗赋，仅属雕虫。然终唐之取士，卒未离其津筏。况明经，先贤大义；制科，当代大典。而好奇吊诡之士，恣其胸臆，肆无忌惮，纵有狂夫之一得，何敢技痒于制科？而此于彼喁，一唱百和，群啸为风，聚蟁成雷，近虽稍格于明禁，而犹莫之底止也。广为途以收别材，而树标的以尊明经，则器使维风之机乎？

循良

详不载

夫牧民犹牧马，而乃肥瘠不关，等之传舍，抑何忍也？其为煦煦之政者，亦能使民伐石颂功，徼誉于一时，譬之趋市，时过而事去，与之俱往耳。如召伯流《勿剪》之歌，桐乡世墓下之奠者，上非旦夕之仁，下非旦夕之报也。

国家中外相维，首尾相制，有司凛凛，一不当，执简者随议其后，岂不济济称良？顾绳拘而叹于莫展，权轻而慑于豪右，善仕而巧于获上，斯亦一方病矣。汉宣有言："与我共此者，良二千石也。"①乃今蒙显擢者，惟司理与令，而郡守第循资以进，贰与倅又次之，抑何偏轻重也？熙、宣、成、弘之间，为一破常格，玺书宠异，故我明良吏，于斯为盛。嗟乎！良牧孳孳于拊民，岂必受赏？循吏闷闷于岁月，又安事名？况四海九州之广，耳目所未逮者，可胜数乎？余甚慨焉，而姑举所知，为作《循良传》。其以他事足述，别见诸传者，不复入。

名理

详不载

盖孔孟殁而微言绝，苏张申韩之说迭出而道德仁义之旨益漓。汉祖崛兴，一时翊运诸臣尚溺旧闻，徒矜诈术，遂沿马上之陋习，卒成杂霸之汉治。独陆贾时前说诗书，帝颇称善。然贾所陈诗书，则终汉世诸儒之章句耳。至于晋世，益为虚无悠谬之谭，而国祚随之沦夷不振。唐人徒以诗赋为攻，视汉益又陋矣。盖起战国以及五代之季，上下千余年，仅有董仲舒、韩愈、王通数人，犹能言孔孟之道，而蔽于故习，未有起既坠之绪而揭之中天者也。濂洛诸贤代

① 原文千字后佚"石"字，据《史记·孝文本纪》补。

起于宋，而圣学始明。我明取士，独宗宋儒，寓内家传户诵，即有隐怪之徒，无所容其说。乃今师异教，人异学，莫知所底止矣！《书》曰："惟精惟一，允执厥中。"《易》曰："君子学以聚之，问以辩之，宽以居之，仁以行之。"此知行合一之理、儒者并进之功也，何可歧而二？又何可专言一乎？诸名儒如薛文清、王文成、陈文恭、胡文敬，及吴与弼、章懋、贺钦、罗伦、庄昶、邹智、张元祯、储瓘、欧阳德、吕枏、魏校、何瑭、崔铣、罗钦顺、邹守益、聂豹、罗洪先、程文德、吴悌、徐曰仁、王艮、王畿、殷迈、罗汝芳、王时槐，已别有传，而复搜陈真晟以下诸贤，采其遗言懿行，合为一传，俟后之君子自财[①]择焉。

宠　臣

详不载

高皇帝严宫府，慎内外，以至謦御执事之臣，靡不曲为之防，以故葭莩无安、霍之亲，左右无闳、董之属，虽心膂特寄，而朋亡不私。有重臣，无专政，天下安于覆盂。是时，以寓内初定，反侧未宁，暂置缇帅，得典诏狱，而其后若纲若达，若宁若炳者，遂大张威权，卒坐诛削。继晓、孜省、仲文、元节等，起小吏逋夫，妄言方术，幸致富贵。顾其人徒取苟容，无能为者。彬与鸾从边将入，握重兵，此起祸不难。顾社稷有灵，彬既以计去，宁亦复为其侪所忌。鸾初厚炳，炳卒扼鸾而致之族。邪党自为猜异，遂不能大肆其奸，《传》曰："宠而不骄，骄而能降；降而不憾，憾而能眕者，鲜矣。"君子所以有取于袁彬也。

三庶人

文皇英武天挺，内迫嫌疑，奋起北平，廓清家难，中外臣民，

① 财，通"裁"。

服其功而亮其不得已之心。熙、宣之际，国家无事，主圣臣良，巩于泰山，而汉王乃恃异时尺寸之功，怏怏不服，欲以区区一州之地，与天下争雄，不亦愚乎？置鐇、宸濠，窃窥朝政，遂生异心。置鐇发难，不啻儿戏，旋即成擒。或谓濠从养正言，直走留京，天下事未可知。夫濠故盗魁，豫章民恨入骨，以故一鼓而南昌破。令濠果走留京，适足以招四方之兵，而同归于扑灭耳。故此三庶人者，皆不度德，不观时，而希心往事，自取诛夷者也。

七大寇

详不载

汉人有言：天下之患，在土崩，不在瓦解。而亦知夫瓦解者，土崩之渐也。履霜坚冰至，可畏哉！夫智绐愚，豪驱贫，强使弱，冯[1]山啸峒之雄，揭竿持筹之惊，何国蔑有？第先王驭之有道，常予愚民以生全之乐，而时宽豪民以使过之科，故其人两不相附，而乱无繇起。即有之，可朝发而夕擒，能为乱而不能为大祸。后世严刑横征以贼其民，使骁雄桀黠之夫得藉以煽动天下，陈胜亡秦，张角亡汉，刘渊、安禄山亡晋、唐。我国家中外相维，最称久安。然二百年间，边庭肘腋，盗数窃发，二正之世犹甚焉。始成于有所激，而卒赖社稷之灵，不旋踵而扑灭也。假令土木之变，闽处未平，洞贼方构，宸濠中起，此皆时事之不几者也。殷鉴不远，故传其事以备衣袽之戒云。

余令宁化，见其山多旷土，邑人招游民垦其中，至众数千。叹曰："此非邓茂七之所乘者耶？"计渐散之，会余调归邑去，处贼始则掘地作奸，既乃群聚，行劫楷、平。二盗先闽后浙，先诛后抚，颇识兵机，遂能定乱。郧中流民，志在利土毛，特迫强梁，故杰利用抚。南赣、郴[2]、桂则据险匿众，数反覆，不一大创不可。故金

① 冯，通"凴"，凭借之义。

② 郴，原文作"彬"。

守仁[①]利用征，而两地亦各以安宁，至今无患。河北贼从横畿辅，转掠东南，分党肆出，连破州县，何异黄巾之变？顾知文升贤，戒勿屠城，谁谓盗无良心？使中锡之说得行，功岂在杰下哉？蜀地天险，古多窃据，重以群小乱政，遂至生心。固安之变，或曰："非我族类，其心必异。"夫然则以夷攻夷，非欤？而休屠子何以显于汉？

艺 苑

详不载

世之高贤而不为时用者，往往以其豪爽不羁之意，寄之于艺，而其贤反为艺所掩。夫艺成而下，道成而上，而艺非道则不重。画家谓儒笔，又云士气。斯亦心之所写，而非徒袭取于绘事间者也，书家亦有"心正则笔正"语。夫黄稗为美，博奕犹贤，矧兹二家，最称艺苑。苟其人足表于士林，固当并附之列传，令观者缘其点画象形之间，而徐想其消摇自适之趣。使贤者不为艺掩，而不贤者不得徒以艺取重，如是而艺苑中，其无遗行乎？

两 广

两广寇穴，山谷流民迫饥寒者，复蚁附之，为患久矣。其始由以抚安为得计，苟幸目前；而后又苦兵革相寻，使不得息肩，如绳已解，而棼之也。自叶盛、韩雍、邓廷瓒、杨信民、朱英、姚镆相继为督臣，虽或剿或抚，各异其施。然先有讨以示威，而后用抚以布德，则韩雍之荡其巢穴，治以土官，尤为两广功之首云。

① 金守仁，疑为"王守仁"之误。

土　酋

详不载

窃惟唐虞三代之盛，德化四达，其在荒服，亦惟声教加焉。后世舆地渐扩，化理反阙。夫因民顺俗，固驭酋之上策。苟其丑类相安，为我不侵不叛之臣，斯亦不治之治乎？

明兴，茂德湛恩，远抚长驾，凡酋僚蛮僰徭獞之地，西起牂牁，东抵湖岭，南尽海上。跨百粤，连三江，莫不稽首称臣，壹禀约束。第酋性靡常，乍嗔乍喜；重以疆吏失驭，或索贿召侮，或喜功生衅，诈以谋成，罪以功解，酿祸外酋，为中土忧，请得备诸酋官土俗，及当代叛服之故，俟谋庙胜者采焉。

驭酋者，慎无轻用兵哉！此悍将所倖以为功，而不得更逃之招抚者也。故胜则我师已耗弊，不胜而后抚之，祇取侮也。昔在宣德，八百甸土官苦波勒，请讨之。宣宗曰："八百甸去云南数千里，荒服外地，且波勒昔未归化，奈何勤中国，为远酋役乎？"王文成之议去流官：以为未设流官之先，土人岁以兵三千，听我之调发。既设，而我反岁以兵数千，防土人之反覆。即此一事，利害较然，故孔明不惮七擒之劳，而卒之一旦尽返其故地者，攻其所必欲抚，而抚其可无再攻者也。此刚柔并用之术，驭酋之妙用也。

朝　鲜

朝鲜于古最称强国。隋炀帝穷四海之力，发兵数十百万东征，再驾，卒无尺寸之功。唐文皇乘百胜之余威，灭高昌，擒颉利，能使胡越一家，而竟不能得之辽左，亦何雄也。乃今蕞尔倭奴，曾不比于隋唐之俘虏，而举朝鲜若振槁，且俘琉球王以归，何哉？二国固唇齿地也，交狃于承平之故，而徒恃我字小之仁，其卒以两折，宜也。夫倭之剽悍，为我患，且为朝鲜南面忧也，则高皇帝之神圣，已明见万里之外，而又逆知累世之后矣。

交　南

余初睹杨文贞交南之议，亦以为轻弃其土，自损国威。及观思田诸土官之乱，竟无宁日。假令交南再复，至今用兵几何？所耗弊中国士马饷馈又几何？失此弹丸之地，于我何损？而得之，其为损益半也，乃知老成之长虑也。或曰：镇以张辅，可令如滇中。然而，未可必也。谋国者，亦算其多者而已矣。

西　番

宋敝于辽金，唐疲于吐番，而我明以官赏贡市，两羁縻之，东西鄙稍以安宁。夫明王不贵异物，即肃慎之楛矢，西土之名马，岂足珍哉？要以阴为款伏，固我疆场。而曲士闇于大体，至为较偿锱铢，墨臣因之为利，壮夫藉以倖功，我诈尔虞，操戈内向，衅端既开，累岁不解。而主计者外畏谗口，訿我天讨不张，蹶必欲起。顾形禁势格，终无一筹。乃至借饬邪衺，诡道倖胜。盖以马文升之智，其处番酋最得柔远之道，而犹失之哈密。至于兵连累世，不得要领，而其究竟，姑置之也。兵真难言哉！夫建奴恶其类于华，番酋恐其比于□，利害略相当，而我所以驭之者，亦东西埒也。则马文升之拊安，王琼之解结，李秉之厚往薄来，此三策者，不可不熟计之矣。

三　卫

三卫不可睽而附于虏，则腹心之溃也；朝鲜不可折而入于倭，则门庭之寇也。凡宜抚而兵，宜兵而需者，皆事之贼也。假令从鸾议，三卫未必复，而更生一俺答为边境忧，又朝鲜而非倭寇，天子赫然震怒。必绥之兵，则孤城势必不支，而辽左之苦倭，岂减于昔日之闽浙哉？此成败之几也。或谓三卫、开平既失，宣、辽遂隔若胡越，不能捍蔽，而套□反居垣内，尤为腹心之忧。夫百年之寇未易剪灭，而谋国之臣，当为长虑。盖□蕃而愿固其巢，情也。即彼亦未必欲生衅于我，而惧我驱轶，故两地皆宜复，而卒未敢轻议也。即复之，而□必争，未必可守也。

日　本

以高皇帝之威灵，无岁不为海上之防也。乃今寇去，则泄泄以为无虞；寇至，竟仓皇无措，束手坐困，奸豪复欲藉开市以自封。夫其始为市也，固不宜骤罢，而使狡侩反得为政于□岛。今罢且久，而逋薮悉清矣，又安可再启，以挑□人之衅哉？夫倭不可使陆也，格倭不可以短刃接也。故曰：备倭者，无如备之于海。海战无他巧，但识风候，齐号令。以大舟胜小舟，以强众胜寡弱耳，此中国之长技也。不然，瑞佐以一贡使，尚能蹂我数郡，况复互市，而使攘攘交至，表里为奸。如复生心，往事足鉴。故拒其入贡，严其通市，庙堂所宜力持，而祖训之为后世虑者，至深远也。

山海外

详不载

昔博望盛夸西域之美，卒中武帝之侈心。远方珍怪之物，非民养生送死之具，不足多也。其俗□□，其人行禽，饮食衣服，不与华同，不足臣也。第远至迩安，盛治之征；王道荡荡，无外不来者，勿强；来者亦勿拒。昔唐有《王会图》，宋有《四夷述职图》。大中祥符间，张复乞录朝贡诸国，宣付史官，代亦侈为盛事。臣窃睹国家声教四讫，殊方委命归依，西南土酋已多内属，而交趾旧隶南服，朝鲜世作东藩，独倭奴北虏数为我患，□□土番亦屡构兵。

□□西番，叛服靡常，故并为《别传》。其西徼限山，东南负海，按之图说，诸国不啻星罗，已载他书，亦不复详纪。而第采来宾于魏阙，昭文德於幽遐，取其尝入贡称臣者，作《山海外夷传》，以明一统之盛，修太平之壮观云尔。

郑端简有言：□不言往来，往来诸侯也。四夷来王，八蛮通道，天子未闻有报使焉。高皇帝何以有海外之使乎？示更始也，而非独于此也。胜国亦胡也，其丑类固当拊而且威之，是夷夏之再防，而冠履之复正也。郑和之泛海，与胡濙之颁书，是亦不可以已欤？则国有大疑焉。嗟乎！译越裳于海波，虽征周德；槎星河于绝域，几续秦亡。高帝有言：地广非久安之计，民劳乃易变之原。无故兴兵，徒伤民命。祖训为虑远矣。

信征编卷之一终

绿滋馆征信编卷之二

方谷珍

谷珍小丑耳，非有张、陈群雄之勇悍远略。且初发难时，蕲、黄、徐、颖之兵，尚未动也。蔓草难图，爝火易熄。以天下全盛之势，而不能制区区一海寇者，则招安之说误之也。国威既弛，人各生心。四方蝟起，遂成瓦解。或曰：友谅之剽悍，我明高帝之项藉也，谷珍其元之陈涉与？是皆圣王之驱除云。

张士诚

余叙《士诚传》。甚哉其器小也！高帝料之审矣。东有陈友谅，西有方谷珍、陈友定，而不能引为唇齿，成犄角之势；又不敢乘虚捣建康，而今日攻常州，明日寇宜兴，其志以为得此二郡，则可以跨有吴越，坐观天下成败。彼建康去平江稍远，且素强，姑置之耳，卒以亡国，非不幸也。然能以孤城与民共守，竟死不作降天子，所谓妇人之仁，匹夫之谅者乎？

陈友谅明玉珍

友谅起刀笔，遂并荆湖，跨有江右，可不谓雄哉？以友谅之勇悍，不难于鞭鞑中原，扫残胡之烬，而未闻一矢相加者，意欲竟长江之地据而有之，以作孙仲谋之业。于时江南数雄，皆无足当其睥睨，独我师为劲敌，此友谅所以屡败而不能须臾忘我也。明氏方天下有事，而坐保西蜀，不敢展足。数雄已灭，援绝势孤，辟之穴鼠，不亡何待？明氏之兴也，实依伪汉；及其亡也，亦与俱迁朝鲜。理耶？升耶？令人感《松柏》之歌云。

陈友定何真

友定之据延平，为公乎？为私乎？惟其托名元臣，则势不得不与数雄为敌。夫既与数雄为敌，而欲以一隅之地，介于强大之间，友定即不死元，明亦必死诸敌手。或曰："友定，元之陈蹇也。"又曰："友定踰山跨海，而藉力于元，其公孙渊之臣吴钦？"何真之烹成奴，视光武之待苍头子密，犹过之。其识兴废，归真主，与窦融、李勣等矣。

刘文成

高帝以神武定天下，群策毕臻，然成败呼吸之断，独属之文成，至比为子房，数称先生而不名，其造膝密语，亦秘不得闻。野史言文成未遇时，尝游西湖。有异云起西北，光射湖水。客以为庆云，将赋诗。文成大言曰："此天子气也，在金陵，十年后英主出其下。非我，谁名世者？"夫文成既望云气而卜英主出其下，慨然以名世自负矣。岂不能隐忍待时，而复就元行省之辟，卒中谷珍之螫耶？且再以都事往也，伊尹五就桀而后相汤，古贤豪未遇，类如是。世因文成善天官家言，而好神其说。夫文成尝以谷珍首乱，持议必诛。乃当元全盛之日，居都会之中，而敢为妄言，此项梁之所惊，而急为掩口者也。

张纨王钝

张纨治滇，惟宽文法，与民安于无事耳。而是时计吏为群牧冠，特受上知，晋位天卿。王钝受赠金，所以抚□，无使疑贰；输省藏，所以奉公，非直明洁，二人并为滇能臣。纨死而钝生，文皇卒纳钝言而用其身。纨不死，未必无所用；即不用，亦未必不全身以退矣。可以死，可以无死。纨必欲死，从榜揭诸臣之后可也。既因茹瑺言，得解射钩之愤，而隐忍就列矣；乃被责谢职，自缢部中，可谓死官下乎？故钝之不死，未足厚责也；厚责钝则何以进杨、胡诸翊运者？纨之死，未可概与也；概与纨则何别方、黄诸殉义者？要之，两人初心，并欲为王、魏，而所遭者异也。取才焉，以为守远方之臣法，可也。

方希直

高帝重藩封以镇抚天下，未若汉祖之封三庶孽，几天下半；建文君即巽懦，亦非如孝惠之孱弱不振者，乃汉以安，建文以亡，何也？干戈甫定，民乐休息，汉惠顺民之欲，与二三耆旧守画一，端拱无为。即有难端，夫安所乘？乃希直骤欲建贾生之业，而齐、黄复创为晁错之策，纷更多制，已拂群情。炳文老惫，景隆观望，军一再败，人怀贰心。师过山东，势如破竹，犹持文墨论议，坐守以待勤王，不亦迂乎？

高帝之言曰：“今非用孝孺时。”而岂意建文之时，尤难于高帝之时，则帝所谓老其才以待用者，用之文治也，非武功也。以祝鮀治军旅，非其质矣，然其矢死靡他，至今令人悲壮。过涉之凶，何可咎焉？

铁铉盛庸

铁铉才为世出，盛庸勇冠三军，东昌、浦口之战，靖难兵几殆。顾他将皆驽质，仅一平安，又成擒。势孤寡援，终以身殒。天之所废，谁能兴之？黄钺知姚善非定乱之才，而卒与戮力俱死。高巍当□事既去之日，而欲效游谈于口舌之间，所谓朴忠者乎？宋参军者，不知何名，与钺策皆甚善，而时不用，天也！

陈思贤王省等

逊国臣

陈思贤、王省，卑官也，然犹师儒之选也；郑华、刘亨，小吏也，然犹一命之寄也。刘政、高贤宁，则未传，贽为臣矣，然犹被服于诗书之教，而列名于胶序之中者也。龚翊以门者捐身，储福以下走高蹈，斯亦曩时侯嬴厕养卒之朋欤？益以征国家养士之报矣。

张皂旗

张皂旗者，不知其名，力挽千斤，以指挥从征。每战辄挥皂旗先登，军中呼为张皂旗。转战山东，屡有俘馘。至夹河，力战死，犹执皂旗不仆，北军皆异之。是时诸将，智勇足任者亦不乏人，乃卜万为陈亨所间，杨本、王度为曹景隆所忌。以张指挥之所向无敌，而使供执旗，用人倒置若此。及观杨本既杀，而成祖重惜其才，则兴亡之几，不待金川失守，而识者已逆窥之矣。

姚广孝

广孝尝著《道余录》，极诋诸先儒，而又讥世之属文者往往剿释氏之绪说以为高。要之，广孝亦貌为释耳。至其立朝涉世，亦多窃儒家之指而阳背之。然而揣摩决策，先知兴亡，实刘文成后一人，其元刘秉忠之亚欤？则广孝业已梦寐自许矣。其友王宾，不为鲍叔而为稚圭；其姊不为聂政之姊，而为狄公之姨。非广孝，无此友与姊。斯所以益征友之心贤，而成弟之名欤？

夏忠靖杨文贞

宣宗新御，群情未定，汉庶人故号勇悍，为诸将素所慴伏。而诸将鉴于往事，又多首鼠二端。六师东指，庶人卒不及距者，忠靖决策之力也。戎首既缚，既余丑勿问；矧于亲藩，无故而加之兵乎？其卒以完赵王，全亲亲之谊者，文贞力也。庶人诛则诸藩惧，赵王全则宗室安，威德并运，此亚夫、田叔之勋也，二子可谓[①]重臣矣。

曹文忠邝忠肃王忠简张忠烈

文忠典枢密，忠肃主兵，忠简主饷，忠烈为勋旧老臣，其人又皆朝之望也。使当时四臣，叩头出血，固执六师不可轻出，以死土木者死阙下，振虽刚愎，其必不能违诸大臣，独奉天子走塞上也。“薄言逢怒”，遂巽懦苟从，楚囚对泣，竟属何益？卒使君父蒙尘，社稷几于不守，谁之过欤？

于忠肃

社稷为重，君为轻，忠肃即得罪英宗，甘心焉。卒之君与社稷而俱全，又忠肃之功也。何者？也先猾虏也，其必不拥空名之主与中国为构，忠肃策之熟矣。不旋踵而归英宗，则忠肃以也。英宗还

① 谓，原文作“语”，据义改。

而不以复辟诤；景帝易储，又不言，何也？让国，盛德事也，忠肃事景帝有日矣，能使为延陵季子乎？忠肃，六卿之望也。忠肃谏，群臣必继之。彼见夫中外臣工有不忘故主之思，而一旦生心，剪其所忌，臣子不足惜，置英宗、宪宗何地耶？此猾虏之计以尝我，而忠肃所为苦心曲图者也。疏请立东宫，而不言沂王，何也？信以为欲迎襄乎？此亨等加之罪也。

夫景帝疾不起，群工皆知之矣。国有人而外求君，无论忠肃不为，亦自揣必不能为也。几事不密则害成，忠肃盖有待焉，而石亨辈先之也。汉高后之王诸吕也，王陵引白马盟，极陈其不可。其论议慷慨，岂不称忠？然无益刘氏。卒安刘氏者，隐忍之平、勃矣。嗟乎！平、勃惟内联将相之欢，而阴结夫一时贤豪如朱虚、灌婴、郦寄父子者，以至如审食其之宵壬，尚以城狐社鼠而佯引为腹心。故动无所挠，一举而汉祚安焉。忠肃惟孤忠自许，是时如王骥、杨善、罗通、石亨、徐有贞、张轨、曹吉祥诸人，故多智，又强有力，而皆与为隙也。且善掉三寸舌，廷说虏以英皇归，功大赏薄，使忌者得藉口亨等成其功，而忠肃受其戮。悲乎！

商文毅彭文宪

景帝不豫，储位未定，群议纷起。善哉文毅之言也："上为章皇帝子，宜立章皇帝孙。"使景帝闻此，必有怃[①]然动者矣。至其力救论己之臣，十数汪直之恶；不合，辄以老去，进退岂不绰绰乎？文宪释褐踰年，骤登辅弼，忤旨罢去，卒再秉枢。引经议礼，绝无顾避，两宫并尊，成君大孝，侃侃乎古大臣风节矣！

刘文靖谢文正李文正

余观三臣，当弘治中屡赐召对，及顾命数语，未尝不为欷歔

① 怃，原文作"抚"，据义改。

也。有君如此，何忍负之？同心戮力，竭以忠贞，夫亦有所激矣。顾机事不密，卒构于谗，鼎为折二，所谓以道事君，不可则止者乎？是时皆嘉二辅之去，而诋李文正之留。夫使当八阉乞哀之日，廷臣姑听其去，而无徒矜气节之盛，徐画万全之谋。瑾辈既出，未必遽能复入，乃持之太急，事遂中变。虎穷而逸，旋复负嵎，甚欲甘心君子。使李文正亦与二臣引身高蹈，则善类一空，朝无老成，瑾祸之烈，岂止此哉？《易》曰：夬夬中行。又曰：独行遇雨，决。小人者甚无过激，而大臣之义，又岂必尽以去为洁耶？故为李文正甚难，而知文正亦不易。即韩忠定诸君子，不逮文正之识矣！

伍文定杨锐

宸濠之变，假令无张文锦、杨锐扼之江上，伍文定豫备于上流，文成仓卒自闽来，亦安能声罪讨贼，而成擒旦夕哉？当时内主兵柄者王恭襄，其要害之地皆守以智勇材略之士，故能不烦征兵而立平祸乱。然而为文定易，为锐、文锦难。文定之功，乘锐、文锦之弊贼而成者也。故皖城之役，胜则为亚夫之壁梁，败则为睢阳之涂地，亦危矣哉！三人同功一体，而锐为首，文锦次之，文定又次之。

杨文忠

当正德时，天下亦多故矣！逆瑾之乱政，汉十常侍、唐甘露之党也；河北、山东、江西、四川之寇，汉黄巾、唐黄巢之乱也。置镭、宸濠之反，汉七国、晋八王之孽也；江彬之以边兵入，汉何进召董卓之衅也。前代有一于此，未有不亡；而正德之季，社稷犹幸以安，岂天命之有在、抑诸臣之维持耶？是时，初则李文正是赖，后则杨文忠、梁文康、蒋文定之功，律以“不可则止”之义，四臣或有愧于刘文靖、谢文正。然平、勃交诸吕，卒安刘氏，则所保者多，而为文忠尤难。初，武宗南巡，倖臣窃柄，天下汹汹，有狂生上书，直数文忠过。文忠延礼生，泣下曰："久当不负良规。"卒能含垢纳污，谈笑而除祸乱，谋定于始矣。是时知文忠者，仅李文正、梁文康、蒋文定、费文宪数人。文正必得文忠而后去，文康、文定，亦必文忠来而后即安，则文忠所係何如哉？顾能审机于群小窃据之时，而不能度义于议礼聚讼之日，岂其感激先皇之恩，必使祀与统并立，而后为不负？抑亦谓世皇仁圣，必能鉴其忠而行其言，故不须武宗朝之委曲纳牖耶？

逊国忠臣总序

昔宋赵韩王亲受顾命之重，而卒挤胤子于死地。尚论者虽加斧责，而犹与其有社稷之伐。靖难之役，文皇帝以嫡嗣入赞大统，鼎命虽新，庙貌犹昨。建文诸臣即达权易虑，以改事君；释憤射钩，愿附良臣，君子犹曰："可以死，可以无死。"乃殷德为是，周粟为非；甘心刀锯，至于妻孥烟灰，丑类歼灭，终不返顾。其他刎颈雉经，诡迹避名，归尽不同，要以讐志完节，舍生成仁。外不负友，内不辱亲；于周顽民，于殷忠臣。

夷考其时，首发大难，秉晁、贾之忠，则文学博士天台方孝孺，兵部尚书溧水齐泰，太常卿分宜黄子澄，御史大夫新淦练子宁，及按察佥事汤宗，千户倪谅。转弱为强，几就而挫，请缨飞矢，洒泣勤王，则兵部尚书南阳铁铉，参大将军事辽州高巍、历城侯盛庸，苏州府知府姚善，给事中常熟黄钺，知宁波府日照王琎，知凤阳府鄞人徐安，知徽州府莆田陈彦回，松江府同知亡其姓名。曲突无功，赵厕不效，沉湘断舌，视死若饴，则礼部尚书宣城陈迪，礼部侍中贵池黄观，户部侍郎瑞安卓敬，御史大夫真宁景清，刑部尚书山西暴昭，户部侍郎仙居卢迥、丹徒郭任，礼部侍郎黄魁，刑部侍郎大足胡子昭，都御史江都茅大芳，大理少卿鄱阳胡闰、寺丞永丰邹瑾，太常少卿宁海卢原质，左拾遗奉化戴德彝，给事中西安韩永，御史归善王度、怀宁甘霖、朝邑高翔、兖州王彬、永丰魏冕，户部主事平凉巨敬，宗人府经历宋征。卢振、周璿、谢升三人，俱忘其官。从容赴义，不激不靡，则吏部侍郎毛泰，都御史山阴陈性善，太常少卿襄阳廖升，翰林院修撰黄岩王叔英、编修吉水王艮，衡府纪善泰和周是修，给事中莆田陈继之、义乌龚泰，御史庐陵曾凤韶，浙江按察使祥符王良，江西按察副使崇德程本立，知沛县庐陵颜伯玮，知萧县仙居郑恕，东平州吏目临海郑华所，镇抚沅州周拱元，中书舍人何申，定海梁良用忘其官，燕山卫卒无锡储福。绌肺腑之私情，坚股肱之大义，带砺可改，寸心不移，则魏国公徐辉祖，驸马都尉梅殷，谷府长史刘璟。志决身歼，知穷力竭，则刑部侍郎泽州张昺，燕府长史葛诚，伴读宣城余逢辰，刑部尚书南和侯泰、泰隶茅卯仔，都指挥谢贵、彭二、马宣、朱鑑、瞿能，能子忘其名。宋忠、余瑱、彭聚、孙泰、庄得、陈质、楚智，张皂旗忘其名。指挥王资、崇刚、宋瑄、张伦，卫镇抚曾濬、杨本，兵部侍郎庐江陈植，凤阳都督孙岳，御史董镛、叶希贤，国子博士黄彦清，辽府长史绩溪程通，宾州知州南康蔡运、理问、徐让，县丞卫健；漳州府教授陈思贤及六生伍性原、陈应宗、林珏、邹君默、曾廷瑞、吕贤，济阳教谕王省沛、主簿唐子清、典史黄谦，牛景先忘共官。窜迹文身，甘同巢许，则兵侍郎黄岩徐垕、大理丞万安彭与明，钦天监副刘伯完，知卫辉府合肥孙镇，按察司佥事胡子义即子昭弟。金川门守卒昆山龚翊，长洲举人刘政，济阳生员高贤宁，郎中梁田玉，中书梁良玉、宋和、郭节，梁中节、何洲、郭良三人忘其官。武进丞刘亨，永清典史周缙，雪庵僧、河西佣、川中补锅人冯翁、东湖樵夫。疑以存疑，则工尚书严震，直太监吴亮，编修程济，计死义者一百六人，遁迹者二十二人，传疑者三人。又北平诸州县不屈而去朱宁等二百九十人，缒城逃去郎御史给舍四十余人，俱忘其姓名。而太宰张纨、侍讲楼琏、都督平安、耿炳文父子，及株引而戮若廖镛、廖铭、刘端、王高、郑公智、林嘉猷、郑居贞等不与焉。

自书契以来，未有忠义若斯之盛者也！夫汤网已宽于当代，旌祠益锡于累朝，诸臣有知，犹且报恩地下，岂非明德之光而宗社之卫哉？余故考《吾学编》及别所纪载，而列其官爵邑里姓名，其炳炳照耀人耳目者，别为列传，与靖难勋臣并称不朽云。

韩郁尹昌隆罗义传

韩郁未详何许人，官御史。建文中，诸王以罪削，郁上书，言："诸王亲则太祖之遗体，贵则康皇帝之手足，尊则陛下之叔父，使二帝在天之灵，子孙为天子，而弟与子遭残戮，其心安乎？此皆竖儒偏见，病藩封太重，疑虑太深至此。夫唇亡齿寒，人人自危。周王既废，湘王自焚，代王被逮，而齐臣又告王反矣。为计者必曰：兵不举则祸必加。是朝廷执政激之使然。今燕举兵两月矣，前后调兵不下五十余万，而一矢无获，可谓国有谋臣乎？经营已久，军兴辄乏，徒使中原无辜赤子困于转输，九重之忧方深；而出入帷幄、与国事者，方且扬扬自得，彼其持议必削诸藩者，果何心哉？谚曰：亲者割之不断，疏者续之不坚。陛下不察，不待十年，悔无及矣。幸少垂洞鉴，释代王之囚，封湘王之墓，还周王于京师，迎楚、蜀为周公，俾其各命世子，持书劝燕罢兵守藩，宗社幸甚。"不报。郁后不知其所终。或又曰康郁。

尹昌隆字彦谦，泰和人。洪武十八年进士，授翰林修撰，改监察御史。建文君初立，朝晏，昌隆谏曰："太祖高皇帝鸡鸣而起，昧爽而朝，未尝日出以临百官，百官于是乎戒惧。今陛下嗣守大业，固宜追绳祖武，未明求衣。乃溺于宴安，日刻甚晏犹未临朝，群臣宿卫疲伺废业，上下懈弛，非社稷福也。"建文君曰："昌隆言中朕过，其以颁示天下。"靖难兵既南，昌隆上言："今事势日去，而北来章奏以周公辅成王为言。不若罢兵息战，许其入朝。彼既欲申大义于天下，不应便相违戾；设或有蹉，便当让位，犹不失守藩。若沉吟不断，祸至无日；进退失据，虽欲求为布衣，不可得矣。”

文皇即位，昌隆列榜奸党。临刑，昌隆大呼曰：“臣曾上书让位，陛下奏牍尚在，可覆也。”立检奏，上视之，叹曰：“火烧头早从此言，南北生灵受祸不若是酷，朕亦无此劳苦。”遂贷之。亡何，以为北平按察知事，进行户部主事，改礼部。礼尚书吕震忌昌隆，诬与谷庶人通谋，遂论死，没其家。后震病，时时呼号乞解曰：“尹相尹相。”妻子问故，曰：“昌隆守欲杀我。”震竟死。

罗义者，山西清远戍卒也。靖难兵起，诣阙上书，乞息兵讲和。又录其所上燕王书，言：“殿下聪明英武，今之周公也。宜谨守燕土，以法周公辅成王之义。殿下今以藩国敌朝廷，即遂其愿，犹为不可，况万难无一易哉？乞早息兵归国。”书上，下义狱。

文皇即位，出义，擢给事中。未几，升湖广参政。

吴士奇曰：三人皆不得称逊国臣，传之以明建文之懦，所由失国耳。郁论差正，君在与在，君亡与亡。昌隆为国重臣，敢于倡异议，而建文与诸大臣亦竟置不问也。人臣无将，将必诛。古人固有奋请尚方剑，先斩议降者，而后背城。借一如或不济，宁作断头将军，耻为降将军。妄语勿诛，则观望者益生心，而军威不振。李贽乃谓昌隆卫卒之见，胜方正学十倍。大都此秃所取者，隐忍苟活若冯道、谯周之流，无足怪也。

徐爱冀元亨传

徐爱字曰仁，山阴人，其妇，王文成之女弟也。曰仁为人和粹谦冲，而深沉独得。文成之自龙场归也，曰仁与蔡希颜、朱守忠首受学焉。已，同举进士。曰仁于文成诸弟子中最少，而闻道独先，诸弟子皆自以为不及也。文成每语入微，辄曰：“此意惟与曰仁及之。”文成方宦，而曰仁与其友陆澄谋耕于霅上，以俟文成归，为久聚计。未几卒，文成哭之恸。先是，曰仁游南岳，梦神抚其背曰："女，颜子也。"[①]后果如其年。

冀元亨字惟乾，武陵人，文成子之塾师也。文成讲业赣州，宸濠浮慕之，佯以书问道焉，而文成亦佯嘉其意，遣元亨往报之。及见，濠语殊不及学，微有所餂，元亨若为不喻者，顾独谆谆与言学。濠笑曰："此木彊人耳。"而犹以文成故，优礼之。一日，元亨讲《西铭》，至"父母宗子"，则正色厉声，反覆言君臣一体大义，词甚激切，听者神慄。元亨盖借以讽濠，濠恚猛大诧。濠素刚暴，异时每大诧，其人辄立死。左右皆为元亨惧，而元亨从容理前语毕，乃退。濠异之，遣归，赠以金，元亨却不受。文成闻濠发怒元亨，亟遣人从间道逆之。濠寻反，卒为文成所擒。倖臣张忠、许泰欲夺文成功，不得，则诬文成初亦与谋。乃讯濠曰："闻守仁故与王通，复卖王以为功，有诸？"濠曰："无之。"屡诘，曰："独尝遣冀孝廉来讲学耳。"忠、泰大喜，急遣吏捕元亨至，榜掠炮烙，迫使诬文成通濠，元亨终不言。文成闻而痛之，然畏构者方急，不敢遽白其枉。久之，乃徐疏："元亨怀报国之忠，笃事师之义，而以臣故，横被冤。臣无状，义当与之俱死。"言官交论救，事得白，而元亨已死狱矣。元亨忠诚恻怛，视人犹己，其在狱中，善视诸囚，时分食饮，囚皆感泣。初，有司逮其妻李氏，李氏殊无怖色。或问之，曰："吾夫平生惟尊师讲学，不知其他，吾何愧何惧耶？"狱中日治麻枲，暇则诵书。事且白，守者欲出之，李曰："吾夫安在？吾出安归乎？"按察诸夫人皆重之，召之见，初辞，后乃以囚服入。问之学，曰："吾夫之学，不出闺门衽席间。"闻者慄然，以为非元亨不能有此妇。

吴士奇曰：文成之从游固多，至于亦步亦趋，吾见其进者，惟曰仁。可与浮海，不避险难者，惟元亨。曰仁蚤没，元亨亦死谗夫，惜哉!兵莫善于用间，文成之遣元亨，殊有意。必若人言，曲逆之进亚夫使，亦遂以为罪乎？是时有孝廉刘养正者，故濠党也，而雅有才名。其坐濠诛也，文成顾为文以哭之。深乎文成几！彼鉴

① 女，同"汝"。

建文之往事，而倖濛之成者，皆一时名流也。不如是则反侧不安，匪特孔明之哭马谡也。

绿滋馆征信编卷之二终

绿滋馆征信编卷之三

周尚文梁震沈希仪俞大猷戚继光万表传

周尚文字彦章，陕西西安卫人。弘治、正德中，以世指挥屡出塞，独当虏，积功官凉州副总兵。尚文多智而善骑射，读书通大义，性澹约，与士卒同甘苦，能得人死力。尤善用间谍，悉知虏中曲折，故每战辄胜。嘉靖中，套虏数渡河侵境，尚文筑墙以御。虏时扰我，尚文募力士持长竿铁钩，伏于渡口，伺虏马入，辄起钩杀之，虏畏，不敢复入。寻拜征西将军，镇守宁夏，移镇山西，复移延绥。所至俱以战功显，进都督同知。无何，入提督团营，改后府右都督，掌府事。复以虏急，出镇大同。十九年，虏十万众驻牧河套，窥榆林，尚文与抚臣贾启以事构郤，总制刘天和以闻，上敕责之。无何，虏入延绥，夺尚文俸。其秋，虏复扰固原，会大雨道泞，虏弓矢胶。尚文大破虏于黑□，杀□囊□满□，斩首百有奇，进左都督。尚文尝条上御虏四十余事，垦田五万亩，修筑镇口诸边墩堡五十里，加太子太保。二十五年，代府奉国将军充灼反，诱虏入。尚文计擒之，以功加少保兼太子太傅。是岁，虏再寇宣府，总制翁万达疏言："虏素轻宣府，诸将易与，请更以尚文。"得报，檄尚文介马驰至。尚文简其锐卒以东，倍道兼行。虏方薄曹家庄，闻尚文来，大骇。时虏众数十万，尚文所将卒十不当一。虏悉众围尚文军，尚文屡破之。围旋解，虏骑复合，凡三日夜，而万达急领骁骑数千人来。会大风，万达、尚文合击虏，虏始解围去。尚文疾以轻骑掩虏后，大破之，斩首四十级。二十八年，□□□□寇大同，直抵怀来，尚文大败之，斩首五十三级，以功加太保，俄病卒。

自壬寅后，虏数入宣大，山西无宁岁。边将望风奔溃，惟尚文数当虏有功，而沙城、怀来二战，尤奇绝。边士素德尚文，闻尚文来，即卧病，无不扶杖立起，愿为尚文死者。然性倨，喜持人短长，以故幕府多不悦之。尚文死，其子乞恤典，自张父功，给事中沈束复为之请，上曰："赏罚出于朝廷，岂人臣所得私耶？"杖束，锢于狱。庚戌之变，司业赵贞吉请追录尚文功，出束于狱，以励诸将士，上不许。后十余年，始赠尚文太傅，谥英襄，而束系犹如故。又四年，而束妻张氏上疏曰："妾夫沈束，猥以愚昧，冒于圣听，待罪囚係一十四年。束亲老无子，伶仃孤苦，止妾一身，日勤女红以供朝夕。束父今年八十有七，衰病侵寻，更无可讬。臣茕茕寡妻，顾此失彼，欲归养舅，则夫饘粥无资；欲留给夫，则舅又奄奄待尽。束累臣，诚不敢复顾私家，切睹圣朝仁恩旷荡，庶类乐生，岂妾一门穷苦颠连，独遗覆载之外？妾每自念，不惜一死。所以忍隐苟延者，冀天地有曲全之仁，雨露无不被之泽也。今妾舅已当垂死之年，妾夫未有再生之日，妾愿以身代系，暂容束归，送父终老，赴狱待罪。陛下不废法，而束父子之情亦少伸矣。"疏入，不报，久之乃释束。

穆皇帝即位，赠尚文太保，改谥武襄，复束原官，束故为徽州府司理。

梁震字子东，新野人，世榆林卫挥使。嘉靖中，协守宁夏兴武营，先登破虏，进游击将军，屡斩首虏，进副总兵，守延绥。再进总兵，守陕西。当是时，陕西少虏患，独大同岁苦虏杀掠吏民，而其卒又骄悍难驭。自五堡之变，杀数大将，气益骄。诸镇抚惴惴，益务因循，以甘言煦士。稍不如意，即反唇瞪目，讹言相撼。总督翟銮才震，请改震于大同。震家丁五百人既得命，驰至军，申明约束，令曰："我无尔陵，尔无我叛，军法具在，必不敢废法，以负朝廷任使。"大同卒素畏震，又慑伏其家丁皆健儿，无不一当百者。

震每语诸卒曰："尔曹敢蔑主将者，恃尔众耳。五步之内，虽众无所用之。"卒稍戢。时出塞，颇有斩获功。初，张文锦以修五堡，为卒所贼。震复议修，谕诸卒曰："此前者行之不善，其地故当守也。"诸卒亦不敢哗。既告成，虏始不敢近塞。震殁，而五堡旋废，于是虏益阑入境，屯云中，逾太原，窥平阳矣。始震在边，日训练其家丁，时出虏不意，劫其营，所得虏马，尽散与诸劫者，故其士卒皆效死趋利，虏益畏之。或尤震起衅，震曰："起衅者，谓承平时虏马牧猎，边将扑杀以邀功也。今虏数深入，驻我内地，戕我人民，塞上城堡半为所破，而独禁我师出边，不已悖哉？"震卒，家丁无所归，散居塞下。守臣以闻，令入尺籍，然仅二百人耳，余皆入虏为向导，宣、大自此多事矣。震赠太保，谥武壮。

沈希仪字唐佐，其先临淮人，世广西驯象卫指挥使。希仪为人短小精悍，目光炯炯射人。尝从征永安，时尚未冠，马陷淖中，腾而上。三酋突前搏之，镖几及颈，希仪俛首避其锋，中镫，乃射杀镖者，而断其颊，囊以归。以功迁指挥佥事。荔浦贼行剽归，希仪度其行，必出蛟龙、滑石两滩，而滑石道狭，贼行必引绳，我军薄之易。希仪欲致之走滑石，乃伐竹，列数百旗于蛟龙以疑贼，贼果趋滑石，半渡击之，贼大败，迁都指挥同知。嘉靖六年，岑猛叛，归顺守岑璋，猛妇翁也，督府姚镆恐璋助猛。希仪素得土官阴事，谓镆曰："璋女故无宠于猛，心恨之。吾方使璋擒猛，何助乎？"镆曰："猛乘上流，拥兵下如建瓴，奈何？"希仪曰："是不足尤，土官大率饱富贵，恐去巢穴，为人所乘。"镆又恐猛急，走交南。希仪曰："走交南，闭关不归矣，彼岂无虑乎？"镆曰："公策之善。"于是分兵五哨以进，希仪将中哨，当工尧。会粮且尽，希仪潜诣左哨，将乞粮，且并兵攻工尧，其将难之。希仪笑曰："兵粮吾自足，姑试君耳。"乃还，夜遣军三百人，缘山绕出工尧背，而煮余粮为稀糜食士。方合战，所遣军忽张帜工尧山，贼大嚣，希仪急攻破之，遂得其积粟食军。乘胜攻田州，阴使璋图猛。璋曰："诺。"使人诱猛走归顺。而左哨将欲夺希仪功，以兵压归顺境，索猛甚急。

希仪令斩他囚，诈为猛首与之，而先一日以猛馘悬军门矣。

镆议设流官，希仪曰："思、恩以设流官，反侧至今未靖。田州今复，然两贼且合从起矣。"镆不听，田州果叛，后竟复土官如故，详《土夷传》。寻擢右江参将，居柳州。柳州在万山中，去城五里即贼巢，左右皆贼耳目，前守刘琏殪于贼。希仪乃听熟傜出入城中，阴得与贼通贩者数十人，厚抚之，使为诇，于是贼动静顾为希仪先得。所雕巢，风雨来去，即肘腋不得闻。每鸣号，诸兵立集听令。希仪命曰："出某门，至贼营始知。"战方合，伏忽左右起，贼大败。已，贼寇他所，希仪军辄先在。虽绝远村聚，贼度官军所不至者寇之，希仪军又未尝不在，贼惊以为神。所得妇女牛畜为邻巢者，悉还之。

尝欲剿一巢，佯卧病。所部入问病，希仪曰："吾病思猎食，若辈能从我乎？"即起出猎，竟至贼巢，去二里止营，军中始知非猎也。遂一鼓破之，最后计擒其最黠贼名韦扶谏者支解之，悬城门。贼为战栗。常于风雨冥夜，察诸贼所止宿，遣人赍火炮，衣毳帽，与草同色，潜入贼中。炮举，贼大骇曰："沈将军来矣。"挈妻子蒲伏山顶，多触厓石死。至明视之，则寂无人，所遣入他巢者亦然。诸巢旦日相闻，益胆落，多易面为熟傜矣。傜既服希仪威信，调征他巢，惧失期，有涉水死者。论者以为前将韩观、山云，第能使傜不为贼；希仪直使傜攻贼。

思、恩既诛，守岑濬改设流官，数反覆。已，闻濬有子金在镇安，其众益汹汹。而酋杨留方从希仪宾州，乃辞去，曰："留小主人在，请往视之。"希仪以留去，必助金危宾州。宾州危，则广右之咽梗矣。乃好语留曰："是岑濬第九子耶？我往征田时，固闻之。"因自语曰："岑氏其复乎？"欲以动留。已，呼留入，密言："吾欲复金官，须万金谢我。"留信之。既出，复呼入曰："韦贵、徐五分将思、恩，必仇金，若善防之。"二人皆土官，希仪恐为金用也，然金实非濬子，特借以号众耳。闻且复官，则大喜，乃将五千人因留以见。门者惧，请无纳金。希仪骂曰："金故土官子，何嫌何惧?”引入，厚结之，而给金至南宁谢御史。金请以兵从，希仪曰：“可。”乃与俱往，朝夕同食。抵中道，谓金：“饷匮矣，宜驻其半，且无令南宁人疑也。”既至，御史亦好语金，当为请爵于朝，金益喜。久之，粮益尽，希仪复令其半归取粮，度金众渐散，乃谓御史：“盍他往?”以金从，可道擒也。御史乃佯至思笼驿，金从之。忽报韦贵、徐五将万人来迎。御史故为袭金状，金骇而跳。希仪度金尚未可擒，令走宾州，馆希仪所，日复与暱。久之，金众益散，希仪乃夜饮金酒，醉而缚之。时留所将狼兵皆驻城下，希仪恐为变，次日召诸狼兵入，立留阶下，大声曰：“赖汝忠，成我事。”趣取红纻被留，留愕然。希仪曰：“汝为我诱缚金耳。”留泣曰：“金，吾主也，何忍诱之?”希仪曰：“汝为之而欲诳众乎?”留不能言。狼兵相顾皆疑，留又惮希仪，不敢发。希仪乃下令曰：“所诛止金一人。”遂扑杀金，留旋病死，思、恩复宁。

希仪在柳十三年，平谿洞五十所，斩首虏五千级，以病归。寻总兵贵州，复归。会北虏入寇，使屯宣大，未几，署都督，总兵江淮。已，复调广西。琼南万州五指山有熟黎，性本驯，守邵濬黩货虐使之，黎乃叛，兵连八年不休。希仪言于督府欧阳必进曰：“诸从逆者，势不可释。其它未相煽者，疑而概剿之，则伤仁；抚而复剿之，则失信。莫若独捣其首恶，首恶既平，诸异志者胆落矣。是公以生赐万州也。”必进听之，而黎平，进都督同知，改贵州。入铜平巢，计甚奇，然秘不告人，人莫知也。希仪胆勇机警，善抚士卒，为耳目，赏不失顷刻。尝病，所部卒为祷於神，至有穿手刺股、毒诸体者。希仪尝笑语人：“诸将以贿博官，何如我捐以与士，使士效死力，而我亦受爵哉?”其为广西参戎时，尝疏言：“狼兵与徭獞等，然徭獞所在为害，而狼兵死不敢为贼者，狼兵隶土官，故易制；徭獞属流官，反势轻难御。莫若割徭獞之地，以分隶旁近土官，所谓以酋治酋也。或恐土官地广益张，夫土官富贵已极，非敢他变。且彼所为能用众者，倚国家之威灵耳。稍有变，肘腋皆劲敌矣。国家之力足以制土官，土官之力足以制徭獞。指臂之势成，两广可无盗患矣。”时不能用。

俞大猷，其先凤阳人，世为泉州百户。家贫，日不能再爨，顾诵读兵书不辍。已，袭官，益习骑，射辄命中。尝从李良钦学击剑，尽得其术。以为兵法数起五，犹一身五体，虽将百万之兵，固可使令为一人也。嘉靖中，以千户守金门，上书部使者言兵，部使者呵辱之，夺其官。大猷笑曰：“此岂吾自见地耶?”乃游京师，以策干兵尚书毛伯温、侍郎翟銮，两人奇而礼之，出守汀漳，迁广东都司。会安南叛人入钦、廉为寇，诸司议募陆兵。大猷曰：“贼由海来，当以海舟破之；若专备于陆，贼舍此击彼，我不胜其备，贼不胜其击，非计也。”乃集海舟，连破之永安、万宁，而安南函贼首以献。倭寇东南，大猷以副总兵战于平望、王江泾、六金坝，皆连捷。而提督尚书张经，以视师赵文华谗入论死，大猷亦坐夺官。无何，东南倭日亟，复以大猷为镇守。大猷言：“防江必先防海，水兵急于陆兵。盖倭长于陆战，每驾小舟来。当别为楼船，集万铳其上，倭船遇之，立摧矣。善战者，毋以短击长，而以长制短。且海战无他法，在知风候，齐号令；以大舟胜小舟，以众胜寡耳。”于是始鼓舟师以战，而舟山贼皆剿。

王直者，故贾人，入海据烈港，勾诸夷贸易，为夷所信服，遂雄视海上。有言连岁倭入，皆直主之，故世宗诏必得直。督府胡宗宪欲擒直以为功，大猷言：“直在海岛，以缯物诱诸夷，一逋逃夫耳。倭之来不来，非关直诛不诛也。诱而杀之，失信。”宗宪不听，遣说士诱直至。上闻得直，则大喜，竟诛直。宗宪恚曰：“吾为俞师笑矣。”倭闻直死，焚舟殊死战，大掠闽地。宗宪奏大猷前违节制，不穷追倭，以至复张。诏逮大猷狱，论戍。

会饶州张琏反，陷江闽诸县。诏诸道合兵二十万讨之，大猷迁南赣将，时宗宪已兼督江广矣。闻琏众散行剽，则檄诸将：“贼弃巢出，此自投死。其各以兵尾贼，奋击之。”大猷具言：“琏虽出掠，其妻子财宝尚在巢。我以大军迫之，琏必还自救。我以兵蹙其后，如拉朽矣。若徒尾贼，三省会击，既难为期；且以数万之师从一夫团走，非策也。”于是，引兵万五千人，疾走柏嵩岭，瞰琏巢而军。琏果归自保，大猷邀击之，俘斩千余人。乃潜使间说贼党执琏。已，得琏，反为两广帅所夺，或请讼之。大猷曰：“贼恶其不灭，岂必在己乎？”翌日班师，不杀一人。

进副总兵，赐玺书加节钺，命控制江、湖、闽、广四道兵。会倭陷兴化，大猷自赣昼夜驰至，驻秀山。都督刘显驻明山，都督戚继光提浙兵未至，上怒，趣使战；而闽绅士又汹汹急于复城。大猷念贼众万人，又入死地，战而我军数仅相当；若迫城而攻，彼实我虚，彼饱我饥，彼逸我劳，一挫而东南事去矣。不若列营以困之，彼欲攻栅以遁，我师掎角取之，可使孑无遗。于是星布兵营，画地凿沟，令东西通而列栅其上。贼挑战不动，闽绅士共诟之。已，继光至，合力歼贼。诸将各加秩，而大猷止赐金币，盖闽绅士已为流言于朝矣。

倭以三万众寇潮州，与盗吴平相掎角，移大猷镇潮、广。盗故惮大猷名，争来降，吴平亦诡言愿杀倭以自效。大猷请于督府吴桂芳曰：“贼以出边为生路，山贼以归巢为生路。今潮兵驱贼，入益深；益深则益以斗。当大集精兵，十围五攻，无使片甲得还。如兵力单，令得遁去，则迁旷日久，劳费无已。”于是将漳兵二万破吴平，而御史反以招平为大猷罪，坐免官。都御史为言于朝，乃得留。二源山袤千里，贼据峒如蜂房，介三郡六县之间，而云溪尤固。大猷曰：“此当诱而聚之者也。”遣王鸾入贼巢为死间，使屯云溪，贼以鸾不欺。已而，大猷日击旁诸巢之未下者，以趣之。诸巢贼果毕聚云溪，冀以缓讨。大猷乃佯言诛李明，师过云溪，贼以牛酒出犒。大猷麾兵急击破之，东峒遂平。

大猷为将，誓众陈师，一决于理。支干孤虚、云物氛祲之说，未尝一讯。轻财重然诺，功则称人，罪则归己。参将汤克宽以罪抵死，大猷力言克宽名将，忠勇善战，请令立功，不效甘同罪。诸所推毂若杨弘举、曾清之伦，后皆为名将。尤习海上事。始倭盛时，议者欲复开市舶，大猷力持不可，侍郎谭纶甚服之，尝贻大猷书，言："节制精明，公不如纶；信赏必罚，公不如戚；精悍驰骋，公不如刘，然此小知耳。诚如霍子孟，任如诸葛亮，大如郭子仪，忠如文文山，毅如于忠肃，可以托孤寄命，则公大受然也。"

戚继光字元敬，其先定远人。高皇帝初，百户祥以战死，世袭登州卫指挥佥事。父曰景通，既世官，践更京师。逆瑾欲为乱，阴结景通，遣人遗席帽，约曰："发难之日，其著此为号。"景通立为黄冠遁去，瑾败乃还。青州贼李琪反，据蒙阴山。景通微得琪与奸民出入状，夜将数十骑伏奸民舍旁，伺琪至，擒之。贼刘六等起河北，横行山东。景通受檄守邹，以七百人往。师出平度，道中忽遇贼。从者以贼众我寡，欲避之。景通曰："彼卒遇我，安知我众寡乎？"遂陈[1]以待贼，击却之。他日，帅轻骑过孟子庄，贼大至，列陈如前，邀贼游骑击杀之，贼复遁。历进江南运粮把总、总督，备倭大宁都司，入坐神机营，以母老乞终养。景通班白始举继光，而严于教。继光綦履过庭，景通诟曰："綦履必锦衣，锦衣必肉食。尔父清白，必不尔餍；尔他日将饕卒伍以自封矣。"季年画策备胡，累数百牍，其后趣继光受职京师。病既革，犹问："吾所上备胡封事，上纳之否？"

继光既袭世官，庚戌，待试武闱，俺答大入。部列城守，简材官戍九门。继光条上便宜，部当其议。山东岁遣治兵使者部六郡良家子入戍，继光从使者，任中军，历进浙江都司佥书。会倭寇浙，继光上《练兵议》，言义乌人掘金穴为利，故慓悍轻生，诚得招致而训习，一旅可当三军。督府乃檄继光往募，得三千人。会倭犯台州，以继光分部台，治兵使者唐尧臣甚重之。继光以江南多沮泽，行者不得比肩，与西北异，乃为鸳鸯阵。阵十有二人：队长前，次夹盾，次夹枝兵，次四人夹矛，次夹短兵，樵苏居后。其节短，其分数明，其步伐合地宜，其器互相为用。兵既服习，贼大至，乃为三军，军松门以待。四月辛亥，宁海告急。继光与尧臣议曰："贼睥睨台州，先发宁海，欲乘我兵出，乘虚入耳。"乃留一军海门，

① 陈，通"阵"，指布阵，排列战阵。

居中为应。兵既出，贼果大至。壬子，登桃渚；癸丑，登新河；甲午，登圻头，境内骚动。尧臣引兵趋新河，大破贼城下，余党夜遁。明日及之温岭，又破之。而宁海贼以继光且来，悉遁去，独桃渚贼逼台州，继光乃引兵趋台。会日中，兵行七十里，不得食。守者以贼且至，毋内诸将兵，兵争门而嚣。贼且近，继光佯激怒诸将士曰："贼薄城下，若等争入城，即守者以反闻，无死所矣。"军中咸奋，请亟灭贼而后会食。鼓行而进，遇贼花街。壮士朱珏持短兵击斩其先锋，贼大溃，逐北杀数十百人。又逐之瓜陵江，多自沉死。已未，圻头贼焚舟，誓必胜，拥众趋台州。继光简锐师，以千五百人往。戒师毋掠辎重，毋尚首功，毋轻杀胁从。以前驱者连击贼，无留行，后伍乃割贼头。既破贼，所获辎重徧赐军中。贼未破，争取财者，罪死。军中立一白帜，凡胁从者空手伏帜下，悉放还。

五月庚申，追及大田，贼坚壁不出，会雨甚，贼由间道遁仙居。继光度贼出白水洋，乃兵伏上峰山，待贼过半，起而覆诸山下。贼据险距我，娄子和帅诸壮士斩关上，贼殊死战，走白水洋。兵围之数重，四面举火。贼急，提金橐饵我兵。我兵已受将命，不顾，攻益力，遂尽焚死。辛亥，楚门寇至，遣一部将破之。癸丑，舟师败贼仰月沙，贼匿悬山，既又走大藤岭。会通判吴成器部兵至，跃马直驰贼军，射杀贼；而继光所遣从兵益合，悉斩之。丙子，贼自宁海遁者，登长沙、隘顽、孤悬，长沙外贼已断援兵。继光戒骑士李成立发松门兵守隘顽，而急以兵往次铁场。雨甚，兵不得幕，继光自撤其盖，巡行劳之。戊寅，鸡三号，引兵薄贼所。继光以正兵鼓噪进，先遣奇兵出贼后，焚其舟。贼败，争赴舟，舟尽焚。其半伏诛，其半蹈海死，余入海者，舟师败之洋岐。壬午，又败之鹿星海。癸未，败之满山。自乙卯迄于癸未，挟日者三，捷者九，计斩首七百，卤获器仗三千二百四十有三，部中悉定。

江西告急，督府檄继光西行。既捷，露布以闻，军声益振。时闽倭张甚，分垒为三窟：一据横屿，一据牛田，其酋长壁莆东南，出没焚掠。而山海寇与广叛兵复乘乱出入，眦若无人。司马胡宗宪乃属继光部兵八千往。于是，引兵从间道，不旬日破横屿，再旬入福清，大破贼牛田。贼走兴化，旬日又歼之。初，继光兵至，福清令及父老急请师。继光曰："兵疲矣，且徐图之。"父老以家在贼中，继光不即解围，则大骂。贼侦者归告，不为备，而继光乘夜潜引兵行三十里，黎明已破贼，邑人大骇，以为师从天而下也。四十一年，倭复攻陷兴化，总兵刘显去贼一舍而军，不敢战，复命继光往。贼闻继光至，欲逃。为俞大猷所扼，不得出。继光督军薄战，大猷随之，因风纵火，贼皆糜巢中，无脱者。余党寇仙游、连江诸处，尽讨平之。当是时，微继光，几无闽。以功历参将，至总戎。

隆庆中，虏陷石州，东薄，昌黎几不守。召司马纶与继光入策备边。继光上书，陈七原六失四弊，大较言："兵制，西北什倍东南，虏冯[①]积威劫边人，边人望风而靡。战将率朘军费，豢外舍儿，视虏饱归尾之，而仅掩老羸为功，无复有主战者。且不练，何以议兵？无兵，何以议战？练兵之效，臣尝试之东南。请简部将若而人，分出三辅，州县各募壮士三千，合为四营，营各五部，每营立一裨将。将之简练训习，一如东南。比及三年，长驱出塞，虏必咋指远避。然后屯田足饷，罢戍销兵，则百世之利也。"时不能用。无何，纶出就督府。以继光督练，四主将兵节制视督府。同策者谓太阿之柄不假武人，则以总理专任蓟门。继光言："蓟当肩膂塞上，周垣二千里，一瑕则百坚瑕。比年递圮递修，滋费无益，请更版筑。诸戍士画地受工，跨墙为台，睥睨四达。台高五丈，虚中为三层。台宿百夫，械器糇粮具在，虏至则当陴以守，退则番休。第力诎未能举赢，先筑千二百座。蓟人多木强，律之军正，将不堪；请募南中入彀者一军，以倡勇敢。"督府上其议，许之。始募南兵三千，如期至，不旬月告成。复增募南兵二万，编五戍之。继光谓虏骑壮甚，卒难以骑争，议立车营出战，四面结鞨为方阵，步骑二旅中藏之。遇虏乘陴，火器先薄五百步外；稍近，则步兵出辕下，距

① 冯，通"凭"。

虏马排击之。虏却而奔，则纵骑兵乘胜逐北。虑师不宿饱，复益辎重营以从。时东西虏谋入犯，西虏闻蓟状，缩弗敢入，遂谢东虏，款关入贡。继光递进左都督，加少保兼太子太保。初，相居正素才继光，居正死，遂有人言，乃移继光镇南粤。踰年，以疾还登州。

继光妇无子而鸷，继光阴纳他姬举诸子，齿长矣，尚不以告妇。久而妇知之，操白刃向继光，欲甘心焉。继光衷甲走祖祢哭愬，妇亦感动，乃弃刃，抱头痛哭，于是携姬子子之。丁亥，继光始及耆而没，子祚国仅袭祖职，得指挥佥事。继光所著有《纪效新书》《练兵实纪》，不具载。

万表字民望，宁波人。额头有三文，风神炯炯。年十七，袭卫指挥佥事。善骑射，并工书史，揭孔明"宁静、淡泊"二语于座右。寻中武举高等，授都指挥，督浙粮运，累官南京中军都督府佥事。表两为漕参将及镇总兵，历漕最久，于国计诎赢河沟通塞尤明习焉。嘉靖庚子，二洪水涸，漕舟大阻，议者谓黄河改流之故。表为论辩之，言：

> 漕河挽舟之水，第用洸、汶、沂、泗诸泉，已足以济。始正统十二年，黄河决荥阳，乃入漕河，遂溃沙湾入海。景泰四年，都御史徐有贞塞之，乃分流自兰阳东，至徐入漕。必疏濬而黄河水始来，稍与清合。至正德六年，黄河始大至冲决。方黄河来冲时，清河狭浅，水涸易盈。沿河设浅铺，每年转运无滞也。今二洪旧堤宛然犹在，但向者黄河浩漫；一旦水落石出，清河浅涸，乍见不能无异，实则故河也。盖自洪达济、自会通至卫河，一路堤坊，原备河冲入为漕害。今二洪以下，反用黄河之水而忘其故；及水不来，又疏濬以引之，所谓以病为药也。涡河在淮之南，商船皆自淮入涡，至祥符铜瓦箱以达阳武，去卫河六七十里。议者欲凿而通之，直至白河，则会通河可罢。

表议会通河之塞，自济宁至临清，计三百八十里。尚书宋礼发山东丁夫十五万，凿河建闸，为费不赀。以彼弃十七里之易，而事三百八十里之难，此无异故，盖凿而通之，则黄、卫二水合。二水合，则冲决非常，谁能障之？此会通之运，诚永利不可易也。若于卫辉置仓，岁以凤阳诸卫之卒，部凤阳诸郡之粮，令由涡河达阳武，历七十里输于卫辉，其势甚易。如昔山东流贼之变，运道中梗，又可为备。海运虽险，第浙中海舟皆能通夷，松江、太仓、通州、泰州有沙船，淮安有海雕船，故尝泛海至山东莱州贸易，云去天津不远。若厚与雇直，以近海州郡粮，量运数万石，以俟海道渐谙，别为事变之备，又一策也。

初，太仓则例，每粮一石耗七升，及轻赍之羡，皆归运卒，故卒有余力，挽无愆期。后官悉朘削为利，人不聊生。表愤曰："此不独剥军，祸且移之国。"乃为议，累百千言，极陈本折通融，为国长利。及开河北、山东圻内荒田，而薄其赋，以为渐减岁漕之地，时不能用。甲寅倭起，表募死士千人，奋欲往击之，会晋南京中府都督佥书。道经苏州，卒遇倭于娄门杨泾桥，率所募及少林僧搏战，身中流矢。时贼据七团、八团为巢，我军数战不利。表谓巡抚周琉曰："贼据内地久，民不得力田，多逋负，而迫于催科，皆相率避入贼中，是驱民以助贼也。宜亟蠲逋负，悬赏格，计携其党，而兼募土著民为兵，则人人乐归。如得士千人，即减贼千人，以较用他兵，孰利？"琉从之。归者寖众，贼寖衰，乃进兵，贼夜遁，歼之海上。时贼蜂屯诸岛，而汪直为魁。表以为为可诱而缚也，荐鄞人蒋洲、张惟远，使为间。未行而表没，后总督胡宗宪卒遣洲等，诱直诛之，东南以安，表本谋也。

表多算，策夷情如指掌，尤谙北虏利害。尝曰："□□侵华，未有不须华人而能突入者。夫华□异类，岂其甘弃衣冠，乐从犬羊哉？不得已也。比年□人，大肆杀掠，中外章疏皆击截之计，所荐者多善战之士，而未闻别有安边固本之策。夫善战截杀，乃救变于一时，医家所谓治其标者也。今中国之亡卒，□皆厚遇之，与妇生子，土俗渐宜，用为向导。故地里之迂近，兵力之强弱，货财之盈虚，人心之离固，将帅之勇懦，事势之难易，□皆得预知。而诸边饥馁之民，闻先亡者皆得利，辄相继以去；即不去，亦无固志。诸边日夕营营，徒以目前为事，何暇为久安计乎?”表少嗜玄学，已，喜内典，与关西释自然者语，大悦之。一日，披衲入伏牛山，晓行见日升，忽大悟。尝言学贵真悟，语言即精切，总不离见解。为文直写胸臆，所著有《学庸志略》《论语心义》《孟子摘义》《道经赘言》诸书。缾钵萧疏，与野衲偕游，见者不知其为大将也。

吴士奇曰：嘉靖中，南北用兵，多名将，而六臣为最。余闻戚将军父长斡修髯，子眇小不类父。顾其中英武，为万夫雄，世以方之晏平仲。夫戚将军功起东南，则胡司马与俱。胡司马卒嫌分宜以死，戚将军亦以江陵去。将相和则士豫附，乃往往功成而复求全，则人怀不赏之惧矣。尚文与抚臣相左，震以劫□招尤，大猷亦屡获罪，善乎希仪之言曰：“当世不乏良将，患在牵制龌龊，不能展其才。”嗟乎！若五将，犹未尽其用哉？表敦诗书，谭名理，谦谦不伐，故独完名令终焉。

绿滋馆征信编卷之三终

绿滋馆征信编卷之四

马录传

马录，信阳人也。以进士知固安县，明习政体。河北寇起，袭破固安，执录，搜其囊空，曰：“此贤令，释之。”贼平，征为御史。嘉靖初，遣使捕高唐州官属连坐者五百余人，中外大骇。录上疏，其略曰：“法者天下之公器，天子不得而私也。昔汉文帝欲重罪惊马者，张释之执不可，文帝从之，千载以为美谈。我祖宗监古为治，内设三法司，外设抚按官以平刑。自刘瑾专权，钱宁窃柄，张锐、张雄等依附作威，蛊惑朝廷。官校频遣，天下汹汹，赖陛下登极，一祛旧弊，人始安堵，不意复有高唐之命。新政之初，岂宜有此？伏望扩弘仁之度，慎法令之施，诸有罪者，内则付三法司，外则付抚按臣，以杜异时多事之渐。”上从之。

再按山西。山西人李福达者，大猾也，又名午。初以罪戍边，窜居陕之洛川县，与季父越以妖术啸聚数千人，大掠鄜州、洛川诸县，官兵捕越诛之；福达跳去，更名曰张寅，占籍徐沟，贿邑大姓，冒为同宗。寅以赀授指挥使，纳其子大仁、大礼于国学。仇家韩良相等讦其事，录下吏捕之急。寅走京师，以其术干武定侯勋，勋大悦，以寅为上客，寅乘间言为仇家所诬。勋为移书录，请贳寅。时勋方有宠，而录亦疑，事是非未可知，以咨故给事常泰。泰，徐沟人也，言事在不疑。更以问郎中刘仕。仕，鄜人，对复如泰。而录复檄取鄜、洛川父老故识福达者，杂辩之，皆曰：“果福达也。”于是，录同巡抚江潮疏于朝，并论勋世臣，庇贼为关说。勋佯于上前谢过，而阴令寅子大仁上书愬父冤，上以属法司。时席书亦助勋为寅地，评事杜鸾劾勋，疏请先正二人法，徐集议。不报。于是，刑尚书颜颐寿、侍郎刘玉、王启、都御史聂贤、副刘文庄、大理卿汤沐、少卿徐文华、顾佖等会论，悉如录拟。而给事刘琦、御史高世魁等抗疏罪勋，疑有谋。勋，孚敬党也。

上疑，复入孚敬言，切责颐寿等职司邦刑，朋奸肆诬，命再鞫阙下，则稍稍易词，于是上益疑寅枉。乃逮录等及中外问官下诏狱，大集廷臣阙下。时孚敬为兵部侍郎，则使署都察院事；而以礼部侍郎桂萼署刑部，詹事方献夫署大理寺，覆审。三人皆同为大礼议者也，则尽反前案。录至戍边，文华、佖故与孚敬争大礼，亦谪戍。山西布政使李璋、按察使李珏、佥事章纶、都指挥马豸及颐寿等六人，常泰、刘仕、刘琦、高世魁、杜鸾，给事中张达、程辂、王科、沈汉、秦祐，御史姚凤鸣、潘壮，寺丞汪渊、刑曹唐枢等，俱以罪去。初，孚敬等摄理时，太仆卿汪玄锡、光禄少卿余才偶语曰：“福达狱已得情矣，何纷更为？”诇者以白孚敬，孚敬以闻。并系两人掠治，乃请释寅、勋，置不问。诏报可。

孚敬等自谓平反有功，请编《钦明大狱录》颁示天下，以昭刑官之欺罔，从之。录戍南丹，历十七年，卒。初，孚敬、萼、献夫以议礼受知，骤贵显，朝臣疾之如仇；孚敬等亦切齿朝臣之异己者。会大狱兴，三人乃协比，借以快积愤。朝臣系狱者四十余人，榜棰交加，囚首待罪；死者十余人，衣冠之戮辱极矣，而寅之为福达与非福达，竟未有据也。嘉靖四十五年，四川妖贼蔡伯贯反，就擒，讯之，则以山西李同为师。而同又自称师李午，大仁、大礼皆其党，事正与大狱类。于是都御史庞尚鹏疏言：“近据李同狱，福达罪益明。当时郭勋乃党逆贼，陷缙绅，列枢要者皆颐指气使。万一有阴谋，人人听命，如是，祸可忍言哉？乞追夺勋等官爵，而优异录诸臣，以伸忠良之气。”穆皇帝从之。

吴士奇曰：人言诸缙绅之祸，以攻郭勋激之也。诚哉！勋既附张文忠等，并为心膂臣，则诸君子之攻勋，疑于攻文忠三人。三人之力脱寅，迹若为寅，而实为勋；岂独为勋，亦并以自为。要之，勋初比寅，第悦其术，利其贿耳，岂知为逃贼福达哉？诸臣急去勋，而加以与寅共谋；勋欲自脱，而阴为寅称枉。三人欲报夙愤而波及无辜者，皆两相讥也。始录论勋，亦止言其比匪人，私请嘱，而不实以与谋，此平论也，而诸君子误也。

彭泽王琼陈九畴唐泽传

彭泽字济物，兰州人。长身伟貌，顾眄烨如，居鲜笑容。与人语，叱叱声若詈。登弘治庚戌进士，以刑部郎出知徽州府，再补真定，累进按察使。泽生西边，习兵事。时霸州民刘六刘七起群盗，有众数万。抚臣马中锡故儒臣，欲招抚之。六、七佯听命，中锡兵遂撤，而六、七更与其党杨虎、齐彦名益纵驰突。中锡逮下狱，乃以陆完为右都御史，假节，得诛二千石以下。陆完者，长洲人也。始为郡诸生，阉敬挟旨括奇货于吴，廷曳诸生，诸生击走敬，时完实不与。仇者以完名首诸生，敬状闻。巡抚王恕亦列敬罪，敬征还，完自是有声。既举进士，而恕已晋吏部尚书，见完目之曰：“是故击阉者耶？为御史当。”乃授御史，累进兵部侍郎。

完有勇略，善结诸中贵。既受命，乘传至临清，遣副总兵冯祯、许泰、游击将军郤永袭击杨虎，大破之。虎死，贼分为二，而流劫河南者，其魁曰刘三、赵风子，有十三万五千，骑尤悍。召拜泽佥都御史，寻进副，分捕河南贼。泽至，陈军擐甲，引见诸大将，责以退缩，顾军正论法。诸大将无不惕息，顿首请自效，良久乃释。遂鼓行前薄贼，凡数十战，大破贼，斩首万计，贼首赵鐩跳去。于是台省交言河南贼已平，陆完养寇自重，诏切责完。完惧，力督诸将击贼。而贼颇众，随衄随合，至烧运艘，掠临清、邳、徐而下，又奔登州，与完遇蒿泲坡。时宣大铁骑及中土材官良家子悉集，合围贼，大败之。六、七、彦名挟骁骑三百溃围出，将北走

□，不得，复度河，南躏荆楚，夺瓜洲艘，泊于琅山。完截其水陆道，斩彦名，六、七赴水死，贼始平。完、泽俱加太子少保、右都御史，世袭锦衣千户。完寻迁兵尚书，再迁吏部，加太子太保。

时蜀盗蓝廷瑞、鄢本恕之余党廖麻子复起，总督洪钟耄不能将，乃以泽为总督讨之。泽破杀廖麻子，众窜山寨，多伏弩箐中。泽戒兵无入，分搤其出道，度贼窘，开一面而纵之，因以兵诛夷且尽。还，加太子太保。泽威名益著，自以功当主兵柄，会土番数反复，复出泽总制甘肃军，非其欲也。

先是土番夺哈密城，取其印去，时掠我边境。泽方厌兵，谓可利啗也，则遣使赍金币往谕土番，使归城印，而泽按兵不动。使未报，泽信谍者，已，疏西事宁，归掌都察院矣。御史冯时雍疏言："土番酋长尚尔骄悍，哈密城印犹未归复，□欲无厌，要我以难从。后来变故，非臣所能逆睹，乞留泽毕其事。"不报。兵尚书王琼与泽不相能，而善幸臣钱宁。泽故使气，尝对琼詈宁曰："恨不手刃此奴！"琼私语宁，恐宁不信，曰："吾为君召彼，君自察之。"于是匿宁后舍，佯招泽饮。琼语次及宁，故激怒泽，泽果发愤詈宁，宁恨刺骨。

始泽所遣火信等至土番，许归城印，赏以金币千五百疋。土番遣酋长归印取偿，时巡抚李昆、兵备陈九畴以杂币二百疋与之，又质其使者于甘州，欲以制其变。土番怒，复据哈密，大举犯甘州。游击芮宁出御，全军没。九畴遣奇兵袭土番营，却之，恐夷之居肃州者为内应，尽棰杀之，语在《哈密传》。琼谓衅自泽启，礼部尚书毛澄、户部尚书石玠力言泽有功无罪，琼曰："我何怨于泽？第纳币夷廷而失信于夷，卒贻后患，可勿问乎？"乃疏言泽失计，固有罪而归。逾年，西事始败，则情亦可原。宁方有宠，以前憾，竟罢泽为民，昆、九畴逮问。言官汪玄锡疏救，不报。

嘉靖初，御史杨秉中疏荐泽，时杨廷和为政，方恶琼，则厚泽，召为兵尚书。时琼已代完为吏尚书，会宁诛，琼亦下狱，谪戍；而九畴自按察使超拜佥都御史，巡抚甘肃；昆进兵部侍郎矣。

琼之成也，给事史道疏救之，廷和出道为佥事。道因劾廷和贪定策功，滥要封拜。寿安皇太后崩，哭临，丧服议忍从薄。前武庙自称大将军，未闻匡救；乃争兴献帝一皇字；且交通宸濠，复其护卫，遂启逆谋。及武庙凯旋，为文迓贺，无人臣礼。泽亦言道怀私市恩，乃谪道判滁州。时代琼者乔宇，亦与廷和厚，言官并攻之，二人乞罢。泽因疏廷和、宇同心忧国，而小人假言责修怨，使大臣避嫌引退，乞勅言官纠劾大臣者，必其奸贪负国，方会章交弹，无藉风闻，妄诋台省官；必择老成谙治体者，而以堂官约束之。于是诏禁言官独劾大臣。

御史汪珊疏折泽，不报。曹嘉复言："太祖酌古建官，分设六卿，故敢有言复设丞相者诛。大小称位，内外绝迹，故敢有上言大臣德政者诛。政在朝廷，权操人主，故敢有交结朋党、变乱成法者诛。而泽乃私比廷和，巧言变诈，乞罢廷和，宽史道。"不报。给事李学曾复言："太祖设科道弹压百僚，事得专达，以防壅蔽。而泽敢紊乱纷更，欲重大臣之威，夺人主之柄。必如泽言，事须会章交弹，万一有邪险蛊惑众听，暗主其中，是台谏终无弹劾之举矣！夫上言大臣德政，律有明禁；而泽肆无忌惮，面欺人主，且泽云抡台谏必得老成者，则臣等当夺官，不待言可知，乞尽免臣等。"于是罢前禁，言官得自弹劾如故。无何，曹嘉复劾宇不职，言："杨一清结张永，贿钱宁，以图柄用。宇感汲引之私，要彭泽连疏推举周金。宁，狎客也，擢为都御史；刘槩，内阁书役也，滥得荫子；何乔宗以尚宝卿乞休，竟进三品；宸濠犯顺，张文锦挫其锋，王守仁邀而擒之，宇无亡镞之劳，而觍冒三孤之命。"不报。

嘉乃仿宋范仲淹献《百官图》，差别京官为四等：其上资望颇久，可称任用者，林俊、石珤、孙交、汪俊、陶琰、刘玉、董玘、李时；其次敛束寡过，足供职守者，毛澄、金献民、周伦、何孟春、李钺、邹文盛、臧凤、张璿、姚维岩、张云、张衍瑞、刘麟、张九叙、温仁和、丰熙；其三人品庸众，尚堪策励者，赵璜、俞琳、秦金、贾詠、吴一鹏、李昆、颜颐寿、沈冬魁、姚镆、郑岳、高玑、陈霑、崔杰、魏境；其四行检卑污，速宜出削者，张子麟、董瑞、陈雍、周金、张缙、张瓒、柴仪、安金、汪峰、杨一清、杨一汉、刘棨、赵永、顾鼎臣。图上，亦不报。

先是，给事阎闳亦以指斥当路，出为佥事，或谓嘉疏，闳所草也。御史向信言史道倡为异说，以惑人心；曹嘉衍为评品，以犯公议，皆阎闳鼓之。而御史刘廷簋亦言三人结党排诋忠良，于是复谪道金县丞；嘉，茂州判官；闳，蒙自县丞。御史胡效才言一时逐三言官，不可示天下，不报。无何，廷和以议礼迕上，于是廷和去，泽与宇亦去，而九畴复以土番事逮论，诬罔输戍。时张、桂骤贵用事，欲排廷和党，以琼与廷和故有怨，且才足使也，则力荐琼，复以为兵尚书，提督陕西军，颇有劳，寻改吏部，卒焉，谥恭襄。泽归，寻亦卒。隆庆初，以给事陈瓒言，赠少保，谥襄毅。

王琼字德华，山西晋州人。颖敏多算，凡天下兵马多寡强弱及塞隧夷险、偏裨才否，一览悉记无遗。正德中，群盗纵横，山东刘六、河南赵鐩、巴蜀蓝鄢、江西桃源、华林、玛瑙，多者至二十余万，攻城杀掠，兼以北虏西番羽书旁午，琼为本兵指画，悉合机宜。□尝寇山西得利，逾岁复猎境上，佯若东者。琼曰："是必趋旧利，请集诸镇兵，据山西要害。"□果入山西，我兵大败之，进少保、太子太保。陈金讨两广蛮有功，指[①]出琼，进少傅。赣州盗大起，王守仁时为巡抚，请得便宜行事，琼才之，咸报可。守仁果以次平贼，琼再进少师、太子太师。宸濠反，报至，廷臣咸惴。琼曰："吾已用守仁上游，度即成擒耳。"亡何，捷至。琼素恶吏尚书陆完，完以罪去，琼代之。

嘉靖改元，言官论其奸状，诏下狱。廷和欲论琼死，已，得戍辽左。廷和罢归，琼上书自列，释为民。会□大入陕，杀掠吏民，杨一清方征还，难其代，诏复琼尚书、总督诸军事。琼至，加振刷焉，掎角逐□，斩获二百余。乃疏言："盐池北边□□，窥商过辄入剽掠，商以是绝不来，宜修堑护之。然边地多风沙，堑易满，请

① 指，通"旨"。

改筑墙，□阻墙不得进，商乃复来。”从之。

陈九畴字禹学，曹州人。多权略，善骑射。土番寇肃州，九畴为备兵，泽遣使约和，不得要领，九畴奋怒曰：“彭公当全陕重寄，不能身任利害，徒模稜效弱宋故态，何颜立诸将上乎？”乃励士卒缮垒堡，捕系番谍巴思等杀之。□再入寇，九畴辄从间道入，登睥睨，从上射，□惊疑曰：“岂其能分身者耶？”号为飞将云。九畴之再坐戍，天下冤之，竟死，无有能白其事者。琼颇不满于士论，霍韬独辩其诬。初，琼下狱时，韬适自岭南来，问曰：“晋溪何罪？”晋溪者，琼别号也。或曰：“结交宦倖，滥封爵，乱朝政，罪一；军功滥升，罪二；贼伤善类，罪三。”韬曰：“若是，戮宜也。”韬时守职方，逾月，阅旧牍，语人曰：“王公其冤乎！宦者张永弟张富、张容冒安化功，江彬、许泰冒甘州功，得封伯。内阁画敕，兵部填纸尾，第曰如敕行，无滥辞也。故事：以军功封者，兵部上功，内阁拟敕。今四人封敕皆自内阁，无关兵部，则佞倖滥封，乱朝政者为谁？故事：献捷，抚臣议奏，按臣纪功，兵部请覈实，御史覆覈，乃拟赏。则军功滥升者又为谁？彭泽故有大功而失计于哈密，功罪不相掩，法也；范镛擅用军职，罪在无将；御史高公韶枉诋诬琼，琼任吏部，迁公韶秩，乃谓贼善类乎？”韬善尊，与廷和议不合者也。

唐泽字霈之，歙人。初令平乡，邑苦水患，筑堤百十八里，民得稼艺，迁刑部主事。会北畿抚臣宁杲得倚瑾，贪功妄杀，瑾故庇杲，上命台谏往覈，杲益饬词。泽廉得其实，请绳以法，瑾啣之，从郎中出为福建副使。剿贼苏世浩等七千余级，以功进浙江按察使，以父丧去，补陕西按察使。贼樊绅僭[1]称王号，泽至，悉平之。晋陕西右布政使，寻以右副都御史巡抚甘肃等处。甘肃西迹哈密，先是土鲁番夺哈密印，据其城，数侵边境，而日以印为市，递归递夺。我自杨翥议袭后，无能以一骑踰关而西者，议论纷拏，遣将召兵，迄无虚岁，印竟不返。兵尚书胡世宁发愤力争，不能格也。泽

① 僭，原文作“借”，据文义改。

与御史刘濂疏曰："今之处土鲁番与哈密，迹有已然，理有当然，势有必然。抚之以恩则骄滋，震之以武则力屈，此已然之迹也。顺则绥之，而备愈严；逆则御之，而武毋黩，此当然之理也。处置得宜而彼此俱宁，不则祸连而不解，此必然之势也。盖师戒轻举，寇难横挑，其大者有五焉：尺藉空虚，屯田榛芜，兵食不充，一也。我屡挫而怯，彼方胜而锐，二也。我失瓦剌之援，进则无资；彼合瓜州之力，退且有据，三也。河东、临洮，创夷未苏；赤斤诸卫，零落殆尽。根本既摇，藩篱亦撤，四也。西南苦□，东北苦戎，并力则捉襟，深入则枵腹，五也。况哈密远在碛外，豺狼是邻，强驱垂亡之部落，复还久失之封疆，兵必难留，势将自溃。为今之计，宜宽而抚之，听其自归，蒐乘补卒，慎择将帅，募民广屯塞下，使军实日充，然后蹈瑕遘衅，惟吾欲为。招瓦剌，城瓜沙，兴哈密，襟喉西域，拱卫中华，将无不可矣！若今日则非其时也。"朝议是之。

无何，土鲁番以四千余骑入寇，忽病疫不能胄，众请急击之。泽曰："□为中国患，非一日矣，纵今日歼之，其种类可胜尽乎？曷若因其危而惠辑之，彼虽豺狼，可以恩抚也。"乃遣医诊治，而耀兵酒泉以震之，□□各东向稽首泣，誓不敢复反。泽恐□变诈，为筹画以状闻，于是满速儿出印献城，恳求贡，诏许之。泽复条陈，分捕兵屯以定安壤，斟酌远近以专责成抚，选番夷以备征哨，振作将士以严防御，量征本色以备兵荒，查发盐银以足军储。西鄙自数用兵后，食甚匮，泽辟芜地数千顷，募民耕种，官给牛具子粒，兴水利，设桔槔，而令农官率屯长时其播艺，稽其数之上下，一年收所给种，二年倍之，三年始入其税，储粟至数千万，晋户部侍郎。兵尚书琼力举泽自代，廷议以西鄙未靖，请改泽左副都御史，巡抚如故，无何，卒于凉州。泽临殁叹曰："河西之民，何日甦也？"琼之再出，锐欲复哈密，后心知其难，卒从泽议。哈密之故土，我虽不能终有，而边境之民，少得息肩矣！泽谥襄敏，西人至今思之。

吴士奇曰：王恭襄长于用人，豫以待敌，卒使文成扑灭宁藩。若谓恭襄贪，则赂孰如濠？必不赂人者，孰如文成？是非易辩也。或又谓其好睚眦中人，无亦以累修郄于彭襄毅乎？然彭之经略哈密，亦苟且报命，功不掩过，胡端敏盖尝言之。至既归，梦中犹呼杀贼，则雄心未已也。九畴虽善筹边，亦病用壮。唐襄敏当师久无功之日，庙堂好大之议渐息，而徐以抚绥之策进，故中外不阻而河西之民少安焉。夫以彭、王之才并显疆场而互相排挤，此屈则彼伸，此伸则彼屈，几与西戎相终始，则是悍敌未破而干城先自残也。当时柄政者，杨文忠最能笼络一世之英雄如陆完诸人者，即瑾、永、彬、泰之辈，亦善御之，使不吾忌，而独不释然于恭襄，何哉？使杨文忠能容恭襄，则必无襄毅、九畴之祸；使能以容恭襄者容张文忠，又岂至激而贻朝绅之大狱哉？何也？王故才士，而张议本乎情。才者众之所推，而情者人心之所必不容已者也。夫使上抑于情，下怜其才，而杨文忠徒持一理以胜之，此张所以得乘间，而王愈扼愈扬也。

张芝程金传

张芝字廷毓，歙人。少而读书，意气勃勃，辄以古人自负。弱冠登进士，除评事，数决疑狱。弘治中，孝庙下诏求言，芝叹曰："使吾效一官，第以一官见功耳。幸居不讳之朝，请得备陈中外事，顾不广欤！"屡上疏，无虑数万言，多采行者。武宗初立，阉瑾用事，芝极论时政阙失，请正体统以收威福，保鸿业，言甚切直。通政司恐忤瑾，止不敢进，而芝已外补佥事，禁奸正法，风采凛然。以母丧归，再督广西学政。勤于造士，手编《伊洛微言》以示诸生。会苍梧猺反，芝为监军讨之。深入贼巢，以计尽其矢石。贼既俘，芝以劳得疾，乞休，不许，进荆南副使，卒年四十一，无子。

芝故贫，初，庐母墓时，与诸佣杂作相乐也。尝笠而蔬，客闻其贤，入山访之，逢芝于圃，以为老圃也。问曰："此间有张芝者，居安在？”芝指前草舍。客抵舍，竟无应门者，见诸佣皆憩舍前树下。客复以问，诸佣起对曰：“此吾主人翁，君欲见之乎？”遥指芝曰：“彼畦者是矣。请少待之，吾主稼事未毕，不来也。”其人大骇曰：“吾乃遂失张先生！”至呼先生名，甚愧俗眼不识青门，趋去。诸佣固留之，客终不顾，恐复由故道惭遇芝，辄踰山而走。芝还，更衣肃客，佣曰：“去矣！”徐申客语，芝笑曰：“客何见之浅也，山中人而嫌于名乎？吾即追客，客终不返。”立趣佣往送之曰：“此故鹿豕居，无惊客。”客亦竟不知为谁。郡守尝馈芝十金，托客为介。芝不应，但书于几曰：“无处而馈之，是货之也，焉有君子而可以货取乎？”客还告守，守益重之。芝与学士杨廷和、祭酒蔡清相善，及死，廷和悼之曰：“廷毓无福，天下之人无福。”芝没，继室吴氏仅年二十二，而芝兄邑诸生张教亦早卒，教妻汪氏年二十九，亦无子，与吴氏并守节。部使者旌其门，给米帛终身。

程金字德良，亦歙人。举进士，除南京工部主事，筦库出纳。库有奇羡，故事：以供部尚书及诸郎具竿牍，治醵钱。金独持不可。诸郎以例来索，金不欲重违其请，则自取诸舍中橐应之，由是诸郎相戒勿再索。出督仪真厂，兼视漕。金令诸闸启闭必以时，挠者必以法。有客而藉贵人宠者，舟至闸，闸已闭。客辄启闸，守者不可，则挞役夫。金怒，缚其舟人，狥之市，由是诸强有力者皆辟易。时江西有大贾豪仪真，故通诸蛮酋长为奸利。会督府征蛮兵至，诸酋长主豪家，藉督府令集舟载兵，境内骚动。市人赴金讼豪状，金立捕豪，豪急，则走乡人南考功郎所，以书为解。金不听，卒收豪以狥。考功怒，会计吏，署金浮躁。太宰诘考功：“程郎廉吏，何故见坐？”考功佯曰：“此故沮漕者，漕司移文暴其过耳。”时治漕者郑端肃雅贤金，其移文则他有所指，而考功借以修怨耳。移安吉州同知。时督府方令材官募州兵，金以为扰，格不行。寻倅长沙，再贰河间，转户部员外郎，进郎中，出守汉阳。时中丞汪道昆填[1]楚，金同邑人也，乃疏：“守廉直。汉阳都江汉间，蕞尔不及

① 填。通“镇”。

一大县，可卧而治耳。承天，先帝汤沐，其重什倍汉阳，请徙金。”当事者格不行。顷之，上计吏部，吏部老金，将迁盐策。时汪中丞已晋少司马，语吏部曰：“汉阳廉吏，奈何予此，岂以其多须且班白邪？乃尚未耆也。”吏部乃止。金复还郡，然卒无知者，遂怏怏投劾归。

贫甚，岁奉多不给，客至，辄典笥衣供具。会司马亦归田，时过之。金尝从所亲问米价，所亲以其贫也，囊米馈之，金艴然曰：“旦日诚绝粮，然终不以其故受外来饷。”家居，履不及县簿之门，车不及城府，岁课二苍头各治五亩，时至辄从田畯躬督之。里人笑曰：“汉阳薄二千石，而弊弊焉力二五亩钟之田，何倒置也？”司马曰：“客言过矣。王者天民，民天食，食家食而自食其力，庶几不倍天。民息勿论也。”

金与人抵掌论事，析是非若秋毫，难者百端，无两可，即杯酒细事必尽其辞。家居二十余年，乡曲誉日起，郡守以乡射宾之。晚而丧耦，尚未有子，更娶刘氏，初亦不欲名之嫡[①]也。刘氏正色谓金：“请得正名，妾乃为君仪于内。”金异其言，从之。时金老矣，而刘尚少，事金唯谨。金故以庄见惮，刘氏无不当其心，卒无子。金病革，刘氏豫为治丧事。及没，哭之尽哀，不食十日，竟死。

吴士奇曰：吾乡山峭水冽，士女多奇节。督学雅称廉吏，而吴氏不愧其夫。嘉靖中，汪忠愍淑人亦以烈死夫。忠愍死贼刃，淑人痛夫非命，一时激于义气。汉阳白首终天年，人谁不死？而刘氏竟以身殉也，则当正位成婚之日，即其自分必死之日。论者谓汉阳苦节，何异鲍、焦，汉阳死廉，刘氏生烈，与督学后先齐芳矣。

征信编卷之四终

① 嫡，原文作“適”，据文义径改。

绿滋馆征信编卷之五

征士传

孔子以邦有道，贫且贱为耻者，耻碌碌之庸伍，而骄语贫贱者也。《易》曰："不事王侯，高尚其事。"若其世乱主昏而祸患当前也，则鸿飞冥冥，以避弋[①]者之篡，即庸夫类能之，岂必高蹈之士哉？故尧有箕山，武有首阳，汉有桐江，千载高其风，而归德于三君，以非三君不能成四子之高也。夫富贵功名，人主所持以膻悦天下者也，而志功名者，富贵不以动其心，两者清浊分焉。即富贵之中，亦自有二途，故士有能挥金于不顾而未免欣动于功名者，方贻有道之讥；而当世操不贪以取士，亦十得八九焉。其人多膺显秩，致崇阶，或以比廉贾之五云，则有能不没于利者，取节焉可矣。况夫爵禄两捐，功名并谢，蝉蜕尘埃之外，岂不称翩翩佳士哉？

高皇帝甫下金陵，即旁求岩穴之逸士，而是时若宋濂、刘基、章溢、叶琛辈，皆以应辟至。已，又遣文原吉、詹同、魏观、吴辅、赵寿等分行天下，明诏求贤。终高皇帝之世，屡谆谆焉，至释氏郭傅亦以贤列于金闺，猗欤盛矣！吾独怪夫伯颜子中者，身处郅隆之世，而甘同鲍、焦之槁也。

伯颜子中者，故元臣也，本西域人。大父官于江西，因家焉。子中少通《春秋》，五领乡荐，为元江西行省都事。陈友谅之陷赣州也，子中募壮士攻城不克，乃从间道入闽，以计复建昌，浮海献

① 弋，原文作"戈"，据文义改。

捷于元。元授子中福建行省郎中，累迁吏部侍郎。使于粤，未至而粤已归附于我。子中闻之，坠马欲死，为折一足，乃变姓名隐于进贤之北山。时有司已执其妻孥送京师，或弔之，子中曰：“吾身且不有，何妻子之足念哉?”悲歌慷慨，未尝一日忘元。尝怀鸩自随，曰：“如有强我，即饮此死耳。”州县闻而异之，不以闻也。布政使沈立本遣使招之，子中对使者曰：“逋臣分当死，今死晚矣!”乃具牲酒祭其先人，祭毕，援笔作歌七章，遂饮鸩死，岂所谓可以死可以无死者耶?时蔡子英亦以故元臣征诣京师，帝欲官之，子英弗就也，而帝卒放之塞外，以遂其故主之思。死子中非高帝意矣，嗟夫!士非独明良相遇，千古为难也!即许由、夷齐、严光之俦，非遇其时，恶能并夔龙、周召、云台之士，声施后世乎?故为《明征士传》，而独载失受主知而坚自恬者，为上下两相成也。

陈遇字中行，金陵人。笃学博览，尤精先天之学。元至正中，授温州路教授，弃官归焉，人称为静诚先生。高皇帝定金陵，御史秦元之荐遇学识不群，上以书聘之。曰：“予因胡元入驭，海宇瓜分，豪杰并争，干戈四起，予提兵东渡，遂取台城。历思自古英雄创业，非一人所能独理；和门虽多将士，帷幄尚乏主持，愿侧席以求贤，冀询谋而闻阙。比闻先生世居江左，名德郁然。学贯三史六经，博览兵书百技，才兼文武，超越等伦；贤哲天生，实我良辅。昔汤文征伊吕，先主聘孔明，予不敢以前代明王自期，先生当以伊吕孔明为法。傥以生民为念，应天顺人，敷陈远略，非欲奋武，实以安民，助成大业，列爵胙土，子孙传袭，与国终始，岂不伟欤?拱竢车尘，起展素蕴。”盖丙申四月八日也。

遇应聘至，既见，上与语大悦，日见亲信，旬日间驾幸其第者三，诸所谋画，多秘不传。甲辰，上即吴王位，赐遇冠带，授供奉司丞，不受。戊申，上即皇帝位，遇陈治道，以复中国先王礼教为首务。三授翰林学士，皆不受。乃赐肩舆一，护以卫士十人，使供出入。洪武庚戌，遇奉命至浙江，还，密有所陈，赐以金币，除中书左丞，力辞。辛亥，召对华盖殿，赐坐，命草《平西诏》，授礼部侍郎兼弘文馆大学士，复辞。时西域进马，状甚异，遇独引汉事为谏，上大悦，赐白金一锭，除太常少卿，又辞。上曰："士有志节者，不以功名关怀，朕不强卿，以成卿之名。"自是每间辄召遇，问保国安民大计。时功臣蒙谴者，遇徐为解。上故威严，独俯听遇。尝谕遇曰："先生老矣，有子其以侍朕？"遇顿首伏地，辞曰："臣三子皆幼，俟其长，图报。"上悦，赐兼金对衣。当是时，上之宠礼遇，诸公侯卿大夫无与比者。甲子秋，病，问医踵至，竟以处士卒。上震悼不已，遣官赙祭，加东园秘器，赐葬钟山。上所赐遇诗文翰墨甚多，兼遇所自著述，皆毁于火，今略见《世德录》。云遇弟曰中复，永乐中为翰林待诏，善绘事。遇子曰钦诚、钦恭，诚早卒，恭由乡贡累官工部尚书。

高皇帝虽以武功创业，顾喜接儒生，时铅山龚敩，学博行淳，孚于乡里。初以明经为府学教授，御史叶孟芳荐之，征至京。洪武十三年秋，上坐武英殿西庑引见诸儒，使各言志，皆曰："不敢上负圣主，自弃明时。"上大喜，始制四辅官，以王本、杜佐、龚敩为春官，杜敩、赵民望、吴源为夏官，秋官、冬官缺，令兼摄。杜敩，壶关人，勤苦力学，精通《易》《书》《诗》。吴源，兴化府儒学教授，与王本俱儒士，以行谊著闻。

刘于，吉之永丰人也，国初以贤良征，寻谢病归。洪武四年复召，于既至，见便殿，上谕曰："为学当效用于世，子何辞焉？"于曰："臣在前朝，尝应进士举，试南宫不利。今幸逢明盛之世，凡有血气，咸思自见。臣非木石，岂独无向用之思？但臣年齿已衰，恐负上再造之恩[①]耳。"乃听其归。是时，又有鲍恂、余诠、张长年，并以明经耆儒应召至京师，皆以老疾辞，上不强之仕，俱放归田里。

周文者，成祖在藩邸之旧讲官也。成祖登极，驿召文至京，赐袭衣、银带、鞍马，以为翰林侍读学士。时燕邸旧臣皆骤通显，被亲礼，而文独固辞。乃听以学士致仕，赐金币酒饩归焉。

---

① 恩，原文作"思"，今改。

吴与弼字子傅，崇仁人，少司成溥之子也。少而颖异，读书至“程伯淳亦有猎心”，喜曰：“审尔！吾亦可为圣贤乎？”独处小楼，足不下者二年。衣食不给，风雨不蔽，非其道义，一介不取。久之，名益籍籍。辅臣杨溥深重之，两召不起。天顺中，石亨居要，欲收天下名贤，请聘之。上问阁学士李贤曰：“与弼何如人？”贤对曰：“高蹈之逸民也。自古明王，莫不梦卜求贤，征山林隐逸之士，皇上聘与弼，此熙朝盛举也。”上曰善。乃遣使赍诏加束帛以迎，敕曰：“朕承祖宗丕绪，求贤图治，亦有年矣。永维劳于求贤，然后成无为之治；乐于忘势，乃能致难进之贤。闻尔与弼，潜心经史，博洽古今，蕴经国之远猷，抱致君之宏略，顾乃嘉遁丘园，不求闻达。朕眷怀高谊，思访嘉猷，企望丰仪，以咨启沃。夫古之君子，隐居以求其志，行义以达其道，独善自安，岂其本心？谅尔于行藏之宜，处之当矣。今特遣行人曹隆诣尔所居，征尔赴阙，仍赐礼币，以表至怀。其惠然就道，以副朕翘望之意。”久之未至，上数问。比至通州，贤入告。上问贤：“宜授何官？”对曰：“与弼儒臣，宜授宫寮，侍太子讲学。”

上命除左谕德，更为馆次供具。上亲召见于文华殿，与弼再拜谢，徐辞官及币。上曰：前。与弼既前，上曰：“久闻高义，特用征聘，今惠然远来，朕深嘉悦。币以奖[①]诚，官以命德，何为不受？”与弼对曰：“臣草茅贱士，以少多病，杜迹山林，不意虚声误尘荐牍，圣明过听，敕书束帛造臣。臣不胜愧感，力疾走谢阙下，以答皇上厚意。第臣年六十八，衰朽不能供职。”上曰：“重卿学行，特简宫寮，烦辅太子。”与弼再辞。上曰：“朕知卿不乐仕进，故不烦以冗务，特任卿宫寮之职。”与弼辞益力。上更赐币及酒牢饩廪，遣内臣牛玉送于馆次。上起，顾贤曰：“此老非迂阔之儒，其勉令就官。”与弼退，称病笃。上谕贤曰：“固辞虽难进之义，揆之中道，无乃过乎？欲观秘书，可勉就职；即欲归，且俟凉月，朕亦不固留，以违若初志。卿为朕谕此意。”与弼固辞，留邸二月，

① 奖，原文作“将”，今改。

求归益切。贤为上言："与弼本欲事陛下，第老且病，不胜任，幸陛下怜而许之。"上曰："果尔，亦不强若。"贤又曰："此朝廷盛事，幸始终加恩礼。"上曰："其复遣行人送之归，令有司继粟终其身。"贤顿首谢。

当是时，上方复辟，石亨辈用事，士皆怠于仕进，而与弼以一布衣忽蒙天子特召，授之显秩，朝士皆骇且疑，独贤以上宾礼礼之。与弼日接荐绅，第冠田间冠，且倦于报施。中贵人或以为言，贤曰："王者必有不宾之士，若无求多为也。"与弼陈十事，乃谢归。上复赐玺书曰："朕惟自古英君，谊辟莫不求贤士，以臻治理。故即位以来，深思先务，莫急于此。闻尔与弼，怀材抱道，嘉遁林泉，特遣行人赍书币造庐征聘。尔乃惠然肯来，深慰朕怀。欲烦辅导东宫，特授春坊谕德，尔以衰老固辞。朕坚留数月，尔数称病，乃知尔本心非不欲仕，第以疾不能供职故耳。于是特允所辞，且以嘉猷勗朕，足见忠爱之诚。仍遣行人王惟善送还故里，赐以银币，用表至怀。复命有司月给米二石，以资供膳。尔其优游桑梓，安身乐道以度遐龄，倘精力未衰，尚其无忘纂述，以继前贤辅教世垂之意。"

归舟遇风，摇荡几覆，众皆惊惶，与弼独正襟危坐，久之风息。众问故，与弼曰："吾守正以俟耳。"过留都，缙绅皆出江上候之，多辞不见。或问与弼："既出而复还，何也？"与弼摇首曰："苟全性命而已。"即却起时，有议与弼者，以为此举出石亨意，何异蔡京、杨时之荐？与弼不当就，然一出旋归。后亨坐诛，而与弼独免于人言，亦其先见之明欤？章懋尝论出处，以与弼得第一着，陈献章为第二着，罗伦为第三着，而自云："我辈又第四五着矣。"与弼所著有《语录》，虽未过人，而风格高迈，质任自然，胸次洒落。其论学先涵养性情，几遇逆境，力为含忍，久之益浑忘。自言平生学之得力处，全于患难中。又曰："宦官释氏，此天下大蠹，二者不除而希治平，难矣！"于天文、兵法、阴阳、易卜无不谙悉，以注笺为无益，深病宋儒《语录》之繁，海内称为吴聘君，卒年七十九。时清江有陈海雍，号龙潭老人，潜心义理，与弼雅重之。陈献章尝以《周易疑义》质之与弼，与弼曰：“君过清江，其叩龙潭老人。”献章乃往。适海雍犁田雨中，蓑笠，乃更衣，延献章至其家。对榻信宿，辩析疑义，献章叹服。既去，海雍语儿辈曰：“吴康斋非爱我者。”康斋，与弼别号也。

吴士奇曰：孔子有言，不在其位，不谋其政。乃有谋其政而不在其位者，则千古所未有，而于遇仅见之。盖视子房之辞封，尤过焉。刘于、周文，恬退为高，脱然世味；与弼以草莽之儒，膺蒲轮之辟，召对便殿，天语温和，复成其不仕之节。遣行人礼送之归，天下称为盛事。则英皇之圣明，与李贤之相度，卓越千古矣！

殊行传

殊行者，笃行中之殊异绝俗者也。余故更表而出之。

曲祥字景德，永平人。永乐初，从父百户亮守金山，年十四，为岛夷掠去日本。王召见，悦其聪隽，留侍左右，改名元贵，因使受学焉。长为授官，且为娶妇，有子矣，然祥意未尝一日忘中国也，屡讽王入贡。宣德中，陪使臣至，因上疏陈情曰：“臣少遭□掠，抱衅痛心，流离异邦，困顿万状。今幸生入中国，此乃天意，天岂由人？伏乞俯从臣请，得还故乡。”上方以德柔远，不欲留其使臣，使暂诣金山省亲。祥至，则父已殁，独母存耳。母大惊曰：“儿失已二十余年，犹识耳中有赤痣。”视之信然，母子抱头大恸，左右邻里皆为悲伤。祥重违上命，乃别母去。既至日本，启王以上意，日本王义以归之，复遣祥入贡，申前请，诏还祥袭父职。祥事母备极甘旨，间言及故父，辄为哽咽流涕。母寝疾三载，朝夕侍左右。及母卒，哀毁骨立，以孝闻。祥博览经史，通《左氏春秋》，善吟咏，卒年八十余。

王原，文安人。方在襁褓，父珣以困于里役，乃语其妻张氏曰：“吾单弱不能当户，即有薄田数十亩，岁入尚不能支役，吾将逃焉。汝母子守此力耕，勤纺绩，庶可存活，勿复念我。”张泣留之，珣一日忽去，莫知所往。张抚原独居，原少奉母孝，及长，问父安在？母曰：“汝父为贫累，不能顾我母子，避役逃去，今二十年矣。”泪下如雨。原痛父，吞声不能言。既冠，娶妇甫月余，跪母前曰：“儿将访父，与俱归。”母曰：“儿过矣！父久出游，即生死不可知，儿安之？”原仰天大号曰：“天下岂有无父之人哉？儿不得父，不生还。”泣与母别。

初去涿鹿，转而东行，遍走齐鲁间数年矣。一日至田横岛，时日已西斜，飓风甚急，祷于丛祠，因宿焉。夜梦入古刹，正当午刻，僧炊庑下，原前求食，僧与饭一盂，曰：“此莎米也，味苦，吾为汝浇以羹。”羹乃肉汁。祝曰：“如来如来，来好去好。”忽祠门轧然有声，惊而觉。一丈人策杖入，问原奚自？原以实对，且语以梦。丈人曰：“日当午，南方也；莎草根，附子也；调以肉汁，附子脍也。若可急去，于山寺求之。”原如丈人语，趣清源而上，渡淇水，入辉县，闻县之带山有梦觉寺，原心动，步雪造焉。

至则寺门已闭，原宿于门外，天将曙，一刍者出，见原问曰：“少年何方人？”原曰：“文安人，以寻父来此。”刍者曰：“尔识父之貌乎？”曰：“别父时尚始孩，不识也。”引至禅堂，僧法林哀之，予之食。寺有火者，法林故知为文安人，意或为原父，因召火者出，指原问曰：“汝识此少年乎？”火者曰：“不识也。”法林曰：“汝同邑人，盍相问焉。”不数语，原大惊曰：“吾父也。”欷歔相抱哭，诸僧皆发慈悲心，然珣绝无归意，语原曰：“委妻子已二十余年，何面目复归，见汝母乎？汝急去，吾竟为辉山鬼耳！”原以头触地，牵珣衣向法林大号。法林曰：“天作之合，非人力也。”强珣行，因口占七言赠之曰：“丰干岂是好饶舌，我佛如来非偶尔。昔日曾闻吕尚之，明时罕见王君子。借留衣钵种前缘，但笑懒牛鞭不起。归家日诵法华经，苦恼众生今有此。”并述其始末以付原。珣归，年已六十有四。原后生男六人，孙十有五人，曾孙二十有二人，乡闾以为孝感之余庆云。

刘谨，山阴人。洪武中，父以罪谪戍云南，谨甫六岁，辄问家人曰："云南在何方？"家人以西南指之，谨朝夕向西南遥拜。年十四，欲治装寻父。所亲曰："云南万里，少年将何之？"谨曰："为父岂惮远乎？"遂行。时滇□初服，道路梗阻，历六月始抵云南。遇父于逆旅，相持号恸，行道伤悲。俄而父患疯痺，请以身代，而法：戍边者年十六以上，嫡长男，始得更替。于是谨复归，携伯兄子以往，而伯兄子尚孱弱。谨又归，鬻家赀以佐之，盖三返始得归其父，而家已破，几不能为生。谨力供菽水，曲为承欢，督学使者张倬奖焉，为传其事。

姚伯华，桐庐人。元末兵乱，桐庐在浙上游，当寇冲。日苦剽掠，民不聊生，走匿山泽。伯华时年二十，未娶；父母俱六十余，而家颇温，乃挟资奉二亲走阆原山中，猝遇盗，各散投林莽间。父窥盗过，出呼其子，不虞后盗又至，遂为所虏。母闻，急挟赀驰救，盗并驱之去。山路崎险，夫妇老不能行，号焉。盗怒，并推之崖下。明日盗稍退，伯华追寻父母不得，哭呼天。忽有人指之崖下者，趋视之，死矣。伯华计盗复来，急以二被裹尸担之，从间道奔桐江。夜无舟渡，俄渔人棹小艇来，载登南岸，复担至姚家山，采木叶掩尸，以木锥掘土，既饥不任；又虑盗窥觊也，昼伏夜作，踰宿穴成，负二骸殡焉，痛哭呕血去。

明兴，逃民各复业，于是伯华始归其乡，孑然一身，乃往依族嫂，为娶妇杨氏，生三子，家复渐饶。伯华恨二亲死非其所，时时悲思。计亲遇难时乃仲春，而未知其日，每岁当仲春则终月蔬食，不茹荤。冬月独拥炉，泣泪注灰，为不然。或慰之，益呜咽弗能已。祭祀执爵，哀哀呼父母，如在膝下，闻者皆为感动。始伯华逃难之日，因乏草履，几不免，乃以一银钗购得之。于是间即手织草履以施贫者，而弗取直，终其身如是。有孙八人，吏部尚书夔、河南参政龙，其最显者。伯华有兄伯荣，洪武中为永城尉，以事下狱，既释而死。其内弟火尉骸携归，匿之，给伯华曰："得钱，兄可解。"伯华信之，罄所有；不足，复鬻畲田四十余亩与之。既而内弟曰："不意而兄病卒，幸弗累家，吾已收其骨归矣。"众知为所给，欲暴之官。伯华曰："得兄归葬，足矣。"竟不问前金。

崔鉴者，燕人也。父佑，嗜酒不羁，暱魏娼，鉴母王谏不听。娼恨王，购其短愬佑，佑每被酒，辄窘辱王，箠楚之，娼益肆。一日佑出，娼语侵王，王复之，娼怒击王，破其面。王忿入室，抚床泣。忽鉴自塾归，王见之益悲恸，因谓曰："吾为娼所构，被辱万状，今且自引决，尔善自爱。"鉴泣且怒曰："娼敢乃尔！母无虑也。"语毕入舍，挟刃潜蹑娼。娼适扫室，犹口詈王。鉴从傍刺其左胁，娼随毙。鉴藏刃牖下，亡走数里，忽自念曰："吾杀娼而父不知，必疑母。吾走而母无以自明，必被逮。吾杀人，而令吾母抵罪乎哉？"复归舍。时佑果疑王杀娼，已缚王，将置诸理。鉴至，请解母缚，曰："杀人者我也，母无与。"众不信。鉴曰："若辈不吾信，吾刃尚存牖下。"视之果然，乃释王执鉴。

事闻，诏下法司议，司寇为议缓死。故事：减死者悉发伍。司寇以鉴幼，且情可原，并释之。廷尉奏曰："臣等窃见崔鉴所犯，母子之情根于天性，虽冒重罪，志在全母。司寇议是。"

诏曰："崔鉴既为母冒辟，情可矜恤，其原之。"

瞿嗣兴，字华卿，常熟人。母病痈，当夏，溃臭不可近，嗣兴煎汤洗涤，执扇驱蚊蚋，月余始愈。母又苦积气逆击，上诸药不效，或语嗣兴云："股肉可疗疾，当祝刃，俟其自跃刲之。"嗣兴叩首祝刃，至破额流血，刀弗动。则迫而强持刀，自刲其股，为羹以进。时母不食五日矣，啖之，忽气销如失。母思芰食，时芰始华，嗣兴解衣入水，覆芰叶觅之，胫为赤肿，不得。乃号于水滨曰："神明不相我乎？"俄得三芰。

嗣兴故长者，赈贫不欲其人知。邻王氏妪，家无担石之储，卧病不能起。鸡初鸣，嗣兴以钱二十缗投王门隙中，不告而去。有告籴者，其人鹑衣百结，嗣兴怜之，直仅五千，嗣兴佯为不知，诘曰："若直十千耶？"竟倍与之粟。子庄，洪武初擢礼部员外郎。嗣兴病革，言不及家事，惟曰："死生恒理，其语吾儿：善事天子，毋以我为念。”

刘和字士元，吉水人。丧母，庐于墓左，朝夕哭临。会大风拔木伐屋，独和庐自若。虎数过不惊，人始以为诈，已而信之，相往慰问。而不肖者恶其异己，伪为盗，乘夜火其庐，执而楚之。和抱木主走近墓道院中，黎明乃归，纳主于庙，而终丧于外寝。初，和年十三，父溺死池州，和痛哭呕血。后经其地，辄设奠江浒，悲号招焉，同舟皆为堕泪。平居寡言笑，不喜戏剧。有侮者，忍不较，自号耐辱居士。

何伦字宗道，江山人，事母毛氏最谨。家贫，甘旨不足，辄借贷以充日，非是无以慰母心耳。母亡，蔬食三年，以亲丧未葬，自谓罪人，不与燕会，郡县闻而义之，乃贻以葬赙。伦拜受，不造谢，或问之，曰：“吾罪人，何敢履公庭乎？”初，伦年二十七始读书，从王文成讲学于越，既与王艮、王畿诸贤游，晚复受业于湛若水。伦和而介，足不入州县门。邑令有欲见伦者，适伦族子苦于役，令曰：“若趣伦来，吾且免汝。”族子强之，伦竟不往，故族人怨之。里有酗酒者，故挤伦沟中，同行者欲殴之，伦曰：“此飘瓦触舟者类也，奚校为？”夜被盗，伦觉之而不呼。盗既取器物尽，更取釜，乃从容言曰：“盍留此，备吾母晨炊？”盗大以为愧，尽还其器物，大声曰：“盗孝子者不祥。”其人自是亦改行，不复为盗。

王芳字尚义，太仓人。家颇饶而好施，急人之难。尝访旧于小直沽，适慈溪费生廷槐病滞旅舍。芳与语，叹曰：“此奇士，何乃困顿尘土中！”移之寓所，与共寝处。明年，廷槐以梦不祥，急欲归。芳为僦舟与俱行，晨兴，辄焚香诵经，为之祈禳。会稍愈，寻又病，便溺狼藉，芳躬为涤除，绝不形于色。廷槐感泣曰：“吾何以报先生？”舟次吕城，廷槐病革，索笔作家书，涕咽谓芳曰：“生平心事，百不一伸，天乎已矣！傥埋道傍，乞书：慈溪费廷槐不瞑目之柩。”语毕而逝，双眸如生。芳泣曰：“古今旦莫，孰为彭殇？岂君达人，而怛化邪？”摩其眶者久之，犹不瞑。芳乃举其首，枕之股，而拊膺号曰：“费君费君！四海一家，谁非兄弟？而戚戚乃尔乎？且君有四弟两儿，亲养有托，愿无长恨。”忽喉间砉然有声，目始瞑。柩抵虎丘，暂厝于半塘僧舍。廷槐父踰月至，移榇归，举之弗前。无何，芳以絮酒来祖，榇乃前，环寺门观者，啧啧叹而异之。

钱瑛字可大，吉水人，生八月而孤。元末盗起，瑛与妻张氏奉其祖及母，奔庐陵之李坑。李坑路极险隘，盗追及之，祖被盗缚，瑛急诣盗，乞以身代，则并系瑛。瑛乞死不已，而祖亦诉老无子，惟此一孙，宁死我。两人交请，情极悲惨，贼怜而两释之。瑛方脱时，母亦被执，张氏伏丛薄中，见贼执其姑，出谓贼曰：“姑老矣，请释姑缚我。”贼熟视张氏良久，乃解姑缚张氏。既就执，以所袖双鞋，泣与姑诀曰：“妇无用此矣！”睥睨姑去稍远，乃大骂贼，死之。天下既定，有司三以可大荐，三以亲老辞。祖故有楼，时栖焉。祖殁，可大每登楼辄涕下，名曰思楼。然其为人故负气，里有剧寇杀人，有司惮不敢捕，以属可大，可大立捕杀之。子遂志，为山东按察佥事。

施氏女，婺源人。父母殁，而遗弟仅二岁，女尚未字人，家颇厚于赀。女恐既嫁而族人不利于孺子也，乃贞不字，愿以鞠幼弟。于是散家产什之一，以遍遗亲族。亲族奉女之高谊，且戴其德也，遂不复忌孤。及孤长，女为娶妇，时女年垂四十矣。亲族咸进曰：“不有姑也，施几不嗣，姑之为德大矣！今弟已有室，而姑尚未适人，其卜壻以毕婚嫁之事。”姑谢曰：“妾自背二亲之日，朝夕凛凛，惟恐陨于厥宗。今徼诸君之力，孤得成人，妾不能下报二亲，尚隐忍苟活，愧程婴多矣，何嫁为？”弟跽泣以请，姑亦泣曰：“我生死则施氏女也，若勿强我。”遂听其志，终身不嫁焉。既殁，邑中绅士大义之，为文以祭，而私谥女曰贞孝姑。古称未有祔姑于庙者，今施族日繁，而其家庙春秋奉姑祀，如祀祖妣焉。

吴士奇曰：曲祥怀亲于绝域，王原索父于穷荒，刘谨年十四而三走滇徼，伯华担二骸而夜奔桐江，崔童为母杀娼，嗣兴祝刀自跃，刘和筑庐虎窟，何伦褥语化贼，王芳萍水殉友，张氏以身易姑，施女抚弟不字，其事似痴似憨，似污似怪，似迂阔而不近人情，然张氏终不辱身，谨父竟得释戍，伯华、祥发后裔，至于夷王义而归其臣，山僧义而归其徒，族党义而恤其孤，虎义而绕舍不伤，贼义而置釜叹息，司寇义而曲法伸情。股羹再啖，母病旋瘳；絜酒泣祖，丧车始进，诚能动物，于斯益验，而独不验于刘和里中之恶少，何哉？夫至恣睢暴戾者，无如盗，然是贪也，而非妒也；盗贿也，而非盗名也。语曰：趋利如蝇，趋名如虎。贪者犹可以义而触其心，妒者反以名而益增其忌。夫孝而为人所嫉，则忠直不回之士，又何怪排击之者众乎？士无贤不肖，入朝见嫉，余于刘和事益有慨焉。

货殖传

民生有欲，而惟礼防其涯也。上度于礼，则施取其厚，事举其中，敛从其薄。下制于礼则民不迁，农不移，工贾不变，士不滥，官不慆，其效至于君令臣恭，父慈子孝，兄爱弟敬，夫和妻柔者，志定故也。故万取千焉而溢，则诸侯贰；千取百焉而溢，则大夫贰。彼执利权者，犹不能以强取也，况士庶而无厌，谁其与我？语曰：人富而仁义附焉。夫既不义而富矣，义利能两持耶？为富不仁之语，虎盖以自道云。史迁叙《货殖传》，自子贡数贤外，其人贪类封豕，卑卑无足齿者，即如陶朱聚而三，散而再，然以卿相持贾人之画，托名市隐，未忘市心，君子讥焉。夫士布衣蔬食，死而不厌，岂其要德于所识穷乏？故曰：取伤廉，与伤惠，而其至严于一介。嗟乎！季世而律以中庸之行，讵能乎？天下熙熙，皆为利来。有能富而好施，贾名而儒行者，取节焉可也。

国家权万货之重轻，毋授人利秉；公九土之山泽，毋壅滞自封，以故富商钜贾无所牟大利，而细民皆得仰衣食之原，亦既政平而民用康矣！请述中外之利薮，而略举一二能用财者风焉。盖昔言富者，无如铸山煮海之利，而今并筦之官矣！钱第可行于都会，亦苦积而贱直，贱直则民病。余为南计部郎，尝议云：

部臣目击时艰，公私告匮，题请行钱。讵惟佐国之急，亦以因民之利。今既以钱壅而骤贱，势难强民以从我；即强齐之，而民不便，则钱愈壅而不可行。夫欲疏钱法而使之通，莫若精其铸而慎其出。原议给军商银七钱三，请得军饷，与什之一，商价则什之二，物稀[1]则贵，贱极则贵，此为不禁而价自平者也。第为目前计，又不得不酌时价而稍增之。原议每两千文，请为千一百文，何也？穷则必变，法贵宜民，况钱法之行，本朝廷公平之政，原亦昂其直而与之，安有坐视其贱，漫不加恤者？如官军固当优给，至夫各商，则有断在必行而不可再坏者，《志》开搭货之法是也。货者，内府所受各郡之输布，而酌商受部直之多寡，以当价十之一者也。两府原各为出纳，我费出于无经，彼货积于朽蠹，一持法而彼此流通，万省千、千省百矣。有当体其情而暂为之所者，今加钱之议是也。既已裁其价，货复三之一焉；而又阴亏其钱直，何堪乎？节其多者，而姑宽其少者。我之所确然不易者，令甲而未尝不轸恤者，民情即攘攘，而至者未有不服者也。斯又裒多益寡之微权，我可暂施，人可暂受，以待价平复议者也。

其次议炉夫。既出之者寡而鼓铸如故，则钱积于无用之府矣。其不得不减铸者，势也。顾欻贵欻贱，特偶至之情；而可大可久，乃生财之道，奈何因咽而废食？且此执炉锤而服役于官者，皆招之来者也。今将简冗役于千百之中，而曰某当留，某当罢，众必嚣。请为二班，班各百二十五炉而轮役之，明示休息，阴寓裁抑，此朝四暮三之说，实均平画壹之道也。其次严私铸之禁。夫其贱值而贰我市价者，皆此辈为之也。官方以壅滞减铸，而彼乃乘上之缓以急售，是以利薮贻若也，钱壅如故耳。夫其私铸必有所，其广布城市必有主家，岂一手一足之

① 稀，原文作“饰”，据义改。

力？悬赏格，募民告奸，犯者一切治罪，则赏罚明而私钱息矣。

尚书曰如议。而是时张京兆朝瑞善余言，亦欲行之府。西边则有茶之利，半以易□马，边军赖焉。计天下之为煮卤者十二，曰淮南北，曰两浙，曰长芦，曰河东，曰山东，曰福建，曰广东，曰安宁，曰黑白井，曰五井。或风化，或日暴，或火出，其名亦异，惟淮南为大。富人子操百万之具，左右运无壅阏；每放舟，上下蔽江，数千百艘，艘可当数千金，全楚与江右之半皆仰给焉。榷十有五，曰崇文，曰河西，曰浒墅，曰临清，曰九江，曰杭州，曰荆州，曰夏镇，曰南旺；出留都者曰龙江，曰芜湖，曰水西门，曰北新关，曰扬州关，曰淮安关，乃今无地不榷矣，或谓病贾。夫贾不足则高其值，庸何病？独苦民耳！往时民月一肉食者，今遂终岁茹淡；而食半菽者，已菜色矣！安得布菽食糜之类概而不税，诒民属餍乎？以全力而蠲此，则太仓一粟也。

四方都会，南则芜湖，北则临清，水陆辐集，百货是府。其次苏杭，红廛万家，机声轧轧；男子饬力，又多妇功。顾为精糈以耗食，作淫巧以荡金钱。楚则武昌、荆、襄，其地辟，多陂泽，有稻鱼菱菰之利。粤则广州，其地滨海，番舶多珍怪，有持不盈掬，可当数百缗者，时随波上下，出没闽、漳、泉之间。明王不贵异物，而两地以此致富焉。蜀则成都，虽在万山中，其地独平坦，水旱无虞，古称沃野千里，天府之国，信哉！北则徐、济、汴、洛、蒲、解、西安，皆四方贸易之场。辽阳、滇中，别为一区，斯又东南、山海两都会也。黔虽近滇，土最啬。东西粤，肥瘠亦相去远甚。

大抵江以北，民多本富，耻逐末；长六畜，植梨枣，艺菽麦，有先民遗风。惟秦晋诸郡亦操重资贾于淮海，与新都人埒焉。江右地啬无所货，独饶之陶，其器偏天下，其人半四方游食。眇者、舂鼓者、搏力者、埴巧者、绘者[①]，各程其能，以次食一市而工十余

① 原文夺一“者”字，今以义据补。

万，以故苦为生者赖以全活，而奸人亦窟其中。大率新都地狭，狭则不任耕；江右土硗，硗则虽耕不给。凡天下行贾，独江右、新都之民多，然江右所业微细，非如新都大贾操重货致不赀。若夫三吴之粱、吴兴之幌、关陕之毳、山西之枣、云间之布、兴泉之饴、吴粤之桃、闽之冠、白下之舄、楚之鞭、滇之削、湖之管、歙之墨、吴之笺、蜀之扇、冀之马、南之舟、北之车、漳之肩舆、浙直之图籍、奇袤之子，别为古玩，以至果蓏药饵铜锡材木之类，皆民养生送死所必资，不召自来，各以方至。此无处赢，彼无居诎，各安其业，利其利，岂非富者人之情性、所不学而俱者乎？

夫民也，圭撮而入之，捐亲戚走死地而得之，饘于是，服于是，而忽语之曰："尔其以义施，欲出如粪土。"此中才之所忍不能割，而庸夫之所怖而却走者也。故当其无事，虽有力者不能强其所不堪；及智尽能索，或困于多事，或嗣愚而益累，乃悔财之为害，而向之为□耳。余尝见一僧病且革，据床交臂而泣，其徒亦泣。初第以为未了生死者也。有顷，病僧上其手曰："吾臂有数十缗，平生戮力所积，今已矣！安归乎？"其徒闻言，不复应，争掖臂割橐于榻前，立瓜分之，不均而哄。僧怒甚，欲禁之，喘不能语，颔之而已，有顷竟死。彼所号为禅寂者也，而犹尔，甚矣夫利之移人也！非达士孰能破义利之关、曙取予之衡乎？

当洪武中，而吴人有沈万三者，以资倾东南，家已籍，顾善自匿，至永乐中犹称巨富，而惴惴惧不保，时入赂贵臣纲。是时闾右以赀自焚者什室而五，即婺之郑氏，故号义门，且几殆，非以干戈初定，恐利雄而为乱资乎？二正之世，中贵人振、瑾窃柄，天下之财半归其私藏，无何，并没入县官。李广者，亦中贵人而有宠者也。籍其家，见中外大吏一馈至黄白金数千，顾讳而书曰"黄白米若干石"。孝皇曰："吾尝幸广第，讵能容此愚累累者橐乎？"左右乃语之故。嘉靖中，二张之败，亦坐赂章。而是时溧阳有史际者，故南铨郎也，人号史吏部。其先世以赀雄，至吏部益有心计。会东南大饥，吏部为予粟数千石，而嗷嗷者众，莫能偏给。邑北有广莫，潦溢旱缩，弃为旷土久矣。吏部心念曰：“是可田，但需役。古有兴作以救饥者，夫岁饥而诎于粟、余于力也，吾试出粟以易彼之余，而异时取偿焉。”乃白之官。度东南隅可潴可防者，测水以准界，而募民为堤。民携老弱至者趾相错也，环堤而居，人日给米二升，钱三十文，薪一束，计一役夫可兼食羸弱二人，于是堤居者堵相接如村落。日出则畚者锸者筑者蚁聚堤上，夜则妇子嘻嘻，卧而忘其身之流徙也。深者为池，环池为堤，堤外为田。别为大堤，堤北复为大池，而窦其东南以通内池之水，状如同字。奠则庐居，泐则散地，秋而经始，至明夏麦熟而罢，所全活者数千人，垦田四千余亩，为圩者三。池畜鱼，堤种蔬，夹植榆柳。计所入，岁可得谷千石，储之以备凶，名曰救荒滱。吏部既罢官家居，家益富，士之穷者咸归焉。今南铨尚有官舍数楹，为吏部遗构。而督府何栋亦善会计，大放计然策，致赀钜万，顾不以自私而用之疆场，所谓富而好行其德者乎？

杞人张廷恩者，世居杞之西关，辟地数千亩，至其父徙家草营，而以西地之半分予族人，亡何，父卒。时廷恩年少，族之豪负义，而并侵其半，廷恩白之官，官不直豪。杞地租，亩百钱。廷恩为减租八十；已，又杀为五十。他富人子以重租多旷地，而廷恩土竟无不毛者，计所入反倍，以是居积益富。然颇负气用才，布衣而雄河洛之间。杞多水，廷恩曰：“是宜稻。”杞人故不艺稻，会稔而水大至，众窃笑曰：“谁谓若多算？幸耳，今败矣。即免于水，徒为佃有耳。”廷恩趣令佃曰：“崇土为圜，芟稻为稛，稛各为二，稻多者倍之。”明日往于田，第按稛与佃分，而标之帜，水杀乃载以归。是岁入稻数千石，于是杞人大服其智也，然其好施益甚。岁凶，出粜为减直，贫不能直者期秋偿，至期不偿者为再期，再期终不能偿者，曰：“公休矣。”竟焚其券，杞人德之。正德中，官军剿贼过杞，廷恩犒师刍五千。会杞岁频凶，两赈粟千石，有司大义之。廷恩既以富博名高，于是大治庐于西冈，垣堑重峻，归、睢地旷，故为盗薮，而廷恩终其身无警者，夫亦善用财自卫矣。后以诬被逮，既得白，还乃太息曰：“嗟夫！富者怨之府，岂不然哉？予好施者也，而犹不免于祸，况儿辈乎？”于是鬻远田数千亩，卒老于杞焉。

新都多善贾，而我吴亦稍自给，以余所睹，邑之兄弟而争财者，什九败也。昔曾大父克仁，既殚力起家，分产而劳之千金，曾大父固辞不受。而是时吾宗有名景芳者，正德中，扬州守瑶从车驾，为侍卫所困。景芳出橐中千金，各餍其欲，守乃得脱。相言未遇时，与景芳相善。而宗人又有名琎者，亦轻财好施，卒以家破，遂为市义者之戒。近国有大役，宗人有持三十万缗佐工者，一日而五中书之爵下。嘉隆以来，淮海以南富于财者，贾则山西高氏、宋氏、韩氏，新都吴氏、汪氏，田则三吴徐氏、杨氏、董氏，迭为消长云。

夫人弃我取，居积之法也，然亦有时。淮浙业盐，非引不先。舍本业而提一纸，以居法曰非利，乃有操此旬日而致数万者，而效之者至并母钱委之。桐为下邑，多茅山，邑民以为豺狼所居，弃弗顾。客为斥而树果，至擅利数世。乃有田海滨之广野，而五稔不得一入者，故贾而恶嚣，非其质也；不取为取，贾之变也。物极则返，奢则不逊。礼生于有，亦荡于有。今时俗汰已甚矣，一醵而费数金，一出而从者成群，水陆之异，辐辏并至；乡井之间，青楼错处，无赖转相扇惑，少年辄慕为高。至有鲜衣跃马而家不给妻子饔餐者，非良牧孰为之幅利乎？三吴多大繇[1]，非仕宦辄以役倾产，富人子益敦诗书，故富而益之贵者，善守富者也。聚而易耗者，子弟之率不谨也。财为气使者，徽之习也；瘠而戋戋者，江右之俗也；土膏多芜者，燕晋齐鲁之郊也。芜者苦民稀，可募而垦；瘠者民不见可欲，恶知非福？气使者如汤沸而溢，溢必泻，可抑而降。甚矣吴人之智也！半居货，半力本，而贾其余以课子孙，此奇货，谁为居者？故称大贾当属三吴云。

吴士奇曰：夫民一日不食则饥，而军国非财一日不行者也，岂

① 繇，通“徭”，徭役。

其不情而故屏弃之？顾生之有道，用之有度；侈则匮，积则蠹。无令用等泥沙，又欲行如流水。其以佐公家之急，则义民；其以犯众所必争，则怨府。故曰：富家难，富天下尤难。富家者，智取而仁予，缘利以市义；富天下者，义即利，予即取，此为因天下而不私乎！民熙于野，贾恬于市，无有不受命而货殖者矣。何以故？凡货殖者，皆乘人之急以倍收者也。无不足则无有余，此为独挈盈缩之权、而六府三事之政也。

绿滋馆征信编卷之五终

附录一

《四库全书总目提要》卷一七九

《绿滋馆稿九卷》 江苏巡抚采进本

明吴士奇撰。士奇有《史裁》，已著录。是集文八卷，诗一卷。其文虽不能步趋归唐，而文从字顺，尚不蹈王、李赝古之习，惟韵语牵率颇甚。朱彝尊《静志居诗话》称其长于史学，诗特余艺，其殆然欤？

附录二

施闰章《吴太常传》

吴太常讳士奇，字无奇，别号恒初，新安人。明万历壬辰进士，知宁化县，有殊绩，调繁归安。将去，宁化民慕恋攀号塞路，至车轵不得行。归安多巨猾逋赋，公革羡劝输，治其豪数人，争输无敢后。日课诸生，以文章饬吏治，所拔高弟子十人，用科第显闻者八焉，语具茅公坤《石记》中。升南户部贵州司主事，眎[1]仓浦口，却溢米勿取。历迁江西司郎中。户、工两曹当偿帛价，与诸商竞多寡，日中不决。公片言折衷，估直得平，省度支钱巨万。秩满当迁，会江西当路者愿借为良二千石，由是出守吉安。公自少发愤力学，沉酣经史百家，上下古今，以风教为己任。而吉安自欧阳公、文信国以还，文章节义，炳蔚相望；王文成又尝宰庐陵，镇抚虔州，讲德授徒于其间，郁为理学都会。公喟然叹曰："太守虽后起，其敢不自力？"于是政尚简静，敦风烈。偕邹忠介公元标推明性道，尤慎乡先生俎豆，创三祀于白鹭书院，谓德足辅世则祀，功足匡时则祀，言足明道则祀，即古所称三不朽也。乃按郡志，佥谋置木主，得客贤四十九人，主贤八十二人，编次其行事，而序以传之。御史某为其父丐厕名，以有遗议，靳勿许。御史深衔之，勿顾也。历四川、山西两省提学副使，用《三箴》《五要》迪多士，士习丕变。以忧归，服满补浙江绍宁分守副使，累官按察湖广，转右布政使；再举卓异，迁陕西左布政使，晋太常寺卿。时魏珰肆焰，公抗疏指斥。珰怒，矫旨令公卿大臣自陈去留。公疏入即自引归。公初在太常，南乐相国风之，招佐铨宰，公谢不往。既归家居，叙

① 眎，通"视"，掌管之义。

平川功，赐钱二百缗，命以原官起用。巡按御史交促迭荐，皆不起。乐道林泉者十有四年，卒赠工部右侍郎。所著有《史裁》《考信》《征信》等编，《绿滋馆稿》。其未刻者，《皇明副书》一百卷，而《三祀志》至今为吉州文献掌故云。

玉溪外史氏曰：余昔讲学鹭洲，观公所为《三祀志》，未尝不叹其岳岳，足以廉顽而立懦也。彼御史为其父固请，不能得之太守，况下焉者乎？其后虽中龉龁，于公卒无损。累官太常，志行皎然，其不肯丐爵私门而婴不测之险，奋舌以击巨珰也，盖有以哉！

康熙十七年桂月宛陵年家后学施闰章撰

——选自天津图书馆藏明刻清印本《绿滋馆集》卷首

附录三
《绿滋馆稿》诗文辑佚

从祖母彭七十序　良懋孺人　二二世

世之为寿者，非搜奇珍、盛歌舞以极一日之欢，则走当路贵介乞谀词以夸耀于闾里耳。余衡门隐者也，而何以辱明问？则以情属近亲，居又比屋，诸叔所以命余，余又何敢让焉？方孺人之侍乐滨公，始笄耳，嫡则程，比肩则田，鼎足列也。而孺人举子三，同心戮力，遂致不赀。田子不禄，孤在襟裾，孺人卵翼，若置鼓掌，瓜瓞绵而琅玕列。不有祖母，乌有今日？异锦孰与翟茀？奇羞何如鼎养？誉命有待，即余言亦赘矣。（孺人顾是日奉常之祝词，其属望儿辈良厚，益大喜，连举子若孙及子妇若孙妇之觞。）

——选自民国吴吉祜所辑《丰南志》卷六“艺文志”，黄山书社2014年版，第180—181页

太史母殷六十序　二三世

孺人系出殷氏，有子太史。六十寿日，纶綍中悬，锦章四布，余与侄孝廉仲舒聚族递进。盖太史、孝廉自为诸生，余有国士之目。及余官太常，两人同车入燕，余谓珠光合而宝气连，行且与余鼎立。已而，太史先鸣，胪唱第三人，郡前未有也。于是余以鼓

吹，合宗人之在燕者称庆，又合郡之诸绅为新都庆。而太史丰神奕奕，则又为得士庆。然与太史鸣珂联步，一再晨趋，而余乞致归矣。所以急于去位者，列卿相珰，系余草疏，又宁虚当路之位？色不肯枉就，有难语人者，即太史未闻也。余家固世笃忠贞，太史父教之忠，为日久矣。乃居三载，而恳将母归，准暂给假回籍，盖异数也。乃甫出，而有不可知者。天兀余宗，既困余，复困太史，余独伤河清之无日，而与太史时异也。邑诸大夫家食者有河西之会，太史复至，毕中丞笑曰："昔许文穆为赞善时，每叹索居长安，不得从殷司徒、汪司马诸公乡射，云：里门如春，都门如秋。太史今日与我辈快有春山，非复文穆之黯然秋署矣。"以子贵者未必以亲贵，乃孺人，太史为子、金吾为父、司徒为大父，何让王、谢家也？太史之先世，两祖妣几百岁，乃孺人耆年发尚鬒，焚香奉佛，二十年如一日。太史一出，犹黑头公云。文穆不得专美于前，而孺人更历六珈之装，与王母庄太夫人煌煌比隆矣。

——《丰南志》卷六"艺文志"，第185—186页

伯母汪八十序　二三世

伯母之启我后人，在诗书不在钟釜；伯母之受兹介福，以令子不以俗华。伯母父为于潜令，弟为比部郎。里俗：富人子于家塾直寄焉，伯兄总角而庠，余与仲弟肩随之。伯母数以"荒于嬉"为戒，故季弟虽游于贾人，而雍容都雅，称诗淮楚之间。夫以诗书发祥者泽必远，以仁厚称家者祐必长。伯母起谢曰："未亡人何敢当？愿老妇之视犹子无异吾子也，孺人长且有树矣。"其书之以作家箴，家大夫因命余纪之。

——《丰南志》卷六"艺文志"，第191页

从父黄谷公六十序

不弛不张，不节俭不能广大。公与诸兄弟分财，时弱冠耳。习之父之，乘坚策肥，绝无少年豪举之态，意念远矣。盐策一变，子钱家半耗其资。更去淮海，转毂齐楚燕赵之间，而公以为此先人创始之所，未可弃也，吾宁雌伏以需时耳。盐策再变，诸大贾多无文以徼重货，一时耽耽者歘起，而公以为此耗国之蠹，未有不败者也，吾宁积钩以为距耳。客广陵数十年，无溢取，无上人，道之真以为身，可以全生尽年；其绪余以涉世，可以审时居积。昔范蠡既以其术强越，乃复施之家，而以财娱老于陶。余每笑儒者龌龊，不善治生，一旦握符，莫知纵横。习儒而旁通于贾，异日为政，计然、桑、孔之筹，岂顾问哉？

——《丰南志》卷六“艺文志”，第191—192页

从叔新寰公六十序　一谅公　二二世

先生，乐滨公子，少与余同学，睥睨千古。至则制义，则绝无近代怪诞之语。顷余南辕，息肩广陵，夙厌尘坌，悉谢馈醴，日对先生，正襟危坐，退而觉余之佻也。噫嘻！名利之渐人久矣。朝而耽耽，暮而逐逐，濡足于世味之场，而不知其隙日之去；不谓斗智角足之垅、群挠相诟之中，乃有不滓不摇如先生其人者。昔王心斋倔起海隅，学士迄今诵之。先生择人任时，而毕力于学，即心斋岂能专美哉！

——《丰南志》卷六，第192页

汪氏嫂寿序　二四世

盖闻女有三懿，何懿乎惠？阴性吝啬，故矫之以宽大；何懿乎俭？女富溢尤，故约之以樽节；何懿乎顺？富多上人，尤莫甚于妇人。惠则人乐于附，俭则我裕如施，顺则卑而不可逾。以余观封孺人，三懿备矣！古之丈夫而终兴者，必藉其妇以成，若冀缺是已；令子而亢宗者，必藉其母以成，若稆侯是已；父兄有志而未逮者，至赖其息女以成，若班氏是已。曩者国有大役，中贵乘传四出，括山海之藏。兄希元首输万缗佐鸠工，人主义之，予爵中书。中翰在而天下比之卜太傅，中翰殁而侈称[1]孺人曰寡妇清。孺人出邑城汪，祖明经，仅得于潜令；从父进士，官亦不过郎，而孺人以一女子相夫，担华秩，广义声，余波遍及于母党，不亦彤管伟称乎？是岁也，余伯母亦年八十，为孺人姑，亦以善相我伯父、善教我兄弟，为姻族揄扬。于是孺人整褕翟，北向再拜，嵩呼者三，而后据母席，以次举子若妇、若孙、若诸女、若诸妯娌、若宗人、若外人之觞，又封孺人。

——《丰南志》卷六“艺文志”，第193—194页

光禄兄六十序　二四世

儒者不明积著之理，而顾龌龊于握算诸人也。周公九章法，孙吴不以施战阵乎？盖其术莫善于计然七术，范蠡尝用其五以辅越，抗强邻于股掌之上。既已施于国，乃欲用于家，老而更号陶朱公。使蠡不祖计然操资斧，则货不通、越不霸；又使蠡策已售，属餍于名不复贾，彼长颈鸟喙之主安能听以行意，而遍为德于知交乎？不

① 侈称，原文讹作“移称”，据义改。

独巧于取利，抑且藉之取名。好奇者至载之《列仙传》，亦慕之甚而致其情耳。余兄光禄，名时佐，守礼公之第四子。其少也，家已不赀，而父方客淮，自权子母，外御其侮，诸耽耽而辟易者惟若父，因得以肆力于淮海，无内顾忧也。度田之役，所汰浮羡几何？丁亥岁祲，所全活又几何？此岂煦为德、市恩尺寸者耶？父殁而产瓜分，光禄始操利秉。顾善任时，诸循海而煮、受计而出，转毂于齐楚燕赵者，所赢得过当，而其人亦靡不藉以沾濡。比年，国家兴作，鸠工征材，赍用不足，光禄率诸兄弟上钱十万，天子旌之，一日而五中书之命下，殆富而益之贵者乎？是岁仲冬，为公六十。公子养春，即中书君，翩翩豪士也，节慕平原，倾海内名隽；次子太学生养泽，复称难弟，盛衣冠，致水陆，前为亲寿，客肩摩趾错也。乃光禄愀然不自得，子窃窥光禄心矣。今天下之需财尤甚，弘羊、卜式之世，范蠡由国而家，光禄其移家为国，庶几以不利为利乎？

——《丰南志》卷六“艺文志”，第195—196页

来凤于夔侄六十寿序　二五世

百年有涯之身，千古无涯之事，必乘时自树，而吾生始不愧。余家自唐以来，庙祀而宗无离亲也，庆吊而聚无携众也，愈远而愈思，愈繁而愈一，谁为合其涣乎？则自吾子建祠始。于夔戚然曰：“此先君之意也，余小子敢以为己力？”夫孝廉有志未竟，而已成之子，享无疆之休，而孝廉垂不朽之业，子如鹭翔，孙如玉跄，吾子直聚祖考之精神，而下与子姓为一体，虽谓子之寿，与本支百世相悠久可也。

——《丰南志》卷六“艺文志”，第196—197页

中翰侄寿序　二五世

显名厚实，世所艳以为荣者也。士托千秋而树不朽，两者审处一焉。名悬人吻，实从己操，乃其中有不造于智愚而造于时命者，天实为之。彼其熙熙攘攘，如蝇如虎，求者未必得，而得者非必求，何二物之颠倒、世人莫知端倪如是哉？

吾侄中翰士雅名养都，父光禄时修公，祖封光禄守礼公，三世以资雄，而中翰则守雌下人，持盈以让。少尝与余角试于郡邑，藉力先容，即青衿若将掇之，顾弗屑也，其不欲猎名乡序，与诸生争如此。父宦留都，大父客淮海，中翰受命督家政。大父特为割产示旌，会少拂意，罢弗予，中翰绝不形于词色。其后，诸昆弟各当大父心，皆有分产，而中翰独不请，大父亦竟忘之，其不伐所能、不言所利如此。国有大役，与诸父昆弟以五万缗进，一日而五中书之命下，顾逡巡弗居，拜而不之官。不以舆台谒邑侯，不以燕会齿缙绅，不以鞶缨耀闾里。时冠儒冠，课臧获灌畦；屏居谢客，即余最托知己，十往，九以足疾辞。其甘恬退、乐丘园，不欲游人以成名如此。光禄既殁，资斧故与叔氏共之，子母之权一听之主计者，而中翰无园池之奉、宾客之醵，以故岁支独俭；厥后分财一取均，其推亡者之谊、敦生者之好如此。有弟不嗣，嗣者固当君子，独顺弟妇之意，兼以从兄之子为贰，曰：“均为守礼公后，何必时修公孙？苟家庭无谇语，即律令无固我矣！”邑钱侯大义之，为处牍，其屈法伸情如此。

鲁连却千金，而中翰所却其倍几何？乃声不出里闬，岂非君不好名之故欤？然使中翰徒守嗫嚅，白首呕心，遇者几人？纵遇而铜墨之劳，何如素封之逸？率是道也，可以涉世，可以尊生。中翰今年六十，犹然如少壮，乃避寿出游，至秋始归。适余以试事居武林，复视师海上，少闲乃得属稿。中翰有婿计部许公，而许公女为余子邵邦妇。邦其率若妇稽首大公之前，为我称寿。

——《丰南志》卷六“艺文志”，第201—202页

从祖孔龙公状

公讳孔龙，字见甫，号文宇。父汝升公，连举数女，晚而得公。父殁，公从从父思云公贾淮阴，所谈盐策，悉中利害。尝庭论郡大夫前，郡大夫熟视公良久，曰："若贾人英风乃尔！"会天幸，业骏起，乃趋伯子贾固陵，而自与叔、季奉母居淮上。

淮当天下之中，公从中运筹转毂，故业益饶。诸兄弟贾海上者，辄出橐中金佐之。邑汪公景纯，倜傥不凡士也，慕公高义，请得交公，而以淮扬盐策藉公主画。公曰："吾何难踠余力以为知己哉。"遂肩其事，戮力经营。景纯因得优游于诗酒，而广今古之翰墨。无何，景纯殁，诸孤尚少，公不恤劳怨，卒使式微振起，而故业复昌。是死者知人之明，而生者为友之忠矣。

初，中贵出广陵，耽耽逐逐之夫交藉焰以攫利。公不惮面斥之，几中群小之口。及中贵罢，虎化为鼠，持者方急，公阴为之弥，卒使固陵之子钱毕空，则公好义之过也。公虽游于贾人，所交皆当世名士。诸子扶掖南还，遂不起。生嘉靖丙辰，殁天启癸亥，年六十八。

——《丰南志》卷六"艺文志"，第227—228页

叔祖母程状　良儒孺人　二二世

孺人自槐塘归吴，婉娩以奉嫡，若夫之自出也。于夫之自出，又若耦嫡而忘其贰也。先是，吾高、曾之下故以资雄吴楚间，然弟[1]稽其出纳已耳，趋事则异人任也。孺人则以利秉不可以示人，汉阳公遂轻千里，躬握子母权。居顷之，业骏骏起。

① 弟，通"第"，仅仅、只是。

孺人稚，未有子，已置有媵矣。汉阳公亦惟生子是急，岁一再归。孺人曰："妾闻良贾善任时。时，难得而易失者也。君数归，毋得坐失耶？丈夫家寰宇居，盍更置贰焉？赖天有子，之子犹吾子耳。"公入言，复进某氏姬，举子五。每子能言辄襁负归，孺人善食而后善教。公晚年，而他姬更举一子一浩，孺人怜而抚之，犹五子也。

公既殁，孺人称未亡者二十余年。始弟操阃事，其后兼丈夫任矣。顾雅有心计，诸子受筭而修故业，至有倍之者。子若孙游胶庠者若而人，受贾者又若而人。孺人曰："老妇藉而翁宠灵，岂不足使令衣铺哉？富贵无常，忽则易人，惟勤且俭乃久耳。"居恒嘿嘿，及其决策大事，不啻烛照然。里俗及秋，张优人以乐神，诸妪蝇集，孺人弗就也。

孺人初举一女，适知都匀府鲍公中子惟明，又故燕赵客也，所交皆当世名公卿，不难徼惠作者。余次其大略以俟。

从祖母朱状　良际孺人　二二世

余为诸生，已受知于从祖鸿胪公。公三娶而得孺人，曰："白首穷经，非人豪也。"公遂弃其敝帚，北游于淮海之间。然公性故广大，子钱空，以单骑归。四方扼腕谈奇之士时过其庐，孺人不惮供具，甚且取给脱簪。然公所億度盐策事，隔千里什九中窾。复出广陵，则益明习贾事。时吾宗守礼公故多算，为盐策祭酒，亦决计委任于公。守礼公不戒于火，得鼓余烬而完半资，大都公算也。公以戮力，亦自渐饶。客广陵先后数十载，晚归筑室，卜邻予右。公喜壮丽，欲令后世无以加，孺人时讽公，示子孙俭尔。

公殁，从叔服除，将入成均，孺人其亟务治生，无希傥来以坠成业。乃出贾武林。又数往来淮海，分守礼公诸孙分财[①]。孺人曰："此而父故人，其善为剖画，以成而父之志。"生嘉靖庚子，殁万历

① 按，此句有误，疑第二个"分"字为衍文。

丁巳，春秋七十八。一子，惟寅；一孙，士蕃。

——《丰南志》卷六“艺文志”，第231—232页

从伯一鲸公状　二十三世

公字德长，家大夫同祖兄也。生三年，而父良鸿公客死山东。公事多三思，往往时过事去，资斧渐耗。日与虎臣等游，至夜以继，所过地即安土，尝十载不归。先旧瓜分久矣，公不惮倾橐而全收之。既而转徙于人，公又绝无吝惜，敝屣视之，曰：“是如传舍，忽则易人，乌用是遗所不知者？”诸形家入里中者首谒公，时与寻源至昌[①]，霜雪尝露处，目因之眊，然犹曳杖强登山，使左右指顾而言善不善。尝捐资筑邑城，坚倍他筑。侄士元以盐策贾浙，为仇所讦，官捕之急。公以小舟载侄匿吴中，而携百金复走浙，为解其厄。公出视地配方，中夜起爨，虽寒夜无难色也。橐中装假人，负不复还，孺人亦不与较。视前子犹己子，其长厚真比德矣。公生嘉靖丙申，殁万历辛亥，年七十六。为余功亲，不誉不文，直书其素而已。(良鸿公，良铎公胞弟也。)

——《丰南志》卷六“艺文志”，第234—235页

从叔一彦公状　二十三世

公字美中，少家大夫十年余。新都以贾代耕，家大夫不废积著之理，则决策惟公。余少业博士，不能兼治生；家大人又倦于勤，则倚办惟公。故德公者无如余，以亲故而知公者亦无如余。

余之先至八七世而饶，公绝不为贵富容。既而中衰，公不为

① 昌字后面疑有夺文。

动，曰："此适去者。"戮力复昌，亦不意得，曰："此适来者。"三十而游太学，客曰："不乘时卒业，为异日谒选地，而汲汲以归，恐公之发日短也。"公竟归。或诟某于公前，公曰："从后曰，即果有，当非厚道矣。"一日雪，语家人曰："吾披重裘犹不胜寒，彼故人窭，其何以堪?"馈之数缗，岁以为常。刻图章曰"善不可磨"。

长兄卒于蜀，未几，遗孤亦殇。诸兄弟甚哀之，既已不可奈何，议以公子为后。公不辞，而产则为修路，以示不自封。生嘉靖甲寅，殁万历癸卯，春秋五十。配潭渡黄。

——《丰南志》卷六"艺文志"，第238—239页

从父敬仲公状　讳一钦　二十三世

昔余父贾广陵，则公伯仲与俱，值家之季，叔惭自奋，曰："吾不阜于贾而阜于儒!"年二十二，补邑诸生。然稽田庐，按山泽，课诸臧获，贾于楚、于泗、于广陵之间，卒收厥父之烬，而家无诎者，叔力也。

初，伯苦蜀道难，留二弱息于家。长者先伯死，叔戒无令伯闻也。而次钱姬出也。余昔吴兴归，中夜闻儿啼，"邻而呱呱者谁也?"曰："伯之子也。""则胡不蓄于家?"曰："不以为子数也。"叔则大为孽喜也，而孽竟死。议后伯以次，则鸿叔曰："弟之子翀，伯所昵。"乃立翀。丈量之役，详覆者独丘垅，曰："无令生者构死者祸也。"从弟一新公甫令永明而夭，叔为视地。妻父簿耒阳，卒于官。时叔寓燕，急为归榇，而奉主于罗祠，罗宗人大义之。乡人构者，叔徐解以甘言，至曲直，绝无所狗也。即以不遇终，顾善策时事十九中，汪仲淹、谢少连、丁南羽皆愿从叔游。其后客泗，叔精形家言，则自广文以下踵门请。余甫十岁，而知于叔，以白眉目余。叔习禁方，善书画，古玩器一经赏誉，声价便重。每言："非

诗书不能显亲，非勤俭不能治生。字虽小技，文人用之则大。”

生嘉靖癸丑，殁万历丙午，年五十四。子士能，娶忠塘孝廉方一敬公女，是为京兆公孙。从父生平旁综百家，尚驯谨，亦复于达方之内，方之外不能核其际也。传则以属少连。少连雅善叔，而娴于词，必能道叔也。裹千里之骨，抚一线之孤，孤亡置后；舍当御之子，而奉伯所昵，岂徒孝养勤宗祏也哉！

——《丰南志》卷六“艺文志”，第239—240页

从伯一徽公状　二三世

公字德望，以父梅庄公故，号仰梅。生十三而孤，十五游成均。母胡氏念息孱弱，不欲苦身以希倘来，妇人爱子，异甚得秉。伯父故受产不逮伯叔十之二，收余烬得四千缗，转毂淮海之间，尽为舅氏所乾没。则犹有先人之敝庐在，请剪其余以糊口。母曰：“可复得数千缗。”是戒前辙，不出里巷，不复以异人任，而躬操子母权，然日入无几。有子五人，公使或儒或贾。叔、季数奇，母钱毕空，赖仲举于乡，乐也。少喜钓奇，工百家技艺，已乃谢去，独朝夕弈不为疲。好诙谐，然不操闾里长短。性不饮酒，而最嗜茶，曰：“吾啜吾玄。”舅既负资，母发愤讼之县，仅偿二百缗，公亦遂弃不问。岁庚子，同二子之留都，则与家大夫乘舆登牛首。故善饭，老而益神王，不虞遽卒。生嘉靖乙未，殁万历丙午，年七十二。诸昆弟固请余状，余固逊，无何仲逝矣，则余何辞焉？公祖父未归土，卜兆前山之麓，仲请更卜，公曰：“奈何以亲骸徼不可知之福？”既葬，明年公殁，又明年仲殁，果如形家言，事有不可解者如此。公配汪忠慤公女，继则胡副使女。惟仲庶子孙十二人，绍伯聘汪仲翰女。

——《丰南志》卷六“艺文志”，第243—244页

明处士先兄汝钟吴公暨配孺人鲍氏状　光岳公　二四世

吾宗莫盛于今日，弦歌溢里巷，转毂遍四方，三事并修，誉髦接迹，而亦知创者之艰，非朝夕之故也。盖先君卜居斯土，殆三迁焉。二十传而有祖仁公者，于余祖继善公则昆弟行也。祖仁公生崇恕公，崇恕公生尚莹公，始以盐策徙广陵。子正学公，补邑诸生，翩翩美文辞。尚莹公早世，乃入成均，雅志未就而以儒兼贾，先业藉以益拓焉。正学公举四子，次汝钟公讳光岳，别号晴林，为人长七尺，巨口美髯，魁然丈夫也。孺人鲍氏，父曰棠公，大司徒道明公侄。时汝钟公年少，孺人又贵家纨绮子，方与新妇盛簪珥、饰车骑以夸乡党，而孺人徐出笥中椎布。子妇韦服，举觞舅姑之前，父乃大欢曰："非此子无此妇矣！"

无何，请得执鞭从父兄走淮海间。公画便宜，多以奇胜，然喜敦诗书，好儒术。有子三人：长公进，仲公芝，季公遂。仲由广陵诸生入国学，殁，无子，遗二女。公视之如己女，命伯、季各以次子嗣仲。公晚倦游，听子孙修业，而时冠田间冠逍遥溪上，徐语二子曰："新都僻在山谷，富者无二顷之田，贫者无一日之积。一遇岁凶，比户嗷嗷。吾将积粟以备歉，羸老无事，藉以济人。"里党赖之。孺人归公五十余年，白首不忘敬戒，饭惟脱粟，浣衣经数载不易，独急人之难，倾橐不厌。时母家渐以落，孺人葬二亲，一如礼，庶弟抚育成人。孺人老苦痰疾，先公殁，公哭之恸。公季弟光升，俶傥士也，捐资建祠，公实倡之，称二难云。当明盛时，最严乡射礼，公既以孝悌闻，郡邑长咸启请。公辞曰："一厘之民，不入府城久矣。"使者言郡邑长重公高义，强与俱行。公虽列上宾，踟蹰重发言，然郡邑长睹公眉睫，益称为长者。明岁再征，公固谢弗往。

公性坦率，寡言语，徐徐于于，无所狎谑，老愈神王。以病痢，既瘳复发，殁于万历丙午十月二十一日，距生嘉靖辛卯二月十一日，寿七十六。孺人长公一岁，先二岁卒，生嘉靖庚寅十月一日，殁万历甲辰十二月十七日。三子俱全，三媳皆汪氏：长润公女，仲光禄学忠公女，季孝廉可忠公女，继程光大公女。长婿汪圣时，即孝廉子；次太学黄士忠。长女先卒，次又殁也，遗孤，公并字之。孙男十人：允中、美中、和中，皆伯出也；建中、弘中、慧中、性中、秉中、玄熹、玄晖，皆季出也；美中、弘中，则嗣仲者也。曾孙男六人：献吉、安吉、茂吉、期吉、隆吉、谦吉。余职女九人，曾孙女七人，未载。敬列为状。

愚弟士奇拜撰　明正议大夫资治尹太常寺正卿赠工部右侍郎

——《丰南志》卷六“艺文志”，第245—246页

从嫂汪行状　二四世

从兄希元新宇公，拜爵中书，未逮耆而卒，孺人称未亡人二十余载，天启七年以寿终，六子十三孙，曾孙八人。既富且贵，振振绳绳，无论甲于我宗，即新安诸巨族无两也。惜哉！伯子、四子先殁，仲子、三子又相继后孺人殁，于是，二季家凤、友凤率从子鸿彦辈属余为孺人状。余以翔凤兄弟为阿咸，相好有日矣。自逆珰构祸，余避难山中，间遇二季，谈书画，核今古，知之甚悉。

中翰兄下帷之暇，兼督贾事，时而挟书试南都，时而持算客广陵。孺人两以嘉言进，其论贾则曰：“良贾深藏若虚，无移于侈汰。”论儒则曰：“荣华非可徼得，无逐于倘来。”岁己亥，三殿鸠工，司空告匮，有言诸素封拥厚资、不佐国家之急者，中翰兄问策于予，余亟以卜式事讽，而孺人从中赞之，乃献万金供将作费，天子义而旌之，授兄文华殿中书舍人。敕命至日，冠翟拖帔，里人夸然。中翰兄既官，归筑室溪上，鼎彝在陈，图书在壁，足不窥户，宛如身在三湘五岳、商周秦汉间也。戒诸侍者曰：“无以委琐溷而

翁，家柄一秉孺人，而翁乐此以终余年耳。”

孺人出纳必稽，扃鐍必固，粢盛必洁，客羞必精，中翰兄所欲为，不言而先意承之矣。中翰疾，委顿几三载，孺人亲为调药，竟不起。乃剖资产授六子曰：“而父若祖戮力以有今日，第合之则盈，分之似啬，虽观者犹羡以为盈。愿尔曹常自以为啬，则骄奢不生，家日益炽矣。”起凤长也，而弗子应继者，翔凤、云凤又俱未举子，是宜以庭凤之子继伯后。无何，嗣子殇，庭凤又以子鸿恩续，孺人始喜。殷氏甥少孤，孺人字之，既长为娶，居之室旁，甫袭锦衣，不禄不嗣，孺人伤之。母家诸子习儒者资之廪饩，任贾者置之客所。于是，诸沐德者走楚中，乞本宁先生文为寿。太史当代名笔，所以阐扬孺人者甚详。

诸子既分居，各治垣屋园林，如三溪阁、松云馆、上花园等。孺人岁间一往，曰：“若辈亦闻公子荆之居室乎？”素强食，忽病且革。惟是翔凤尚未有子，今其妾已有身，独忧起凤之嗣子鸿恩尚幼。殁今丁卯，距生嘉靖辛亥，寿七十七。六子，皆太学生。起凤娶孝廉道康程公女，少司徒午槐公孙；翔凤、云凤、庭凤、家凤、友凤。女五：一适殷大司徒石汀公孙，一适江大中丞念所公子，一适程少司徒午槐公孙。诸孙嗣起凤者鸿恩，出翔凤者鸿章，聘毕大中丞东郊公孙；出云凤者鸿渐，聘方大方伯钟岳公孙，鸿烈；出庭凤者鸿彦、鸿章；出家凤者鸿修、鸿俩、鸿位、鸿化；出友凤者鸿儒，邑文学，鸿任。孙女，适罗大中丞闻野公孙，起凤出；一适程方伯黾持公子，云凤出；一适江侍御兆豫公孙，家凤出；一适方给谏方叔公孙，庭凤出。曾孙：出鸿彦者大孙、二孙，寿孙聘光禄卿洪南池公孙，爱孙、华孙、喜孙。曾孙女：一字唐太常中楫公孙，一字汪大参苍衡公孙，俱鸿彦出。焦太史状备矣，余所铨叙，则孺人之略也。

——《丰南志》卷六“艺文志”，第247—248页

钟洪公状　二四世

兄字鼎卿，别号仰泉。曾祖自安公，祖良鉴公，父九皋公。值家中落，公暂弃所居，持千金客钱塘，复起盐策。九皋公节侠名东海，至则诸贾更引以为重，凡出入惟所决计，即部使者必召之画便宜，盖什九以广交而赴。公其出海上，走会稽、金衢间，则与兄仲子以也。居久之，业益饶。九皋公年始艾，已厌习贾，日挟诸少年饮湖上，夜则二八更侍，为晚年乐也。公曲意奉之，而以身当户事殆十余年。孽子，才媵出也，九皋公令勿举，公泣曰："他人子尚不可，况吾父遗体乎？"顷之，九皋公客死武林，公以柩归。过故庐，咨嗟赎之。戒诸子曰："富贵无常，忽则易人，惟勤且俭为能久耳。"无何，复出钱塘，好客特甚。其明习盐法中得失利害一如其父，于是，诸贾更置长，复推公。或有所构，官不能平，公为居间，构立解。其身长大，成童过舅，指挥使高公一见即奇之。后贾武林，而舅之子亦官于浙，劝其习弓矢，大而门，曰："苟先人无废绪，于余足矣！敢望益之以贵？即舅氏言而信，以俟吾后耳。"生万历壬子，殁万历己亥，年四十八。配汪，子四，孙二。将举公柩厝于武林之西山，而走使属余为状。

——《丰南志》卷六"艺文志"，第252页

士衢弟状　二四世

余自晋归，未及祥而弟殁，则制其服往哭之。弟字达卿，祖良鼎公，父一敬公。余家自曾焘公始昌，至良鼎公益致不赀，富倍诸兄弟，而弟不为睚眦齿颊，无富人子弟扬扬得意之色态。无崖岸，无城府，与人言若揭其肺肝，人人喜，以为亲己。以习青紫业，不

逞理盐策淮上。第稍分其资斧，质子钱于里门，顾所任非人，资日以耗，乃携家金陵，赴国子。时余为计部郎，弟数过余。御史朱公镌《昌黎集》，弟立捐三十缗。司谏祝公亦引为门下士，曰："生殊不类尔邑中富人子，颇有江左椎鲁风。"弟之兄立卿移家广陵，约弟复携家归，为祖治葬，竟以病殁。弟素强健，食兼人，以秋疟误投热剂。生嘉靖乙丑，殁万历癸丑，年四十九。配岩镇鸿胪郑时仁女，子三。弟为大中丞罗公甥，中丞尝语："余甥性仁厚坦率，不逆人欺己。"呜呼！足状弟矣。

——《丰南志》卷六"艺文志"，第253页

明处士彦先吴公行状　公进公　二五世

从子彦先齿长于余，余兄事之，其弟季常又善交也。万历丙午，尝属余为其父汝钟公状。今天启甲子，彦先不禄，二子允中、美中并称贤，亦相继殁，于是诸孙献吉、隆吉稽颡泣，为大父请状于余，曰："此亡父志也。"予惟丙午迄今，岁仅二纪，其间少者壮、壮者老、老者死，以至物情之翻覆、人事之变态，可愕可涕，不胜举也。缅思彦先当弈，长叹古今一局，夫亦有所感慨于中乎？

彦先为汝钟兄长子，大父曰正学公，曾大父尚莹公，七世业盐策，客于淮海。贾集而器，每惟才能者为长，而群受成焉，则咸长彦先。彦先能货之重轻，揣四方之缓急，察天时之消长，而又知人善任，故受指而出贾者利必倍。今天下方窘于度支，使得胜算于彦先其人者，握筹量出入，何至公私皆困？而世无知己，竟老死田间与牖下也，悲夫！士固有遇不遇乎？然虽未试之国，业已为政于家，解纷息事，扶危济困，其在新安与广陵千里间，义不胫而走矣。至与余谈里俗利害，皆老成远识，有沟洫急讲疏通，作嬉戏辄戒无益，为国为民，与余所见略同。余里仁义寺处久欲颓，彦先请

余为倡，趣急举工捐赀以新之。僧印我栖黄山之莲花庵，刺血书《华严》，山居苦寒，未半而病。彦先为筑燠室，闭关七载而书成。其有逃禅之意乎？性切直，见人有过，正气直规，然中无城府，以故怨是用希。而曰："夫夫以药石生我。"汝钟公老而倦于游，鲍孺人亦俱白首，彦先岁归问寝，曲中其欢心。仲弟瑞芝不嗣，请父命为立后。与弟分产，一听自便，终身怡怡如一日也。舅氏鲍翁老而无子，彦先为葬二亲，且择子嗣焉。彦先虽隐于贾，暇则流览史书，与客纵谈古今得失，即宿儒自以为不及。逍遥适情，不争胜负于弈，然不废弈。不善饮，然日设饮，举杯辄醉，醉辄呵呵几上，寻醒寻饮，旁若无人。要其潇洒坦率，客亮之矣。

诸孙各专其业，治贾则挟与俱客所，治经则使习静黄山。迩者余宗益以诗书显，行且昌厥后，庶几及睹乎，而忽就木矣。时甲子六月十六日，距生嘉靖乙卯年十一月十五日，享年七十。彦先讳公进，配汪孺人，潜川汪润公女，先八年卒。二子，俱太学生。冢媳则潭渡藩司经历黄正秋公女；次则潜川汪一福公女，继为真州太学王家彦公女。女七人：长适太学黄三聘，为太学大期公子；次适太学汪懋学，为孝廉一鸾公子。二子皆汪孺人出，余皆出侧室王。适者为汪岩祐公子元度、太学汪明达公子登仕、藩照磨汪道宏公子兆奇；字者为鲍孚誉公子，一未字。孙男五人，俱入太学：献吉娶太医胡士勋公女；安吉娶太学潘令升公女；茂吉娶太学曹应栋公女，继太学许懋德公女、方思绳公女；期吉娶汪宗惠公女，俱允中出。隆吉娶郑成公女，美中出。孙女七人。曾孙男七人，曾孙女五人。美中虽继仲叔后，而隆吉犹为父称孤，亦先志也。卜吉得竦塘谢家园之新阡，诸孙将以冬十二月十七日扶柩厝焉。余敬书其概，以俟夫为志。

叔士奇撰

——《丰南志》卷六"艺文志"，第254—256页

养都孺人洪氏状　二五世

孺人父与翁光禄并贾广陵，遂订为婚。孺人之先曰州守赠中丞宽公，簪缨甲一邑。孺人贵族，夫家又贵，是于闾右无两。年十六来归，时舅家并盛，不赀倾郡，子姓既繁，众涣难一。仰事则姑、大姑、曾大姑，比肩则仲氏、叔氏、季氏诸妯娌，下则侍女、平头奴诸仆，而承大姑之严政，凛凛以御群下，靡不畏且服。

夫子入成均，孺人从焉。时所往还皆天下名隽，至则客馐立办，咸多吴有妇贤。及继姑卒，翁光禄在官，家秉多倚孺人，主撮必慎，犹之钟釜，赢缩悉中，如所素谙。翁光禄归老，侍奉皆藉孺人。光禄失仲子，又不嗣，益凄惨不自得。孺人曰："舅惟是二子二孙，请割一以后仲。"光禄大喜，曰："巾帼中乃有才如男子者。"光禄卒于广陵，丧归尽礼。时邑中富人子为大猾所持，乃夫驰出谋所以外御其侮，而孺人镇之以静，婉婉幙中，尽能令睥睨者胆落。于是积劳始病，而以家方多故，良人在外，强起视事，出纳必稽，扃鐍必固，曰："先公累世戮力，以有今日，庶几无坠厥绪。"生壬戌，殁甲辰，年仅四十有三。

余与士雅最好，而余长子妇又其甥。君长女适许文穆公孙、中书舍人志吉也。孺人子继祚，年方弱冠，已举子四。士雅再室潘，生继裕。一女，字洪太常文衡孙。得备书。

——《丰南志》卷六"艺文志",第256—257页

绍和侄状　二五世

侄字介甫，祖九皋公，武林诸贾所推；父仰皋钟洪公。武林时艺，列肆充栋，诸生掩袭为工；侄屏坊刻，独摅己见，直追子史。

闻父病，戴星歙、昌之间，两昼夜抵武林，则仰皋公不可药矣。于是祖母语曰："孺子无敝帚为也，是徒觊不可必之倘来，而隳累世已成之令绪。"乃谢儒治贾。

择人任时，久之业益饶，权万货锱铢不爽。中官议增课，鹾使杨公召诸贾计事，咸推侄。条书数千言，朝上夕下，而所当输课又最先。使者檄转运加奖，侄谢曰："丈夫徒拾计然之余术，甚负初心矣。"黄山难起，波及群贾，人人自危。侄签得"鼎"，曰："有疾，而不我即也。"追呼如沸，意气自如。霖雨既降，秽政一新，输金家计产偿直。弟得一圃，圃中为池，池上为亭，红白华如绣。余以君客西湖，而兹池在溪南，与湖光相似，题曰"南湖亭"。侄顾笑："如叔氏言，余往来湖山中矣。"厌食鱼腥，侄命仆雪藕，与余纵谈："安得阿咸，时共挥麈林间栖隐，非僻矣。"

侄通六壬，数多奇中，揣摩当世利害，考九边虚实攻守，若握算。一姊三弟，终身怡怡。尝出兀者于缧绁，而其人饰女以御也。侄正色曰："若不闻越石父事耶?"立焚其券。四方宾至如归，诸亲仰给若寄，海波骤起，巨浸滔天。夺生者于逆鳞，而脱死者于鱼腹，未可数计也。配汪，先卒。侄生万历丁丑，殁崇祯辛未，年五十五。子四，孙七。五女，皆庶鲁氏出。余昔状吾兄，今复状侄，益增吾衰之感矣。

——《丰南志》卷六"艺文志"，第257—258页

丰南溪山记

丰乐水出黟山而东入浙海，是为新安名川。其上，两山合沓而中流，游者隘焉。入吾里而辟山之半，以瀼水之环。盖山不厌高，水不言讪，洋洋乎西南一大观也。临川而堵，诸宗别业在焉。四方之贤豪错处其间。或于此称孟尝门，或于彼可设雀罗；或长啸高歌

与天籁会，或抱膝沉吟，唏嘘无聊。或扪虱而揣摩当世之务，以一试其奇；或酒颠茶董，白眼无人，不可一世。或仰视天，俯画地，剧谈六合内外，而杂以诙谑；或燃太乙之藜，订六书之讹，以自托于不朽。或拥异人，持禁方，仙仙乎丹砂金而旦暮安期生属也。阻水为楼，以岁时更献状于几席：春雨则濛濛滃滃，烟波隐现；夏则岫浓翠合，洪涨绿畴；秋则黄云丹叶，掩映清江，湍縠生纹；冬则寒陵竞涌，风濑清浅，寸鳞米石，洞视无碍。日入则金竺倒影中流，如捧员峤；夜则渔火连绵如星河，秋而烂昭昭其未央。至于雪之霁，月之夕，长风之寥寥，无一而非趣者。

吾登临四顾，而石梁在望，势如长虹。群木林林总总，如濯蜀锦。其环绕不断，而或峻或衍，或陟或密者，灵金诸山耶？其倒插入汉岘而辄合者，天都、云门二高峰耶？其并峙南东而妩媚奔朝，若联骑张扆，若探头窥人者，其天马、石耳、黄罗、飞布诸山耶？其起自西北，而倏幻如长堞，如曳练，又如列仙拥旗盖相迎者，云气之骤变耶？徐听而声震林木者，两寺钟鸣耶？铿然若鸣玉，而危厉若哀弦者，湍声耶？鼓吹而西，旋复廻皇者，幔亭泭游而流连者耶？重以列肆错出，雅俗并驰，曲涧小桥，卖卜王生栖焉。绿阴丛中，酒旆摇摇，诸少年于此豪饮。夹水为径，广可方轨，则斗鸡、走马、技击、蹴鞠诸戏，群聚于斯，观者目不暇给。折而东为柳洲阁，阁故以柳名。会岁祲，为窭人所戕，今其孙枝亦渐以茂矣。

溪形如带，中成广莫，泞泥为桑田，积石为沙洲。芦花枭枭，网者钓者，刍者茹者，浴者风者，洴澼洸者，折柳而赠者，班荆而饮者，击微波而戏者，不知凡几，若都市焉。沙中白鹭千群，时啄时饮，其海上之狎鸥欤？巨鱼数百，游泳澄潭，即泭者数过不惊，若驯而习也。隔岸曲堤，桃李千章，春华时红白间错如绣。好鸟喈喈，如弄丝竹。连袂而过横桥者肩相摩，较四时此为最矣。其东堤修且广，与石渠相接，杨柳成荫，桃李无言，花下成蹊。人与花争艳，侈丽逮前，而幽雅不啻过之。大都游闲公子，矜繁华者喜游观，即寂寞者时亦于此流憩，各任所好，无相嗤也。

不佞雅慕江湖，窃愿探禹穴，涉龙门，遍足于三湘五湖之区，以雄吾生平。壮游而不得，则眷怀故土，以为目前亦足快吾志者，而复十九在道。昔官吴兴，吴兴山水故佳，清容轩为胜，去官舍百步而遥。程书之暇，间一再临。则碧浪诸观，争睥睨上下，恍惚动吾乡思。顾独惜吴故老所传，如所谓文敏水晶宫者，徒寄慕于陆沉波荡之中，而犹幸吾里之再世而若新者，一凭栏而恍若在目也。因属左干兄绘图，而余为之记。

——选自许承尧《歙事闲谭》卷四，黄山书社2008年版，第107—108页；又见载于《丰南志》卷八“艺文志”，第459—461页，两书文字略有出入，今参酌两书异同，择善而录

募修祠会引

吾宗著于邑中，而乃事多阔略，何以故？宗祠虽设，栋宇未完，路台缺楹，此当亟谋不待言矣！凡遇诸大典礼节，即便邀集绅矜折衷斟酌，此文会之设，有裨祠事，无烦再计者也。至于水口新桥，关系合族风水，忆自先年造桥之后，吾乡科名财赋骎骎隆盛。今虽物力稍逊，何可使屹然巨观日就倾圮？从桥而下改筑长堤，植以花柳。由文昌阁直接三元殿，环抱而上，不惟规模宏大，人羡康衢，亦且包罗完密，可无左臂单寒之患。此真收吾乡之全局，宜兼举而不可偏废，更不可以时日缓者也。况千缗易去，胜事难逢，以数千缗而完一乡之胜事，识者幸无错过，忠等且拭目以观厥成矣。

崇祯五年士忠士奇孔嘉廷简恭安宇安熏沐书

——选自《丰南志》卷九“艺文志”，第466页

诰命　吴士奇

制曰：朕惟国之大事在祀，爰简清真端亮之臣，畀以中正和平之任。尔太常寺卿吴士奇，更三四转，而方岳分雄；历十四任，而卿阶特峻。流音合雅，应宇宙之和；考制依今，衷古今之变。是用覃恩，授尔阶通议大夫，锡之诰命。於戏！望宗表岱，遥闻万岁之呼；至诚感神，爰致两阶之舞。初任福建汀州府宁化县知县，二任浙江湖州府归安县知县，三任南京户部贵州司主事，四任本部广东司署员外郎主事，五任本部江西司郎中，六任江西吉安府知府，七任四川按察司提学副使道，八任山西按察司提学副使道，九任浙江按察司分守宁绍道，十任本省布政使司右布政使，十一任湖广按察司按察使，十二任本省布政使司右布政使，十三任陕西布政使司左布政使，十四任今职。

制曰：秩宗高祼献之功，元配司馈奠之职，既情悲于执手，宜宠逮于同心。尔太常寺卿吴士奇妻累封恭人赠淑人郑氏，在妇言妇，竭盘盎于匪朝；嫁鸿则鸿，勉云霄于中夜。而埋玉竟悲于宿草，沉鸾遗恨于分身。宜有赞书，以光修夜，兹仍赠尔为淑人。夫位赫公卿之望，妇仪高月旦之声。祖良铎、父一莲，赠如其官。

天启四年九月日

——此文为天启四年朝廷追赠吴士奇妻、祖、父的封诰，详细开列了吴士奇历任官职履历，选自《丰南志》卷八“艺文志”，第294页

附录四

明末溪南吴氏"一门六中书"本事发微

在西溪南村，许多上了年纪的村民至今仍津津乐道明末吴氏"一门六中书"的故事，不过他们大多对此事的始末原委已不甚清楚，只能略述大概：明朝在东北边境与外敌交战，朝廷军饷不支，溪南村大富商吴百昌（吴养春字百昌）便主动向朝廷捐银三十万两充当军饷，万历皇帝龙心大悦，一日之内连封吴养春同族兄弟六人为中书舍人，这便是"一门六中书"故事的来历。其实，这一历史传说真伪混杂，其中有诸多语焉不详之处，并不完全符合历史实情，未触及溪南吴氏向朝廷助捐的历史背景和真实原因，因此有必要拔开四百多年前的历史迷雾，对此事的真相原委作一番考索澄清。

民国年间许承尧主持纂修的《歙县志》卷五《选举志·殊恩》，是这样记载"一门六中书"故事的来历：

> 吴时俸、吴养京、吴养都、吴继志、吴养春、吴希元，——以上并溪南人，万历间师征关酋，养春上疏愿输饷银三十万两，诏赐其家中书舍人凡六人。（按舍人一官最为清要，唐宋率以儒官为之，故有由御史拜者，亦有由翰林而迁者，而六人以布衣膺异数，真殊遇也。）

许承尧的家乡唐模与西溪南仅隔七八里地，他本人被称为"清朝最后一位翰林"，以学问富赡博洽闻名于世，尤其熟谙徽州乡邦的文献掌故，按理说他的记载不会有误。然而这段记载却有若干不明之处：一是中书舍人一职在明朝职官中的含金量如何？二是吴养春捐银的时间，许氏笼统地说“万历间”；但万历帝在位四十八年，具体年份不明。二是捐输的缘由。许氏说是“师征关酋”，但未说明是万历年间发生的哪场边境战争？关酋系指何人？其四，捐银是否系吴养春一人独自承担？如果是，朝廷的封赠为何泽及其堂兄弟乃至族叔辈？许书对此四点均含糊其词，据此可以推测，许承尧的记载可能是转录其他文献、或采自民间传闻而来，而未细检原始资料，抉发其中的隐情曲衷，给后人留下了若干迷窦。

先看明代的中书舍人到底是何官。按唐代，中书、门下、尚书三省是中央的权力中枢，中书令即是丞相，是朝廷品秩最高的行政官员，中书舍人一职也是位高权重的显职。但到了明代，洪武十三年朱元璋诛丞相胡惟庸，裁撤中书省，将丞相权力分属六部，虽保留中书舍人一职，但仅是从七品的文官散阶，其职责主要掌书写诰敕、书籍、揭帖等，是无实权的闲散官职。到了明末，更成为朝廷褒奖恩荫功臣子弟的荣誉空衔。（《明史·职官志三》）对中书舍人一职的历史变迁，清代史学家钱大昕有精要的论述：

> 中书舍人在唐宋为词臣之荣选，与学士对掌内外制，谓之两制。明太祖罢中书省而别设中书科，主书写诰敕，秩正七品。其后又有文华殿中书舍人，主书写扁联；武英殿中书舍人，主绘事；而内阁亦有中书舍人，若古之省掾。盖其时称中书者凡四，而中书科则三甲进士以选授，大臣子弟以荫授，举人有军功者亦间授焉。四者之中，较为清选。两殿舍人则考授者少，纳粟者多，而武英殿之选尤轻，内臣得而统属之。[①]

可见，明代朝廷有四种中书舍人：中书科、内阁、文华殿、武英殿，都是品秩不高的文官散阶，“清”而不“要”，主要负责书写诰敕等文字工作。而两殿中书舍人很少有进士出身者，多为富家子

① 钱大昕《潜研堂集》卷二十八《跋两房题名录》，上海古籍出版社 1989 年版。

弟“纳粟”所得，说白了就是花钱买的乌纱帽，并无实际职任，也不领国家俸禄。到了明末，皇帝的心腹太监甚至可以任意把两殿中书舍人赏赐与人，成为国家的“财源”之一。万历间溪南吴氏一门六中书，即是“贬值”的两殿中书，俱为“捐赀”“纳粟”所得。

与许承尧同时的西溪南村最后一位族长吴吉祜，他身前所辑的《丰南志》一书，以搜集资料完赡见长，是现存徽州村志的名作。该书卷五《选举志》“殊恩”条，几乎完全照抄《民国歙县志》，也包括许承尧对“中书舍人”一职所加的按语。但文末所附侨寓山东的溪南村人吴保琳的按语：“时俸公系二十四世，养京、养都、养春均二十五世，继志二十七世，皆两门祠人；希元系二十四世，墙里祠人也。”

吴保琳的按语很有价值，它点明了同封中书的六人的辈分关系：其中吴时俸、吴希元是吴养春的族叔辈，而吴继志则是其族孙辈。虽然六人同属丰南吴氏一族，但辈分跨越四代，且各属不同的宗支。古代徽州最重宗法伦理，在“爱有等差”的徽州宗族谱系中，不同支派、不同辈分的宗族成员之间存在着宗亲关系及社会地位等方面的差距，朝廷诏赐不同辈分、不同宗支的六人为中书，就不可能是吴养春一人单独捐输三十万银所致，其背后必有复杂的真相隐情；至于吴养春是自愿捐输还是被迫输纳，则其中更大有可疑——这得从万历中期的政局说起。

明神宗朱翊钧（年号万历，1573—1620），是明朝在位时间最长的皇帝，也是明朝诸帝中最贪婪最懒惰最腐败的皇帝。自万历十年（1582）内阁首辅张居正去世、神宗亲政以后，他一反张居正的新法举措，信任宦官内臣，逐渐倦勤怠政，深居宫禁“静摄养疴”，二十多年不接见大臣。朝臣章奏堆积如山，他也装聋作哑不闻不问，使朝政日非，国势日渐衰亡混乱，终至不可收拾，所以清代史学家赵翼一针见血地指出：“明之亡，不亡于崇祯，而亡于万历。”[①]除了懒惰怠政之外，明神宗还有一个致命的毛病，就是贪财

① 《廿二史劄记》卷三十五。

嗜利成癖，是中国历史上少有的贪财皇帝。为了满足其穷奢极欲的生活和恶性膨胀的皇室开支，他不但大量挪用国家税赋和军饷以供“内帑”，还挖空心思地对人民进行无止境的盘剥：除加派田赋、徭役外，还向人民征收名目繁多的苛捐杂税；对商人的剥削劫掠也到了无孔不入的地步：或在交通要道添设关卡，或巧立名目征收商税，行商坐贾，深受其害。自万历二十四年（1596）起，神宗又指派心腹太监到全国各地充当矿监税使，名义上是监督开矿和征税，实际上是越过各布政使司抚按及直隶州府的行政机构，公然搜括劫掠民间财物，进贡内府。神宗对大臣的一切奏疏，一律不闻不问；“而诸税监有所奏，朝上夕报可。所劾无不曲护之，以故诸税监益骄，所至肆虐，民不聊生，随地激变。”“吸髓饮血，毒痛遍天下。”（《廿二史劄记》卷三十五）这些如狼似虎的“矿使”打着“皇谕”“皇差”的旗号，唆使当地棍徒奸党敲诈勒索，诬陷告密，罗织罪状，籍没富室；甚至光天化日之下“鞭笞官吏，剽劫行旅。”完全是一群披着官服的盗匪。万历二十七年四月大学士沈一贯上奏：

> 臣惟群臣言矿税者……今穷天索产，罄地伐毛，尽宇宙间靡有留利，黄旗相望于郊原，虎冠遍满于廛市；撤屋据坟，搜藏发窖。无论奸民乘机劫夺，即良民亦宁能拱手而授人以命乎？为抗为乱，去为盗贼，势所必然。（《明实录》卷三百三十四）

神宗贪得无厌地扩大内府私藏（即内帑），使国库（太仓）耗竭，而内帑充牣如山，亘古未有。而内帑是皇帝的私房钱，“外不以供六军，内不以济大礼助大工”，皇室的一切开支都额外摊派到百姓头上。大臣雒于仁直言不讳地指出神宗病在“嗜酒、恋色、贪财、尚气”（《明史》卷二百三十四《雒于仁传》），吏部尚书李戴更痛陈“天下乱机已播”：

> 臣观天下赋税之额，比二十年以前十增其四；天下殷实之户，比二十年以前十减其伍，东征西讨，萧然苦兵。自矿使出而百姓之苦更甚于兵，税使出而百姓之苦更甚于矿。年来远迩同嗟，贫富交困。贫者家无宿储，止凭营运；但夺其数钱之利，已扼其一日之喉。至于富民，需求不遂，立见倾家；无地可容，有天难诉。利归群小，怨归朝廷。……未有罪状未明而先没入资财者也。片纸朝入，严旨夕传。不但破此诸族，又将扳及多人，此风一倡，谁不效尤？何地不可为金穴？何人不可为扑满？已同告缗之令，又开告密之端……不至民穷财尽、酿成大乱不已。（《明神宗实录》卷三百三十八）

天下乱象丛生之日，又逢国家多事之秋。万历二十年（1592）四月，日本关白（即宰相）丰臣秀吉发兵十七万入侵朝鲜，连陷汉城、平壤等地，朝鲜国王急忙向明朝请援。同年七月，明朝派副总兵祖承训、游击史儒率五千援军，渡过鸭绿江，进抵平壤，但初战失利，史儒阵亡。同年十二月，明朝再派经略宋应昌、东征提督李如松率师七万入朝参战，日军在平壤战役中被击溃，撤退到朝鲜半岛东南沿海一带，请求与明朝和谈。此后，双方时战时和，直到万历二十六年底，明将邢玠、陈璘、刘綎、邓子龙兵分四路，水陆夹攻，终于攻克日军在岛山的据点，日军大部被歼，中朝联军取得最后的胜利。这场历时七年的援朝战争，彻底粉碎了丰臣秀吉吞灭朝鲜的计划，史称“壬辰东征之役”或“师征关酋之役”。明军虽然最终获胜，但也为此付出了极大的物质和人员伤亡代价，增加了巨额的军费开支，加重了万历朝本已捉襟见肘的财政危机。不久，贵州播州土司杨应龙又称兵反叛，国家又进行了近两年的平播之役。

屋漏偏逢连夜雨，人祸未息，天灾频起，“万历二十四年三月己亥，火发坤宁宫，延及乾清宫，俱烬。”“万历二十五年夏六月戊寅，皇极、中极、建极三殿灾。”“二十七年十一月壬申，内府火，延烧尚宝司印绶监、工部廊，至银作局山墙而止。”[①]史称“两宫三大殿灾”。重建这些宫殿以及皇帝的陵寝，是一项耗资巨大的土木工程。浩繁的土木工程和巨额的军饷支出，一切负担最终都转嫁到百姓头上。神宗并未听从大臣的建议，罢遣税监；“府库空虚，百姓困穷”的乱局也未使统治者减轻对人民的压榨掠夺，官府催科如故，甚至变本加厉；皇室仍然挥金如土，暴殄天物。如万历二十七年，为筹备皇子的婚礼，便动用了太仓银二千四百万两。太仓全部存银取出不够，再严令“核实天下储积”，以为补充。（《续文献通考》卷三十）

面对国计告诎、库藏匮竭的财政危机，明神宗挖空心思想出了一系列的“生财之道”，其中之一就是鼓励各级官员和富民“捐俸（赀）助工”，由朝廷发给空头的文武品官告身（多为中书舍人），予以褒奖，即“开纳法”。这实际上是一种变相的卖官鬻爵。如“万历二十五年九月，安庆府通判孙臣因倭警输谷三千石。户部议褒奖，风劝中书舍人。余廷吉捐亦如之。”（《明神宗实录》卷三百一十五）“万历二十七年三月，南京太常寺卿游应乾、光禄寺卿陈洙、应天府府尹熊惟学，各捐俸一年以助大工，报闻。”“万历二十七年四月，江西监生胡士琇、耆民丁果、娄世洁、经历黎全球，各输谷助赈，抚按以闻，命旌奖有差。”同年四月，“南京工部尚书郝杰捐俸助工，报闻。”“大理寺右少卿刘怀恕捐俸助工，报闻。”“辅国中尉新堤等各捐金助赈，抚按以闻，上嘉之，各赐敕给扁。”（并见《明神宗实录》卷三百三十二、三百三十三、三百三十四、三百四十）甚至有人建议，让那些犯有贪赃罪、任满考核不称职的官员向朝廷输捐银两，以继续留任或升迁，这一建议遭到了户科给事中李应策的驳斥：

> 国家令甲，所藉以儆惕官邪者，惟此黜陟举劾。虽妄辩摭拾，例不言宥，今奈何欲轻之？彼一贪污吏，岂难百余金？

① 《明史》卷二十一《神宗本纪二》，卷二十九《五行志二》。

……名器不应滥至此。至各处军民人等，一丁不识，据旧开纳，已过矣。若从今例，则文物名秩，递加于里倅市侩；遐陬僻壤，尽属之卫鹤齐鸡，恐不终为经久计也。善乎子舆氏云：无政事则财用不足。今不别求足国裕民之政，乃患开纳未广哉？（《明神宗实录》卷三百三十三）

尽管有大臣反对开纳法，财迷心窍的神宗仍然我行我素，对臣民的各种捐纳一概来者不拒，尽入其私囊。沈德符《万历野获编》卷二载：

顷三殿之灾，群僚又欲捐俸助工，会议于中府。一御史奋笔书曰："主上好货，诸公捐俸是矣；倘主上好色，诸公何以处之？"皆赧然退散。其后各衙门公疏，或各官私疏，以捐俸为请，主上亦欣然俯从。自此以后，为开矿，为抽税，偏大地皆以大工为名，不复能遏止矣。①

正是在这种官贪吏暴、虎狼横行的浊乱之世，富甲一方的溪南吴氏才被迫向好货成癖的明神宗献纳白银，换得了六顶有名无实的文华殿、武英殿中书舍人的头衔。华丽冠冕的背后，是吴氏一族被掠夺被宰割的苦衷，掩藏着明末徽州商人的无奈、辛酸和屈辱。从笔者目前掌握的资料来看，万历中期溪南吴氏向朝廷捐赀的不止吴养春一人，吴时俸、吴希元、吴继志各有捐纳；至于各人捐赀的缘由及具体数目，则各书所载不一。在吴士奇为其堂兄吴希元之妻汪氏所作的《行状》中，对吴希元捐纳的始末原委作了较详的叙述：

从兄希元新宇公，拜爵中书，未逮耆而卒，孺人称未亡人二十余。……既富且贵，振振绳绳，无论甲于我宗，即新安诸巨族无两也。……中翰兄下帷之暇，兼督贾事。时而挟书试南

① 沈德符《万历野获编》，中华书局1959年版，第55—56页。

都，时而持算客广陵。……岁己亥，三殿鸠工，司空告匮，有言诸素封拥厚资、不佐国家之急者，中翰兄问策于予。余亟以卜式事讽，而孺人从中赞之，乃献万金供将作费。天子义而旌之，授兄文华殿中书舍人。（《丰南志》卷六）

这段文字揭示了吴希元被迫捐助的隐情：吴希元本是一个淡于名利的国子监监生，但因在广陵（扬州）经商致富，拥有万贯家财，其财力之雄在同时代的徽商中亦罕有其匹，这就引起了那些矿监税使的垂涎。“有言诸素封拥厚资、不佐国家之急者”，言者是谁？吴士奇没有明说，但结合文献所载，显然是指万历帝派往山东、南直一带监税的太监陈增、鲁保及其爪牙程守训一伙[①]。史载陈增奉旨开矿山东，征临清、东昌等地税收，公开声称：“奉密旨，搜括金宝。募人告密，诬大商巨室藏违禁物，所破灭计百家。”（《廿二史劄记》卷三十五）而当时溪南吴氏有多人在临清、扬州等地经商，且多以盐业致富[②]，虎视眈眈的矿监税使岂能放过这些徽商？自然，他们辛苦积攒的财富也难逃税使的魔爪。情急之下，吴希元问策于吴士奇，士奇便以西汉卜式将一半家产捐献给朝廷的故事为例，劝他“献万金助工”，以求得身家性命的平安。“岁己亥”为万历二十七年（1599），正是矿监税使搜括籍没天下富商最凶狠的年月。可见，吴希元此时的献纳完全是被税使逼迫，而非出于自愿。《明实录》涉及溪南吴氏“捐赀助工”的事例还有几处，如万历二十七年正月，大学士沈一贯上奏：

① 按程守训原是徽州市井一无赖奸棍，早年屠沽淮上，后拐一妓逃至北京，借缘攀附上太监陈增，被陈增认作侄女婿。因其粗通文墨，为人机敏干练，善于揣摩迎合，逐渐成为陈增的心腹爪牙，被授予武英殿中书舍人。陈增监税山东，倚程守训为鹰犬走狗，“奉密旨访各处富商，搜求天下异宝”。平空罗织罪状，假旨抓人，淮扬一带富商被其倾家鬻产者无数。其事散见于《明神宗实录》卷三百四十七等。

② 《绿滋馆稿》中有多篇吴士奇替族人所作的寿序、状记，多处提到吴氏贾淮海广陵间，以盐策起家。又汪道昆《太函集》卷五十四《明故处士溪阳吴长公墓志铭》：“歙之西，故以贾起富，其倾县者称三吴。三吴出溪南，即溪阳里。长公曰继善……吾乡贾者首鱼盐，次布帛，贩缯则中贾耳。”

> 是时陈增讦奏吴宗尧寄送赃私，词连青州一府官僚，旁引商民吴时奉等，参照籍没，并奉旨追究。敬复上言：宗尧以小吏强直自遂，罪诚有之；今既被之箠楚，幽之囹圄，不啻足矣。而增复罗织不已，必欲籍其家，连其妻孥邻里族人，其心一何狠也？（《明神宗实录》卷三百三十）

按，吴宗尧字仁叔，号谦庵，歙县人，万历二十三年进士，授山东益都知县。万历二十六年，他因揭发陈增贪横不法事，被陈增诬告，下诏狱遭刑讯拷掠，经年始削籍为民。而在山东经商的溪南人吴时俸，仅因与吴宗尧同乡之故，被陈增诬陷窝藏吴宗尧寄送的赃银。陈增上奏万历帝，要求籍没吴时俸的全部家产，并奉旨严查此案。陈增凭空捏造冤案、株连无辜良善的卑劣行径，大学士沈一贯实在看不过眼，所以据理力争，为无辜的官员和商人洗冤。据《丰南志》卷四《人物志》，吴时俸字懋廉，监生，授中书舍人。他涉案的真实原因是陈增盯上了他的财产。

又《明神宗实录》卷三百三十一“万历二十七年二月”：

> 徽州歙县人吴养晦投揭税监鲁保，称其祖守礼为两淮巨商，累赀百余万，伯叔时修等吞并无分[①]。且守礼在日曾逋盐课二十五万，赂寝不追，乞断追匿课，并追给养晦应分家财。于内愿献五万两以助欠工。鲁保为请，上命追课给产。

吴养晦是丰南吴氏二十五世，与吴养春、吴养都为族兄弟（养春父为吴时修）。其祖父吴守礼，字一达，号石竺，为丰南吴氏二十三世，卒赠征仕郎。吴守礼在扬州经营盐业，为两淮盐商巨擘。其孙吴养晦因财产与叔父吴时修发生纠纷，投告无门，就去投靠税

① 据《丰南志》卷五《选举志》，吴时修（字懋敬）、吴时佐（字懋良）、吴时俸（字懋廉）为同胞兄弟，丰南吴氏二十四世。

监鲁保。称其祖父遗赀百余万，被伯父吴时修等人吞没；并且还揭发祖父身前曾偷漏盐课二十五万，请求鲁保帮他追回被伯胡父侵吞的那份家产。他自己则承诺补交祖父亏欠的盐课；并从自己继承的家产中拿出五万捐献朝廷“助工”。经鲁保上奏，见钱眼开的万历帝自然乐于顺水推舟，“笑纳”了这五万两白银。

吴养晦因家内财产纠纷而投靠权势熏天的税监，其做法类似于后来吴孔嘉为报家仇而投靠阉党、诬陷吴养春、兴起“黄山大狱案”，实为认贼作父，骨肉相残，伤害了同胞情谊，为吴氏族人所不齿。而且，他的献媚投靠并未给他带来实际利益，反而使他遭受灭顶之灾。《明神宗实录》卷三百三十五“万历二十七年五月”，辛未，神宗下诏：

> 追原任知县吴宗尧及各商吴榜、吴时俸、养晦等银各有差，余勒限严追。宗尧未尽者，命鲁保会抚按查审，具奏知府胡士鳌。同知燕祖召以庇宗尧，各降一级调用。赏告讦人原奏官程守训、已革监生吴琯等，以税监陈增之奏也。

如此看来，吴时俸、吴养晦叔侄被追献的白银数量相当可观，很可能是倾家荡产，且身陷牢狱之灾，而非区区十数万两所能过关，显然，这又是一起税监窃弄皇权炮制的冤案。而起因竟是因家内财产纠纷，告讦者竟是徽州同乡程守训和吴琯。程守训此时是武英殿带衔中书，炙手可热，权势熏天，淮扬商人对他恨之入骨又闻风丧胆，无可奈何。他每到一地，辄公然宣言：“我天子门生，奉有密旨。部院不得考察，不得纠劾。”他还在歙县老家建了一座牌坊，坊额大书“帝心”二字，门首高悬一黄旗，上书“皇恩特建”四大字。吴琯同为溪南吴氏族人，他的“西爽堂”刻书很有名。但从他与程守训合伙告密陷害吴时俸及其“被革监生”这两点来看，其人品实不足道。两人因告讦有功而蒙恩赏，可谓是鹬蚌相争、渔翁得利。当然，最大的赢家还是万历帝，几户徽商被籍没的上百万家产，大多流入了内府。也许神宗自觉如此巧取豪夺太过露骨，为免遭天下非议，所以才赏给溪南吴氏族人几顶中书舍人的空衔以示安慰？历史迷雾重重，不排除有这种可能。不久，有人批评朝廷滥赏中书头衔的做法，于是，“吏部题：援例监生汪世明、听选监生吴希元，俱授文华、武英等殿中书，此特恩，非例也。乞敕以后捐资助工者，不得援例。”（《明神宗实录》卷三百四十四“万历二十八年二月”）对大臣的质疑，神宗以“下不为例”敷衍搪塞过去。

作恶多端的陈增、程守训之流，不仅遭到朝中正直大臣的纠劾，连同为税监的鲁保也向万历帝告发其横行不法事：

> （万历二十八年五月），经理两淮盐务内臣鲁保极言商民贫困，程守训假势嚇诈；又有张大亨等假牌捉拏，诉害多赃，乞究诛首恶，潜消乱萌。奉旨：程守训不法事情，着陈增勘明，奏请定夺，不许狗私庇护。又题：吴时修、吴养晦因争分家财相讦。奉旨：吴时修无妄遭讼有年，已经多官问断。彼既进献输工银九万两，又代吴养晦献五万两，忠悃可嘉，养晦家财合于时修名下分受。何乃于伯叔之间，越理构讼？俱免追论。（《明神宗实录》卷三百四十七）

终上所述，万历二十八年（1600），明神宗下旨追究程守训的不法事，自然是为平息众怒而做的姿态；但他最终给吴时修、吴养晦叔侄家财分争案拍板，免于籍没其全部家产，原因是吴时修已向朝廷进献了输工银十四万两[①]。因此，朝廷的封赏泽及吴时修的三子吴养春、吴养都，吴养京，自然在情理之中。此外，此案前后历经两年，必然也会牵连到溪南吴氏的其他族人如吴继志等，他们都

① 《丰南志》卷六载吴士奇《光禄兄六十序》：“余兄光禄，名时佐，守礼公之第四子……比年，国家兴作，鸠工征材，赍用不足，光禄率诸兄弟上钱十万，天子旌之，一日而五中书之命下。”又《中翰侄寿序》：“吾侄中翰士雅名养都，父光禄时修公……国有大役，与诸父昆弟以五万缗进，一日而五中书之命下。”两文所记进献数量不一，可能是兄弟每人进献五万两，所以六人合计共献三十万两。

是富甲一方的大商人，自然也会在陈增、程守训之流的“假势吓诈”下，被迫进献数量不菲的白银，时间当在万历二十六至二十八年间（1598—1600），其本意并非为了那顶华而不实的中书舍人头衔，而是为免于倾家破产的无妄之灾，这应是溪南吴氏“一门六中书”的历史真相！